FÉDÉRATION CANADIENNE DES SCIENCES SOCIALES
SOCIAL SCIENCE FEDERATION OF CANADA
151 Slater Street
Ottawa, Ontario
K1P 5H3

Le Patronage politique

Vincent LEMIEUX

Le Patronage politique

Une étude comparative

LES PRESSES DE L'UNIVERSITÉ LAVAL
QUÉBEC, 1977

Cet ouvrage est publié grâce à une subvention du Conseil canadien de recherches en sciences sociales provenant de fonds fournis par le Conseil des arts du Canada.

À Claude Lévi-Strauss

AVANT-PROPOS

C'est au cours de recherches à l'île d'Orléans que les phénomènes de patronage m'ont posé pour la première fois les défis que je tente maintenant de relever. Nous étions au début des années 60 et à peu près toute l'intelligentsia du Québec condamnait la pratique du patronage. Et pourtant des habitants de l'île, admirables à bien des égards, l'approuvaient. Michel Chaloult et Yves Leclerc, qui travaillaient avec moi à titre d'assistants de recherche, m'ont alors aidé à bien situer l'étude du patronage.

Ces recherches et réflexions ont été poursuivies, en 1967-1968, au cours d'un séminaire de maîtrise rassemblant un groupe d'étudiants dont la qualité demeure inoubliable. J'abordais pour la première fois l'étude comparative du patronage. L'été précédent, François Renaud, un des participants au séminaire, avait constitué pour moi une bibliographie analytique. Il a ensuite été associé, avec Brigitte von Schoenberg et Marc Pigeon, à des recherches sur les partis dans la région de Québec, où une attention spéciale a été portée au patronage partisan.

En 1970-1971, j'obtenais un congé sabbatique et une bourse de travail libre du Conseil des arts du Canada. Mon projet de recherche portait sur le patronage politique, et j'ai entrepris dès lors la rédaction de cet ouvrage, terminée en 1975. En mai 1971, j'exposai ma recherche à un séminaire de Claude Lévi-Strauss. Celui-ci avait été à l'origine, à la fin des années 50, de mes efforts pour construire une analyse structurale de la politique. Lors de mon exposé, il m'encouragea, avec des mots dont je garde le souvenir, à poursuivre dans cette voie. C'est donc avec un profond sentiment de reconnaissance que je lui dédie ce livre, aboutissement provisoire d'une quête qui n'aurait pas été sans lui.

Tout en poursuivant la rédaction de ce livre, j'ai travaillé, à partir de 1972, à une recherche plus monographique sur le patronage des partis, au Québec. Cette recherche, subventionnée elle aussi par le Conseil des arts du Canada, a été faite en collaboration avec deux assistants de recherche, Nicole Aubé et Raymond Hudon. Elle a abouti à un livre, *Patronage et Politique au Québec : 1944-1972*, écrit avec Raymond Hudon.

Enfin, André Blais et Yvan Simonis ont lu une première version de cet ouvrage et m'ont fait de nombreuses remarques qui m'ont aidé au moment de la révision finale. Je les en remercie bien sincèrement. Je demeure, par ailleurs, très conscient des nombreuses faiblesses de cette étude. Le patronage politique, vu de façon comparative, est un champ nouveau, et donc difficile. J'espère seulement que d'autres prendront la peine de l'explorer.

Août 1975   V.L.

PREMIÈRE PARTIE

DÉFINITION DU PATRONAGE POLITIQUE

CHAPITRE PREMIER

LA NOTION DE PATRONAGE

Dès le départ, nous nous butons à une difficulté de langage. Patronage n'a pas le même sens en français et en anglais (d'Amérique), les deux langues utilisées par les auteurs sur lesquels nous fondons cette étude comparative. En français, le mot a généralement un sens noble : c'est l'appui bienveillant accordé par un haut personnage ou une organisation. Le sens américain est celui des relations entre un patron et un client. Au Canada français, c'est plutôt le sens américain qui s'est imposé, au grand malheur des linguistes officiels qui ont en vain proposé le terme de « favoritisme ». Ce sont les relations de patronage, au sens américain, que nous étudierons.

Mais le sens américain n'est pas bien fixé. Une certaine tradition a restreint le patronage aux emplois publics. Encore en 1964, un des meilleurs spécialistes des partis américains écrivait : « Le mot signifie les postes gouvernementaux qui sont accordés ou bien en retour de services politiques passés, ou bien dans l'expectative de services à venir. » (Sorauf, 1964, p. 82*.) Mais cette notion restrictive ne fait pas l'unanimité des politistes américains. Pour James Q. Wilson, le patronage, au sens large, renvoie plutôt à tout bénéfice, de nature matérielle, qu'un homme public peut allouer de façon discrétionnaire : emploi, contrat, charte ou franchise, et même, ajoute-t-il, information à caractère privé (1966, p. 200). Ce dernier bénéfice apparaît plus immatériel que matériel. D'autres auteurs

---

* On trouvera dans la bibliographie le titre des ouvrages d'où sont tirées les citations.

américains incluent les prestations de nature immatérielle dans
la notion de patronage. Merton, dans son étude célèbre sur la
machine politique, a bien montré que dans une « société
essentiellement impersonnelle, la machine, par ses agents
locaux, remplit la fonction sociale importante d'humaniser et de
personnaliser tous les procédés d'assistance à ceux qui sont
dans le besoin » et que « pour bien comprendre cette fonction
de la machine politique, il faut noter non seulement le fait que
l'aide est fournie, mais aussi la manière dont elle est fournie »
(1953, p. 155).

Les anthropologues, historiens, sociologues et politistes
qui ont tenté de définir le patronage, ou la clientèle, ne s'entendent donc même pas sur une notion minimale, bien que certains
traits reviennent d'une définition à l'autre. Ces traits, dont en
particulier ceux de réciprocité et d'asymétrie, s'ils apparaissent
d'abord clairs, se révèlent plutôt confus à l'examen.

Généralement, les définitions du patronage sont de nature
descriptive. Les auteurs les proposent au début de leurs travaux en se fondant sur ce qu'ils ont observé. On y trouve parfois des éléments théoriques, mais, à notre connaissance, personne n'a tenté d'analyser systématiquement le patronage
comme une propriété de certains ensembles sociaux, définis
théoriquement. Les notions varient selon la discipline des
auteurs et elles varient encore plus selon les aires culturelles,
ce qui, évidemment, rend très difficile et très risquée une
étude comparative du patronage.

Pour nous convaincre de la nécessité d'un point de départ
théorique, il nous suffira de considérer les traits les plus fréquents qui servent à définir le patronage, pour montrer ou
bien leur ambiguïté ou bien leur défaut d'universalité.

Ces caractéristiques appartiennent à deux grandes catégories : *internes* et *externes*.

Les caractéristiques internes des relations de patronage

La plupart des auteurs qui ont étudié le patronage dans
nos sociétés ont insisté, comme Merton, sur son caractère
personnel. Ce trait leur apparaît spécifique par opposition aux
relations bureaucratiques, plutôt impersonnelles. Mais dans
d'autres sociétés où toutes les relations sociales sont person-

nelles (y compris les relations administratives), ce trait n'a rien de caractéristique (Steinhardt, 1967, pp. 613-614).

Il arrive aussi que les auteurs qui étudient le patronage dans les sociétés modernes le décrivent comme une relation *informelle* (par exemple, Silverman, 1965, p. 176), et pourtant dans certaines sociétés africaines, ainsi que dans le modèle féodal, la relation était consacrée par des institutions qui liaient formellement le patron et le client (Maquet, 1970, p. 195). Maquet et d'autres auteurs (par exemple Tarrow, 1967, p. 69) proposent même de reconnaître cette différence en distinguant les relations officielles de seigneur à vassal, qui sont instituées, des relations de patron à client, qui ne le sont pas. Nous préférons, pour notre part, distinguer dans le patronage les relations dans le système des relations dans le processus, selon les termes du linguiste Hjelmslev (1971). C'est pourquoi nous parlerons de *liens* de patronage pour les relations dans le système, et de *liaisons* de patronage pour les relations dans le processus.

À l'inverse, certains traits, qui peuvent apparaître universels dans les sociétés dites « primitives », ne se retrouvent pas nécessairement dans les sociétés modernes. Ainsi, des anthropologues, dont Mair (1961, p. 315) et Lloyd (1965, p. 91), posent que les relations de patronage, ou de clientèle, s'établissent *hors des liens de parenté*, même si elles sont recouvertes bien souvent d'une parenté rituelle ou fictive entre le patron et le client, appelés frères ou encore père et fils. Mais dans les sociétés méditerranéennes ainsi qu'en Amérique, il arrive que le patron et le client soient réellement apparentés. Le patronage devient alors du népotisme (Lemieux, 1971, p. 227). Ajoutons que dans ces sociétés aussi, la relation de patronage se double parfois d'une parenté fictive ou religieuse, d'où notre interrogation dans la dernière partie de cet ouvrage sur les rapports entre patronage et parenté.

Les traits internes qui sont le plus souvent donnés comme spécifiques du patronage sont la *réciprocité* et l'*asymétrie*. On entend généralement par réciprocité qu'il y a échange de biens et services, et par asymétrie ou bien que ces prestations ne sont pas du même ordre, ou bien que le patron a plus de pouvoir ou de statut que le client. À la lumière de quelques extraits de définitions qui incluent ces notions de réciprocité et d'asymétrie, on pourra mieux conduire la discussion de ces deux caractéristiques présentées comme fondamentales par les anthropologues, en particulier, qui plus que les autres spécialistes des sciences humaines se sont attachés à cerner les traits internes spécifiques du patronage.

Selon Boissevain (1966, p. 18), « le patronage se fonde sur les relations réciproques entre les patrons et les clients..., le rapport est asymétrique car la nature des services échangés peut varier considérablement ».

Foster (1963, p. 1280), s'il n'emploie pas les termes de réciprocité et d'asymétrie, affirme pourtant que « les contrats entre patron et client lient des gens de statut socio-économique différent (ou de pouvoir différent) qui échangent entre eux différentes sortes de biens et services ».

Les deux traits sont nettement dégagés par Silverman (1965, p. 176) pour qui le patronage est une relation « entre des personnes dont le statut et le pouvoir sont inégaux, qui leur impose des obligations réciproques d'une nature différente ».

Pour Powell (1970, p. 412) également, les deux traits caractérisent le patronage. Cette relation, selon lui, se développe « entre deux parties dont le statut, la richesse et le pouvoir sont inégaux ». Pour s'établir et se maintenir, il faut de plus qu'il y ait « réciprocité dans l'échange des biens et services ».

Un autre politiste, Scott (1972, p. 92), définit la relation entre patron et client comme une relation d'échange réciproque entre deux individus de statut socio-économique différent.

Lloyd (1965, pp. 91-92), qui définit surtout les phénomènes de clientèle par leur composante externe, note cependant que le client dépend de son patron et que les deux sont dans une relation d'inférieur à supérieur, c'est-à-dire asymétrique.

Mair (1961, p. 315) note elle aussi l'infériorité du client : son chef peut le défendre contre les étrangers, mais il n'y a personne qui peut le défendre contre son chef.

Un autre africaniste, Maquet (1970, p. 192), insiste également sur la dépendance où se trouve le client. Pour lui, les relations de clientèle sont essentiellement des relations de dépendance. Ces relations « sont asymétriques : l'un aide et soutient, l'autre reçoit cette aide, ce soutien, et par ailleurs rend divers services à son protecteur. La relation ne peut s'inverser : protection et services ne sont pas du même genre. »

Dans un numéro spécial des *Cahiers d'études africaines* (vol. IX, 3ᵉ cahier), auquel Maquet a d'ailleurs contribué, cette notion de dépendance personnelle est plus ou moins identifiée à celle de clientèle. Balandier, dans sa présentation du thème, note trois caractéristiques formelles apparentes des relations de dépendance et de clientèle : ce sont des relations duelles ; établies entre des partenaires inégaux, par le statut ou la position à l'intérieur d'un même groupe statutaire ; et cette inégalité est compensée partiellement par la garantie d'une certaine protection du partenaire inférieur. À l'intérieur de l'ensemble des relations de dépendance, les relations de clientèle se distingueraient grâce à trois critères : « 1) la capacité de *choix* quant à l'entrée dans la relation, au moins de droit, sinon de fait ; 2) le caractère *contractuel* du lien... ; 3) le caractère de rapport établi *hors de la parenté*, entre partenaires inégaux et de quelque manière « étrangers » » (Balandier, 1969, p. 348). Les deux derniers traits, répétons-le, s'ils se retrouvent un peu partout dans l'Afrique traditionnelle, ne peuvent pas être étendus à toutes les relations de clientèle qu'on observe dans d'autres aires culturelles. Le premier trait, cependant, souligne un aspect qui nous semble important dans le patronage ou la clientèle.

Des deux notions de réciprocité ou d'échange d'une part, d'asymétrie ou d'inégalité d'autre part, que l'on retrouve dans toutes ces définitions, c'est la seconde plus que la première qui fait problème. On peut admettre sans difficulté que le patronage ne se passe pas d'un certain échange de biens et services, ou de prestations, entre le patron et le client, et qu'en cela il se distingue d'autres relations de supérieur à inférieur, où le premier domine tout à fait le second, en lui extorquant des biens et services sans contrepartie du même ordre (Maquet, 1970, p. 33). Mais cette asymétrie ou inégalité suppose au moins trois composantes différentes qui peuvent être identifiées pour le moment par les termes wéberiens de richesse, de statut et de pouvoir ou, si l'on préfère, par les dimensions économique, sociale et politique de l'action.

Les auteurs déjà cités se partagent en différents groupes de ce point de vue. Foster et Powell entendent l'asymétrie au sens économique, social et politique tout à la fois ; Scott en a une notion économique et sociale ; Silverman, une notion sociale et politique, Boissevain et Maquet (du moins dans les extraits qu'on en a donnés) ont une notion assez strictement économique ; Balandier, une notion sociale ; tandis que Lloyd et Mair ne précisent pas la dimension de l'asymétrie qu'ils retiennent.

Il ne nous semble pas indifférent de nous situer dans une dimension ou l'autre de l'asymétrie. Chacune présente des problèmes propres d'identification, et même si la richesse, le statut et le pouvoir sont le plus souvent cumulatifs, il ne faut pas poser à priori qu'ils se recoupent toujours au point qu'ils peuvent être assimilés l'un à l'autre.

À observer la dimension économique, il apparaît que les biens et services échangés par le patron et le client sont différents (Wolf, 1966, p. 16), si bien que la relation ne peut être inversée, comme le note Maquet. Toutefois, pour reprendre une distinction déjà faite, cette asymétrie des prestations matérielles peut fort bien se doubler d'une certaine symétrie des prestations immatérielles, c'est-à-dire de l'honneur ou du prestige, que le patron et le client retirent de leur relation. Pitt-Rivers (1958, p. 507) prétend même que « l'honneur est l'épine dorsale du système du patronage » et que le patron comme le client voient leur prestige augmenter par la relation de patronage ; le client participe au prestige du patron et celui-ci augmente le sien en accordant de la protection à ceux qui reconnaissent son pouvoir. Il demeure toutefois que ces prestiges réciproques sont acquis par l'échange de biens et de services matériels différents, ce qui nous autorise à parler d'asymétrie économique.

L'asymétrie des statuts, dans la dimension sociale, est une notion plus complexe. D'abord, il est plus difficile de montrer que deux statuts diffèrent que de constater que des biens et services ne sont pas de même nature. Et surtout, on peut relever des cas de patronage où l'on ne sait pas trop bien qui, du patron ou du client, profite de l'asymétrie. Maquet (1970, p. 208) note qu'au Buha, en Afrique de l'Est, « la relation féodale pouvait être orientée en sens inverse de la relation d'inégalité : le seigneur pouvait être de statut inférieur et son vassal de statut supérieur ». De même, en Amérique du Nord, on peut se demander qui occupe le statut le plus élevé, du député et même du ministre qui accorde un contrat par voie de patronage, ou du gros entrepreneur qui obtient ce contrat à titre de client.

Reste la dimension politique, qui repose sur la notion de pouvoir plus controversée encore que celle de richesse ou de statut. Avant d'en proposer une définition un peu précise au chapitre suivant, notons que cette dimension a au moins le mérite de clarifier l'ambiguïté qui vient d'être notée à propos des statuts. Dans les deux cas qui ont été signalés, ce qu'on peut appeler le pouvoir gouvernemental du patron domine le pouvoir gouvernemental du client, même si son statut « social » est moins élevé. Au Buha, il semble, bien que Shérer (1962, p. 206) ne soit pas clair là-dessus, que le Ha de classe inférieure qui a un Tusi de classe supérieure comme client utilise cette relation pour augmenter son influence politique. Dans nos sociétés, le député ou le ministre a un pouvoir gouvernemental supérieur à celui du gros entrepreneur, et c'est d'ailleurs pour cela que celui-ci a recours à eux pour obtenir les contrats accordés par l'appareil gouvernemental.

Cette asymétrie des pouvoirs a aussi été signalée par Paine, dans son introduction théorique à une série d'études sur le patronage dans l'Arctique de l'Est (Paine, édit., 1971). Selon lui, la supériorité du patron tient à ce que seules les valeurs choisies par lui circulent dans la relation de patronage. Bien qu'excessive, cette formule souligne avec raison que le choix individuel du patron se retrouve toujours dans le choix social du patron et du client. Autrement dit, le client n'a pas le pouvoir d'imposer son choix contre celui du patron. Mais cela n'exclut pas que le choix social corresponde au choix individuel des deux et soit ainsi coopératif plutôt que conflictuel.

On peut donc conclure que deux traits internes caractérisent le patronage : l'asymétrie des biens et services matériels qui sont échangés, et l'asymétrie du pouvoir de la part du patron et du client, le premier en possédant plus que le second.

Ces deux traits qui semblent universels sont bien insuffisants à caractériser les relations de patronage parmi les autres relations sociales. En particulier, ils ne permettent pas de distinguer le patronage de certaines relations administratives où un fonctionnaire ou un chef reçoit des prestations de ses sujets et leur accorde en retour des contre-prestations. Pourtant, on a souvent opposé les relations de patronage aux relations administratives. Au moins un autre trait interne semble requis pour bien distinguer les relations de patronage. Plusieurs auteurs proposent de le voir dans le caractère discrétionnaire, ou spécifique, du patronage.

Ce caractère entraîne souvent une relation très personnelle, mais il n'est pas nécessaire qu'il en soit ainsi (si la relation n'est que temporaire ou qu'elle se réalise par personnes interposées, comme c'est souvent le cas dans l'Europe méditerranéenne). Rappelons que dans des sociétés où toutes les relations sont personnelles, cette caractéristique ne spécifie rien. Par contre, la relation de patronage, ou de clientèle, semble toujours comporter un élément de choix, comme le souligne Balandier. Le patron ne choisit que quelques clients parmi tous ceux qui ont la capacité de le devenir, et il peut arriver que le client ait lui aussi une certaine capacité de choix parmi des patrons potentiels. Cette capacité du client ne semble toutefois pas universelle : en Amérique du Nord, en particulier, il peut arriver qu'un individu ne puisse recourir qu'à un seul patron — le représentant attitré du parti gouvernemental — s'il veut obtenir telle ou telle prestation. Le patron, par contre, a toujours la capacité de choix et cette capacité distingue les relations de patron à clients des relations gouvernementales de souverain à sujets, où le premier n'a pas la capacité de choisir parmi les seconds.

Nous avons été amené progressivement à situer le patronage dans une organisation, pour en discuter plus clairement les traits internes. Cette ouverture montre, selon nous, qu'on ne peut comprendre le phénomène du patronage sans le situer dans l'ensemble d'une collectivité. Mais s'il en est ainsi, quelle est la « fonction », ou le sens, du patronage dans les ensembles plus vastes dont il fait partie ? Cette question nous conduit à l'examen des caractéristiques externes du phénomène.

Les caractéristiques externes des relations de patronage

Des ethnologues qui ont travaillé dans les sociétés européennes du bassin de la Méditerranée ont vu dans la fonction de médiation du patronage un trait spécifique. Ce trait occupe une place importante dans la définition que Kenny (1960, p. 15) donne d'un patron. Pour lui, c'est « un protecteur, un guide, un modèle à copier et un intermédiaire propre à venir en contact avec quelqu'un ou quelque chose qui a plus de pouvoir que lui ». Le patronage aurait, à cause de cela, une structure pyramidale. De même, Silverman (1965) a-t-elle beaucoup insisté sur le rôle de médiation joué par le patron, s'inspirant d'ailleurs de Pitt-Rivers (1961, p. 141) qui prétend que l'aspect le plus important du rôle du patron consiste à relier une communauté locale au monde extérieur.

Ce rôle de médiation — qui a d'ailleurs fait l'objet d'une note critique de Firth (1965) — se rencontre un peu partout en Europe méditerranéenne, quand on étudie le patronage à l'échelle des communautés locales. Mais à une autre échelle ou dans d'autres sociétés, le patron, au lieu d'être un intermédiaire, dispose de l'autorité supérieure ou suprême. Ainsi, comme dans plusieurs sociétés africaines où le roi ou le chef agissait lui-même comme patron, dans nos sociétés modernes il arrive que les ministres font de même, sans que des patrons intermédiaires interviennent.

Nous ne distinguerons donc pas les patrons des intermédiaires ou « brokers », comme l'ont proposé plusieurs auteurs (par exemple Mayer, 1967; Paine, 1971). Comme on le verra mieux dans la suite, leur opération politique est semblable, même s'ils sont situés à des échelons différents de l'organisation sociétale.

À la discussion sur le rôle d'intermédiaire ou non du patron s'en rattache une autre sur le caractère transitif ou non de la relation de patronage. Boissevain (1966) a noté contre Foster (1963) que si le client, C, d'un premier patron, B, n'est généralement pas le client du patron, A, de ce dernier, c'est souvent grâce aux prestations que le patron inférieur, B, reçoit du patron supérieur, A, qu'il peut établir ou maintenir avec son client, C, une relation de patronage.

Cette double notion de la transitivité renvoie à la distinction que nous avons faite entre la dimension économique et la dimension politique du patronage, et plus généralement entre ce que Lévi-Strauss (1958) nomme les structures de *communication* et les structures de *subordination*. Boissevain a raison de poser qu'il y a transitivité, mais dans la communication seulement. Dans la subordination, **A** peut commander à **B**, et **B** commander à **C**, sans que **A** commande à **C**.

À la différence des spécialistes de l'Europe méditerranéenne qui insistent sur le rôle d'intermédiaire du patron, certains africanistes de même que certains sociologues ou politistes américains voient plutôt dans le patronage une voie de mobilité sociale pour le client. C'est, par exemple, la position de Merton (1953, p. 159), selon qui la machine politique ouvre « de nouvelles voies de mobilité sociale à ceux qui, sans elle, seraient exclus des avenues conventionnelles de l'avancement ». Chez les africanistes, Mair (1961, p. 325) écrit que dans certaines sociétés le patronage est la voie principale de la mobilité sociale, et Lloyd (1965, p. 92) va plus loin en disant que l'avancement social donne à la relation de patronage sa base essentielle.

Pourtant, les exemples ne manquent pas de relations de patronage qui maintiennent plutôt le client dans un état de pauvreté. C'est, par exemple, le cas de certaines minorités ethniques des États-Unis (voir entre autres Spicer, 1970). Le patronage améliore la position du client, mais pas toujours au point de constituer pour lui une voie de mobilité sociale.

De même, ce que nous avons nommé le pouvoir gouvernemental du patron est généralement augmenté par ses relations de patronage. Mair a bien vu cette transformation en Afrique, et elle lui accorde d'ailleurs plus d'importance qu'à la mobilité sociale dont profite le client. Elle écrit dès le début de son article que le phénomène de la clientèle « est à la base du développement de cette espèce de pouvoir qui est associé au poste de chef et, quand l'organisation gouvernementale devient plus complexe, de ce type de système politique nommé État » (1961, p. 315). Et elle ajoute à la fin « qu'il semble impossible de construire un pouvoir prédominant en un point de la société à moins que ceux qui aspirent à ce pouvoir puissent compter sur une suite de gens qui leur soient liés plus étroitement que les autres membres de la société » (p. 325).

De l'ensemble de ces points de vue, il se dégage que les relations de patronage apparaissent comme un opérateur de transformation qui va généralement dans le sens d'une plus grande intégration de la société, d'un renforcement du pouvoir des clients et d'un affermissement du pouvoir de ceux qui gouvernent.

C'est pourquoi la formule très suggestive de de Heusch (1966, p. 403), voulant que la clientèle transforme une structure de réciprocité en structure de subordination ou l'inverse, nous semble devoir être modifiée. Nous tenterons d'ailleurs de montrer que le patronage opère toujours les deux transformations. Si les clients avaient été le plus souvent maintenus dans la subordination par une idéologie appropriée mais fausse (comme le laisse entendre de Heusch), on ne comprend pas comment des relations de patron à client se seraient maintenues longtemps dans plusieurs aires culturelles. On ne comprend surtout pas, et ce nous semble un argument irréfutable contre celui de la mystification idéologique, pourquoi on rencontrerait dans l'histoire des clients de statut social très élevé, qui avaient les moyens de ne pas subir le patronage, transformant à leurs dépens la réciprocité en subordination. Par contre, là où le patronage aurait transformé la subordination en réciprocité, on ne voit pas comment l'appareil gouvernemental aurait pu continuer de dominer la société. Les lois structurales auxquelles obéissent finalement les opérations de patronage ainsi que les possibilités qu'elles permettent nous semblent plus complexes que le laisse entendre de Heusch. Nous allons tenter d'en établir la logique au chapitre suivant.

Champ et orientation

Cette discussion aura au moins montré que l'étude comparative du patronage peut difficilement être conduite en dehors d'un cadre théorique qui en fixe un peu précisément les frontières et l'orientation. La nécessité apparaît mieux d'un parti pris initial sur l'objet, qui se développe en un modèle suffisamment universel et explicite pour qu'il permette d'éviter les ethnocentrismes et les confusions portés par plusieurs des définitions du patronage.

La première limite que nous nous imposons est de nous situer dans la dimension politique du patronage. Nous n'effaçons pas pour autant les dimensions sociale et culturelle — qui seront d'ailleurs réintroduites plus tard — mais nous les réduisons à la définition politique qu'on peut en donner. C'est dire que nous laissons de côté le patronage industriel, intellectuel, religieux... De plus, nous limiterons notre étude du patronage politique aux organisations sociétales et aux organisations partisanes (aux États-Unis surtout), elles-mêmes incluses dans l'organisation sociétale.

Quant à l'approche du politique, elle sera structurale, plutôt que fonctionnelle, systémique, institutionnelle, formelle... Dans cette perspective, les organisations où se manifestent les opérations de patronage sont conçues comme des réalisations particulières de structures définies par certaines lois qui imposent des limites à ces réalisations.

Nous avons déjà indiqué plus d'une fois que notre notion de patronage politique est plutôt large qu'étroite. Plutôt que de distinguer plusieurs types de relations d'échange politique, comme le fait par exemple Heidenheimer au début d'un recueil de textes sur la corruption (Heidenheimer, édit., 1970, pp. 19-28), nous posons que l'opération politique de patronage a des caractères formels semblables d'une société à l'autre, mais que le jeu de cette opération dans son contexte organisationnel produit une réalisation particulière, qui n'est compréhensible que par rapport aux lois structurales du politique.

Ce parti pris théorique se distingue par au moins deux aspects fondamentaux de la plupart des tentatives habituelles d'analyse du patronage. Comme nous l'avons déjà signalé, les opérations de patronage n'ont plus alors de sens en elles-mêmes, mais seulement par rapport aux ensembles dont elles font partie, si bien qu'il devient un peu vain d'en donner une définition par des traits qui ne se rapportent qu'à l'opération elle-même, abstraction faite du contexte. Mais surtout les ensembles organisationnels où se manifestent les relations de patronage ne peuvent être compris que par rapport aux lois qui les contraignent. À la différence des contraintes qui sont posées volontairement dans les ordres vécus ou conçus, ces lois n'ont pas un caractère métalogique (Blanché, 1957, p. 72) mais se dégagent de la logique même des systèmes et des processus où se manifeste la structure.

Notre étude comparative se limitera à quelques aires culturelles. Dans ces aires, nous avons évidemment choisi des sociétés où les relations de patronage tiennent ou ont tenu une place importante dans la lutte pour le pouvoir. En cela, ces sociétés ne sont pas représentatives de l'ensemble des sociétés politiques.

Parmi les cas retenus, nous discuterons d'abord de la féodalité, ou mieux, de la féodo-vassalité européenne. Ces termes de féodalité ou de féodo-vassalité sont utilisés par les spécialistes des autres aires culturelles que nous avons choisies, et il importe, au départ, de s'en faire une notion. Dans un but de dépaysement, la première aire culturelle ensuite abordée sera celle de l'Afrique de l'Est avant la colonisation, où les phénomènes de clientèle ont fait l'objet de bonnes études ethnographiques. Nous passerons ensuite à trois sociétés méditerranéennes : la Grèce, l'Italie et l'Espagne qui sont elles aussi célèbres pour les relations entre patrons et clients, mais qui présentent des traits assez différents de ceux des sociétés de l'Afrique de l'Est (Boissevain, 1966, p. 18). Dans ces deux aires culturelles, nous nous fonderons surtout sur les travaux des anthropologues, alors que pour l'étude du patronage en Amérique du Nord, nous nous fonderons plutôt sur des ouvrages de science politique. Cette dernière aire culturelle présente aussi l'avantage comparatif de comprendre les États-Unis, une société riche et très « développée », par rapport aux deux aires culturelles précédentes. L'aire culturelle nord-américaine comprendra aussi le Québec, terrain de nos premières recherches sur le patronage. Cette société sera étudiée à la fin, non seulement parce que nous risquons moins alors de percevoir les autres sociétés dans la vue première que nous avons du patronage, mais aussi parce que le voisinage du Québec et des États-Unis présente le cas intéressant de pratiques à la fois semblables et différentes, dans des régimes politiques et des types de sociétés qui se distinguent à plus d'un égard.

Une dernière partie, consacrée à la réflexion théorique, fera d'abord l'examen des conditions sociétales du patronage politique. Ces conditions sont proprement politiques, administratives, sociales et culturelles. L'étude de certaines transmutations de ces conditions aidera à tester leur validité, en montrant que des variations concomitantes dans la pratique du patronage politique accompagnent les transmutations des conditions. Enfin, on verra ce que l'étude du patronage politique apporte à l'étude structurale de la coordination sociétale, et comment celle-ci permet en retour de saisir le sens du patronage politique.

CHAPITRE 2

L'ANALYSE POLITIQUE DU PATRONAGE

Les significations du politique sont devenues multiples avec l'accroissement des fonctions de l'État et l'éclatement de la science politique en des directions variées. La voie d'analyse que nous avons choisie n'a pas la prétention de faire l'unanimité des politistes. Nous la présentons pour des fins strictement heuristiques. Elle ne pourra être jugée qu'au terme de notre démarche, selon la plus ou moins grande qualité des explications qu'elle aura permis de fournir.

La présentation de notre schéma d'analyse se fera en quatre temps. Dans un premier temps, une vue cybernétique des organisations sera proposée comme cadre général des opérations de patronage politique. Deuxièmement, nous définirons les connexions internes à ce cadre comme des relations de puissance, l'opération de patronage politique consistant justement à transformer certaines de ces relations. Dans un troisième temps, nous présenterons trois approximations du patronage politique qui nous serviront à le définir. Enfin, deux lois structurales seront proposées, auxquelles obéit selon nous le fonctionnement politique des organisations où s'inscrivent les relations de patronage. C'est par rapport à ces lois que le patronage politique sera compris dans les ensembles où il opère.

Le schéma cybernétique

Quelques auteurs ont proposé un schéma cybernétique des organisations, à la suite du livre pionnier de Weiner (1948). Pour notre part, nous emboîtons le pas à Lucien Mehl (1960,

1966) dont la définition politico-administrative du schéma nous semble la plus adéquate.

Pour lui, le schéma cybernétique présente d'abord deux étages, celui du *gouverneur* et celui de l'*effecteur*. Le premier est chargé de la gouverne du second, et possiblement de sa propre gouverne (il est alors son propre effecteur).

À l'intérieur du gouverneur, Mehl distingue le *sélecteur*, chargé des activités axiologiques, ayant trait à la détermination des buts, et le *transducteur*, chargé des activités guidantes qui assurent la convergence des activités réalisatrices de l'effecteur et des activités axiologiques du sélecteur. Les boucles de rétroaction (« feedback ») servent à cette convergence.

Dans un langage un peu différent, Bertrand de Jouvenel exprime la même schématisation :

> Quand nous pensons à une autorité établie, cette notion même implique l'existence de trois catégories de personnes : les *sujets* auxquels sont adressés les ordres, les *agents* qui appliquent ces ordres, enfin ceux qui décident du contenu de ces ordres et qu'on pourrait appeler *sélecteurs*. (1963, p. 188.)

Ces notions valent pour toute organisation, ou pour tout « système finalisé » selon l'expression de Mehl. On peut les appliquer à l'organisation sociale la plus englobante, la société. Dans ce type d'organisation, celle à l'intérieur de laquelle nous étudierons le patronage politique, on peut parler d'un *gouvernement*, qui se superpose à la communauté des *gouvernés*. À l'intérieur du gouvernement, les *gouvernants* occupent les postes de sélecteur, et les *fonctionnaires* les postes de transducteur.

La cybernétique se précise alors en une *gouvernétique*, ou science de la gouverne, selon le terme suggéré par Aurel David (1965, p. 181). Notons toutefois qu'il peut arriver que l'effecteur se gouverne lui-même, sans le secours d'un gouverneur. C'est ainsi qu'on a des sociétés sans gouvernement (voir, par exemple, Middleton et Tait, 1958). Nous les avons exclues de notre étude comparative. Nous avons certaines raisons, qui seront explicitées plus loin, de croire le patronage politique impossible dans ce type de sociétés.

Dans les sociétés dominées par un gouvernement, le schéma gouvernétique peut être représenté comme dans le graphique 1. Pour des raisons de commodité, les postes de sélecteur sont représentés par un rectangle, ceux de transducteur par un losange, et ceux d'effecteur par une ellipse. Ce symbolisme sera utilisé dans la suite, et lorsque deux postes seront combinés en un seul, le graphisme fera de même : ainsi, un transducteur qui est aussi un sélecteur sera représenté par un rectangle à l'intérieur d'un losange.

Graphique 1 : Représentation gouvernétique de l'organisation sociétale

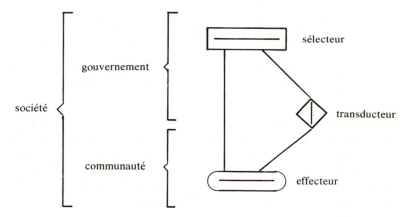

Nous avons relié les trois postes entre eux, et nous avons aussi représenté des relations à l'intérieur de chacun des trois postes. Pour suivre l'usage de Ashby (1958) en particulier, nous parlerons de *connexions* pour désigner ces relations de gouvernant à gouvernant, de gouvernant à fonctionnaire, ... à l'intérieur d'un schéma cybernétique. Bien sûr, ces connexions peuvent comprendre plus d'une relation entre acteurs sociaux. Ainsi, à l'intérieur du poste de transducteur, la connexion que nous avons symbolisée peut être la ligne hiérarchique, qui va du ministre au sous-ministre, du sous-ministre au directeur, du directeur au chef de service, — ou dans le sens inverse.

Lucien Mehl (1966, p. 787) résume ainsi la « fonction » de chacune des trois parties d'une organisation, vue sous l'angle de la cybernétique :

> L'effecteur est l'organe qui exécute les opérations réalisatrices grâce auxquelles sont atteints les buts du système.

> Le gouverneur [...] est l'organe de commande et de régulation. Il assure la direction, le gouvernement (au sens général du mot) du système considéré conformément aux fins assignées.
>
> Mais le gouverneur comporte lui-même deux sous-parties principales. D'une part le sélecteur de finalité, ou plus brièvement le sélecteur. Suivant les cas, il enregistre la finalité [...] ou en élabore les termes à partir de messages émanant d'un autre système, ou encore explicite la finalité diffuse (du système). [...]
>
> D'autre part, le « transducteur » [...] ou médiateur, organe intermédiaire, appareil de pilotage qui transmet des consignes ou des ordres à l'effecteur, surveille et guide son fonctionnement, conformément aux fins définies (par le sélecteur). [...]
>
> Bien entendu, les notions de sélecteur, de transducteur et d'effecteur sont relatives. **T** peut être considéré comme l'effecteur de **S** et comme le sélecteur de **E**. [...] En fait, il est fréquent d'observer dans les systèmes complexes une cascade d'organes dépendant les uns des autres. En outre, le sélecteur peut commander à plusieurs transducteurs et chacun de ces transducteurs peut assurer le guidage d'un groupe d'organes de l'effecteur.

Une fois posé ce cadre général, il faut maintenant définir plus précisément, dans une perspective d'analyse politique, la forme des connexions internes ou externes aux postes du schéma. Cette définition nous permettra également de donner un sens plus précis au terme de gouverne utilisé pour décrire la « fonction » d'un appareillage cybernétique.

Les relations de puissance

On définit souvent la cybernétique comme la science des organisations vues sous l'angle de la communication et du contrôle. Cette définition était d'ailleurs indiquée par le titre même de l'ouvrage de Weiner (1948) : *Cybernetics or Control and Communication in the Animal and the Machine.*

L'analyse politique s'intéresse au contrôle davantage qu'à la communication, à l'information impérative plutôt qu'à l'information indicative. Ce contrôle s'opère en différentes phases où dans des choix publics de sélecteur à sélecteur, de sélecteur à transducteur... des décisions sont prises sur les enjeux du contrôle, c'est-à-dire sur les actions à réaliser ou non. Ajoutons que ces décisions sont rarement définitives : certains de leurs résultats sont réintroduits dans de nouveaux choix publics, cumulatifs ou correctifs des précédents, par les voies diverses de la rétroaction (« feedback »).

Les choix publics donnent lieu à des relations de pouvoir entre les acteurs. Soit deux acteurs **A** et **B** par rapport à la formation d'un choix public. Nous disons qu'il y a pouvoir de **A** envers **B** quand **A** fait faire à **B** une certaine action, ou encore quand il ne fait pas une action que **B** lui demande de faire. Dans le premier cas le pouvoir de **A** est positif, dans le second cas il est négatif.

Entre deux acteurs **A** et **B**, quatre relations élémentaires de pouvoir sont possibles:

1) pouvoir positif de **A** et non-pouvoir de **B** quand **A** fait faire à **B** l'action voulue;

2) pouvoir négatif de **A** et non-pouvoir de **B** quand **B** ne réussit pas à faire faire à **A** l'action voulue;

3) non-pouvoir de **A** et pouvoir positif de **B** quand **B** fait faire à **A** l'action voulue;

4) non-pouvoir de **A** et pouvoir négatif de **B** quand **A** ne réussit pas à faire faire à **B** l'action voulue.

Ces relations ne sont qu'élémentaires. Il peut s'en produire plus d'une dans une interaction donnée. Par exemple un client demande à son patron un poste permanent dans la fonction publique. Le patron refuse, car il ne peut pas obtenir cette prestation, mais quand le client demande, faute de mieux, un poste temporaire, le patron accepte. Dans ce cas il y a d'abord pouvoir négatif du patron, et ensuite pouvoir positif du client.

Aussi, nous emploierons pour la formalisation du pouvoir des relations complexes plutôt qu'élémentaires. À partir du modèle des relations d'ordre, nous distinguerons:

1) les relations de *copuissance*, généralement marquées par le pouvoir positif de chacun des deux acteurs. Nous les symboliserons par le signe $=$;

2) les relations de *suprapuissance*, ou à l'inverse d'*infrapuissance*, quand un des acteurs exerce généralement du pouvoir positif ou négatif envers l'autre, celui-ci étant réduit à du non-pouvoir. La suprapuissance sera symbolisée par $>$, et l'infrapuissance par $<$;

3) les relations de *surpuissance*, ou à l'inverse de *souspuissance*, quand un des deux acteurs exerce généralement du pouvoir positif ou négatif envers l'autre, celui-ci exerçant à

l'occasion du pouvoir positif, sans qu'il réussisse, généralement, à exercer du pouvoir négatif. Comme dans les relations d'ordre la surpuissance sera symbolisée par $\geq$ et la souspuissance par $\leq$;

    4) les relations de *coimpuissance*, généralement marquées par le pouvoir négatif, sans plus, de chacun des deux acteurs, et qui seront symbolisées par $\neq$[1].

Trois approximations du patronage politique

Une fois mis en place notre cadre cybernétique d'analyse et la perspective politique qui le spécifie, nous pouvons revenir à la notion du patronage politique déjà esquissée. Après une vue générale, nous expliciterons les trois principales composantes de cette définition, qu'il faut voir comme des approximations successives du phénomène.

Pour nous, le patronage politique consiste en un ensemble de deux types de relations d'ordre, nouées en un patron qui est en cela l'opérateur du patronage[2]. Le patron a des relations avec des *clients*, ce qui va de soi, mais il a aussi des relations avec des *rivaux*, vers lesquelles sont orientées, on le verra, ses relations avec les clients. Donc relations de *clientèle* d'une part, et relations de *rivalité* d'autre part. Les relations de clientèle, primordiales dans l'opération de patronage politique, présentent une première caractéristique qui est celle de la disjonctivité, par opposition à la conjonctivité des relations administratives du transducteur à l'effecteur.

Nous caractérisons de plus l'opération de patronage politique par une double transformation de relations de puissance,

---

[1]   Cette simplification nous obligera évidemment à ne retenir des relations de puissance entre deux acteurs que les traits les plus fréquents, pour en construire la relation d'ordre entre eux. Par exemple, si deux fois sur trois il y a suprapuissance entre deux acteurs, et une fois sur trois coimpuissance, nous donnerons à leur connexion la première forme et non la seconde. Encore une fois, ces simplifications sont inévitables dans une étude comparative comme celle-ci qui se fonde sur des données qui n'ont pas été recueillies aux fins de notre cadre analytique.

[2]   Quand nous disons que le patron est un opérateur, nous l'entendons au sens que Bertrand de Jouvenel donne à ce terme, quand il écrit : « J'appelle *opérateur politique* l'homme obsédé par une certaine fin qu'il se propose et qui, en vue de cette fin, s'applique systématiquement à mettre en mouvement quantité de personnes dont le concours simultané ou successif est nécessaire au résultat qu'il recherche. » (1972b, p. 92.)

opérée par le patron. Dans un premier temps, il transforme une relation d'infrapuissance du client en une relation de souspuissance, soit la relation même de clientèle ; et dans un deuxième temps, il transforme, ou du moins tente de transformer, une relation de non-suprapuissance qu'il a avec un rival en une relation de suprapuissance.

Notre vue du patronage politique comprend donc trois composantes, qui sont autant d'approximations du phénomène. Ces approximations nous fourniront un cadre pour la présentation du patronage politique dans les sociétés retenues à l'intérieur de nos aires culturelles. On peut les considérer comme des hypothèses générales que nous vérifierons dans l'étude de ces sociétés.

Première approximation

Pour qu'il y ait patronage politique, une première condition doit être remplie. Les relations de clientèle doivent être *disjonctives*. Nous entendons ici la disjonction au sens logique. Soit deux acteurs **A** et **B** qui sont sujets à une certaine décision gouvernementale. Par exemple, ils sont aveugles et, à ce titre, ils peuvent recevoir une pension, ou encore ils sont chômeurs et peuvent être engagés à la réfection d'une route.

La disjonction des relations de **A** et de **B** avec un patron, **P**, signifie que peut se produire l'une ou l'autre des situations suivantes :

1) une relation s'établit entre **P** et **A** ainsi qu'entre **P** et **B** pour l'attribution de la pension ou de l'engagement ;
2) une relation s'établit entre **P** et **A**, mais pas entre **P** et **B** ;
3) une relation s'établit entre **P** et **B**, mais pas entre **P** et **A**.

L'autre situation, où aucune relation ne s'établit, est exclue, puisqu'alors on ne peut plus parler de clientèle (du moins si l'univers des clients potentiels est limité à **A** et à **B**).

Des auteurs déjà cités ont souligné cette disjonctivité, tout en la nommant autrement. Ceux qui notent le caractère informel, personnel, ou discrétionnaire des relations de clientèle, ceux qui insistent sur le caractère spécifique des prestations échangées, ceux qui montrent que le patron et le client sont généralement libres de se choisir ou de s'abandonner l'un l'autre témoignent à leur façon de ce caractère disjonctif des relations de clientèle. Plus spécifiques sont ceux qui notent qu'il n'existe pas telle chose qu'une classe de clients, ou qui, comme de Heusch (1966, p. 457), parlent à ce propos d'une « structure émiettée » qui tend à constituer une « société pluricellulaire ».

Cette disjonctivité des relations distingue le clientélisme de l'administration qui, comme nous l'avons noté, tend généralement à la conjonctivité des relations entre administrateurs et administrés. Pour reprendre l'exemple précédent, si **A** et **B** ont qualité de recevoir administrativement une pension aux aveugles ou un engagement temporaire pour la réfection d'une route, une seule situation se produira, celle où chacun des deux administrés se trouvera en relation, à cette fin, avec l'administration transductrice — à moins que les fonctionnaires ne fassent du patronage !

Cette différence n'est pas étrangère à l'absence d'échange qui caractérise la relation administrative par rapport à la relation de clientèle. Celle-ci est disjonctive parce qu'y entrent les calculs de l'échange politique, et en particulier la stratégie du patron, tandis que la conjonctivité des relations administratives rend impossible ce jeu stratégique, du moins quand des réseaux non officiels ne peuvent se former (comme exemple de cette formation, voir Lemieux et Leclerc, 1965). Les décisions que les sélecteurs laissent aux transducteurs ont généralement pour but de manifester l'impartialité du gouvernement, ce qui entraîne la conjonctivité plutôt que la disjonctivité des relations de gouverneur à effecteur.

En première approximation, on peut donc poser qu'une caractéristique nécessaire, mais non suffisante, du patronage politique réside dans *la disjonctivité des relations de clientèle*.

Deuxième approximation

Les relations disjonctives que le patron et le client établissent ouvrent la voie à la première transformation de l'opération de patronage politique. Cette première transformation consiste à substituer à une relation d'infrapuissance du candidat à la clientèle, une relation de clientèle où le client se trouve dans un état de souspuissance par rapport au patron. Ce qui signifie que dans le processus s'établira entre eux ou bien une liaison de copuissance, ou bien une liaison d'infra-puissance (du point de vue du client).

Plusieurs précisions s'imposent à ce sujet. D'abord, l'in-frapuissance du candidat à la clientèle, qui se transforme en souspuissance quand il devient client, doit être vue comme une infrapuissance par rapport à une décision ou à une relation données, à laquelle vient se substituer une souspuissance par rapport à certains choix publics qui le concernent. S'il est, par exemple, un gros entrepreneur, il exerce évidemment de la puissance par rapport à ses ouvriers. Mais son impuissance à décrocher un contrat gouvernemental par voie administrative l'amènera à entrer dans une relation de clientèle avec un dé-puté ou ministre, afin d'obtenir le contrat par voie politique. Ou encore, comme nous le verrons en Afrique de l'Est, un fonc-tionnaire impuissant dans sa relation administrative avec un gouvernant deviendra le client de ce dernier. Ce qui n'exclut pas que le fonctionnaire, avant de devenir client et après qu'il le soit devenu, soit suprapuissant par rapport aux gouvernés.

Dans la mesure du possible, c'est-à-dire des données disponibles, nous tenterons de vérifier que le client se trouve infrapuissant par rapport à une décision ou à une relation données, avant (cet « avant » pouvant signifier une antécéden-ce logique plutôt que chronologique) de devenir souspuis-sant dans une relation de clientèle. Il est toutefois possible de démontrer dès maintenant la nécessité politique de cette sous-puissance sans plus du client face au patron. Au départ, le client est impuissant, et il se lie avec un patron qui est puis-sant ou qu'il espère puissant. Il ne serait pas raisonnable po-litiquement pour le patron de transformer cette situation en une autre où les deux deviendraient copuissants. À moins qu'une autre rationalité, celle de l'amitié, ne l'y entraîne. Nous distinguons ici les relations d'amitié des relations de clientèle, considérant celles-ci à la suite de Pitt-Rivers comme du « lop-sided friendship » (1961, p. 140), ce que rend assez bien notre notion de surpuissance. En somme, la supériorité du patron tient à la puissance qu'il a dans des choix publics valorisés par le client, impuissant en lui-même.

Enfin, rappelons que la relation de clientèle n'est pas né-cessairement officielle, comme le prétend Maquet en particulier (1970). Elle peut être officielle, ou encore non officielle ou officieuse.

C'est ainsi qu'il faut comprendre notre deuxième approximation voulant que *le patron transforme une relation d'infrapuissance de celui qui devient son client en une relation de souspuissance par rapport à lui, le patron*.

Troisième approximation

La deuxième approximation a pu laisser croire que la supériorité du patron par rapport au client le rendait tout à fait indépendant envers celui-ci. Ce n'est pourtant pas le cas, car les moyens que le patron obtient de ses clients lui permettent de transformer — ou de tenter de transformer — une certaine non-suprapuissance en suprapuissance. Comme le dit Scott (1972, p. 92), si le patron est déjà assuré de la suprapuissance, il n'a pas besoin de relations de clientèle.

La non-suprapuissance du patron, qui peut être de l'infrapuissance, de la souspuissance, de la coimpuissance, de la copuissance, ou de la surpuissance, s'entend elle aussi par rapport au gouvernement de l'organisation sociétale (et exceptionnellement de l'organisation partisane), celle où nous situons notre étude du patronage politique. Le patron peut être suprapuissant dans sa famille, dans son milieu de travail, ou même dans son parti. Mais au gouvernement, sa suprapuissance n'est pas acquise, assurée ou garantie. Ces distinctions sont importantes. Nous verrons dans nos études de cas que les moyens obtenus grâce aux relations de clientèle peuvent servir à créer de la suprapuissance, mais aussi à la maintenir, ou même à écarter une menace qu'elle ne se transforme en autre chose.

De plus, la deuxième transformation peut réussir ou échouer. C'est qu'il est difficile, sinon impossible, selon M. G. Smith (1960) de monopoliser le pouvoir politique, comparativement à l'autorité administrative. Par exemple, un patron qui se fait des clients en vue d'assurer son élection peut être défait, et donc ne pas réussir le passage de la compétition à la domination. C'est pourquoi il vaut mieux parler d'orientation vers une deuxième transformation que d'une deuxième transformation sans plus, ce qui laisserait supposer qu'elle est toujours réussie.

Les rivaux auxquels le patron tente d'imposer sa supra-puissance sont généralement d'autres acteurs que ses clients, mais il n'est pas exclu, on le verra, que ce puisse être ceux-ci. Dans ce cas, le patron accorde en quelque sorte à un acteur d'être son client souspuissant dans le système pour le réduire parfois au rôle de « rival » infrapuissant dans le processus. On comprend facilement, par exemple, que le patronage de fonctionnaires par rapport à des gouvernés puisse être de cette espèce. Nous en rencontrerons au moins une illustration au cours de nos études de cas.

Plus encore que la relation de clientèle, la relation de rivalité transformée par le patronage peut exister à différents niveaux de la réalité. La discussion précédente l'indique bien. La rivalité du patron, transformée par le patronage, peut se for-mer en un système, elle peut aussi prendre sa forme dans le processus, ou même dans un processus potentiel, quand l'opéra-tion du patron ne réussit pas. Cette variété tient au caractère moins assuré de cette deuxième transformation, face à laquelle le patron est souvent un entrepreneur qui risque, bien plus qu'un rentier dont les bénéfices sont certains.

En troisième approximation, on peut donc dire que *le pa-tron, grâce aux moyens obtenus du client, tente de transformer sa non-suprapuissance par rapport à des rivaux en supra-puissance* [3].

Définition synthétique du patronage politique

Si on met ensemble nos trois approximations, on obtient la définition suivante : *le patronage politique est une opération, créant des relations disjonctives de patron à clients, par la-quelle le patron transforme une relation d'infrapuissance du client en une relation de souspuissance par rapport à lui, le patron, qui grâce aux moyens obtenus du client tente de trans-former sa non-suprapuissance par rapport à des rivaux en su-prapuissance.*

---

[3] Signalons que cette deuxième transformation peut être absente du patro-nage. On pourrait alors parler de patronage non politique, ou encore de *protection*. Par exemple, un gouvernant despotique se paie le luxe de pro-téger des clients, sans rien obtenir en retour, si ce n'est une estime de tou-te façon superflue pour ses fins politiques. Ces phénomènes de protection ne seront pas retenus ici. Tout au plus seront-ils signalés quand on les rencontrera.

Patronage et lois structurales

Cette définition qu'on pourrait dire « interactionnelle » du patronage politique nous semble insuffisante, même si son exploration systématique peut nous apprendre beaucoup. Il est nécessaire de replacer l'opération de patronage politique dans l'ensemble de l'organisation sociétale ou partisane où elle se produit et de l'interpréter, sinon de l'expliquer, dans ce contexte plus vaste. C'est pourquoi nous faisons finalement appel aux lois structurales de connexité et de cohésion politiques, en posant que le patronage politique peut être compris par rapport à ces lois.

La connexité

Soit trois groupes **A**, **B** et **C**. Si leurs relations d'ordre ont l'une ou l'autre des deux configurations suivantes :

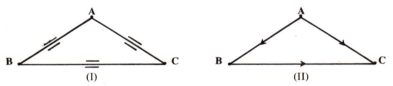

ils peuvent se passer d'un gouvernement. Mais si ces relations ont plutôt l'une ou l'autre des deux configurations suivantes :

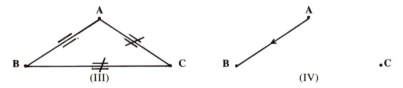

il est probable qu'un gouvernement, arbitre ou juge temporaire, ou encore instance suprême plus permanente, se chargera d'établir une connexité plus que simple, c'est-à-dire forte, semi-forte ou quasi forte. Il y a *connexité forte* dans un graphe quand on peut aller de tout point à tout autre et en revenir ; il y a *connexité semi-forte* quand on peut aller de tout point à tout autre dans un sens seulement ; et il y a *connexité quasi forte* quand il existe un point et un seul d'où on peut aller à tout couple d'autres points (pour une définition plus stricte de ces notions, voir Flament, 1965). Dans un réseau de relations d'ordre, le passage d'un point à un autre signifie évidemment qu'un acteur est égal à un autre, ou plus grand que lui.

Le graphique III illustre un cas de connexité simple : les postes sont reliés entre eux sans plus. Dans le graphique IV, il y a *non-connexité*, puisqu'un poste au moins (**C** en l'occurrence) est isolé.

La force de la connexité renvoie à la densité des relations (Flament, 1965, p. 47). Considérons nos quatre graphiques : les relations sont évidemment plus denses dans les deux premiers que dans les deux derniers. Mais dans l'analyse politique d'une organisation, la source de la connexité importe davantage que sa force ou sa densité. C'est pourquoi nous nous attacherons ici à classer la connexité selon son origine, plutôt que selon sa densité. La notion d'*autorité*, au sens de la source (« *auctor* ») d'un choix public, nous servira : on peut dire qu'elle est plus ou moins centrée selon le type de connexité d'un graphe.

Dans la connexité forte (graphique I), tous les acteurs peuvent être à la source d'un choix public qui s'impose à un point quelconque du graphe. Nous parlerons donc d'autorité *acentrée*. Quand il y a connexité semi-forte (graphique II), il arrive que cette induction des choix publics ne se fasse plus que dans un sens (par exemple, de **A** à **B**, mais pas de **B** à **A**). L'autorité peut être dite *semi-acentrée*, comme on dit de la connexité qu'elle est semi-forte. La connexité quasi forte est obtenue si on supprime la relation de suprapuissance de **B** à **C** dans le graphique II : il n'y a plus alors qu'un acteur, **A**, qui peut induire un choix public à tout couple d'autres acteurs. Nous dirons de cette autorité qu'elle est *centrée*. Dans la connexité simple (graphique III), l'induction d'une source à tous les autres acteurs n'est plus possible et dans le graphique IV, il n'y a plus de connexité du tout. Dans les deux cas, il y a absence d'autorité dans le graphe.

On a vu qu'avec l'apparition d'un gouvernement, une différenciation se produit entre le gouverneur et l'effecteur. L'autorité est alors assurée par le transducteur ou appareil administratif dont les relations avec l'effecteur sont conjonctives ou universelles, ou du moins tendent à l'être, ce qu'ont bien vu les auteurs qui se sont interrogés, de divers points de vue, sur le développement de l'organisation étatique (par exemple, Fortes et Evans-Pritchard, 1964 ; Jouvenel, 1972a).

La « loi » de l'administration et plus généralement du gouvernement est alors celle de la connexité quasi forte ou de l'autorité centrée : du sommet de l'appareil gouvernemental et de ce point seulement, on peut dominer tout couple d'acteurs sociaux. C'est le cas si un gouverneur (sélecteur et transducteur), qui rejoint tous les effecteurs (par des relations conjonctives), se superpose à l'un ou l'autre des graphiques précédents. Soit, par exemple :

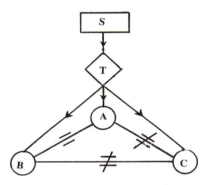

À partir de **S** (sélecteur) et de **S** seulement, on peut imposer des choix qui rejoignent (par l'intermédiaire de **T**, le transducteur) tout couple d'acteurs sociaux dans le réseau (soit **T-A**, **T-B**, **T-C**, **A-B**, **A-C** et **B-C**). Ce qui est la définition même de la connexité quasi forte ou de l'autorité centrée.

Ajoutons que cette autorité est certaine parce qu'elle rejoint tous les postes du graphe, ou bien directement par une relation de suprapuissance (dans le cas de **T**), ou bien indirectement par un transducteur soumis à la suprapuissance de l'autorité et qui est lui-même suprapuissant par rapport aux effecteurs. L'autorité sera dite incertaine quand ces conditions ne seront pas remplies. Ainsi, deux relations de copuissance de **A** à **B**, et de **B** à **C**, ajoutées l'une à l'autre, n'assurent pas, étant donné que le pouvoir positif en chacune d'elles est circulaire, la transitivité du choix personnel de **A**, le premier terme, au choix personnel de **C**, le dernier.

Par opposition à cette logique de l'autorité centrale, la communauté obéit généralement à une logique de l'autorité acentrée ou de l'autorité semi-acentrée, selon le caractère égalitaire ou inégalitaire des normes qui la régissent. C'est parce

que ces états ne sont pas atteints, mais que des situations inférieures de connexité, où il n'y a pas d'autorité, menacent la
communauté, qu'un gouvernement et sa gouverne s'imposent
— la stratégie de celui-ci pouvant fort bien consister à empêcher que l'autorité ne se réalise dans la communauté, pour être
justifié d'y intervenir.

Ce que nous appelons la logique du gouvernement consiste donc, à la limite, à exploiter ou même à créer ces situations où des choix publics non connectifs parce que sans autorité menacent la coordination d'une société. Ce sont ces situations qui justifient la gouverne et la nécessité (pour qu'elle
s'exerce) qu'un sélecteur et possiblement un transducteur s'é-
lèvent au-dessus des effecteurs.

Au contraire, la logique de la communauté est à la limite
de se passer de ces acteurs spécialisés qui occupent les postes
de sélecteur et de transducteur, et de maintenir des états de
société, dont certaines collectivités « primitives » ont donné
l'exemple, où des choix publics unanimes permettent de « con-
necter » la société.

Nous verrons comment le patronage peut être compris
à l'articulation de ces deux logiques, celle du gouvernement
et celle de la communauté, en utilisant pour cela les concepts
qui viennent d'être présentés.

La cohésion

Il nous semble, de plus, que la configuration des relations
d'ordre dans une organisation est « travaillée » par d'autres lois
structurales que celles de connexité politique. Ce sont les lois
d'équilibration, que nous préférons nommer de *cohésion* politique pour rompre avec le caractère polémique de cette notion
en sciences sociales.

Ce concept de cohésion, élargi de la façon suggérée par
Ribeill (1973) et appliqué au champ des relations d'ordre, signifie qu'il y aura tendance à la formation de 1, 2, 3... n « blocs »
qui, d'une part, seront ou bien individuels, ou bien coalisés à
l'intérieur d'eux-mêmes par des relations coopératives, c'est-à-
dire qui comportent de la copuissance (soit les relations $=$, $\geqslant$
et $\leqslant$) et qui, d'autre part, seront séparés les uns des autres par
le conflit, c'est-à-dire l'absence entre eux de cette possibilité
de copuissance (soit les relations $>$, $<$ et $\neq$). Ajoutons que

moins il y a de blocs dans un réseau cohésif, plus la cohésion est grande.

Soit deux sélecteurs, ou plus précisément deux partis
R et **S**, un transducteur **T**, et trois effecteurs **A**, **B** et **C**. La
première configuration (I) de leurs relations d'ordre sera po-
litiquement non cohésive, alors que la deuxième (II) sera po-
litiquement cohésive.

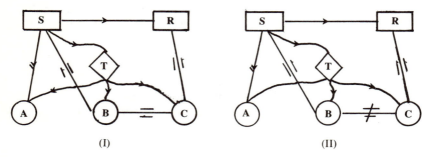

(I)   (II)

La première configuration est non cohésive parce qu'on
ne peut pas y former des « blocs » qui respectent les conditions énoncées plus haut. La copuissance entre **B** et **C**, l'un
allié au parti **S** et l'autre au parti **R**, l'empêche. Dans la deuxième configuration, il y a au contraire coimpuissance entre **B** et
C, de sorte qu'on peut former trois blocs (**S**, **A**, **B**), (**R**, **C**) et (**T**)
qui respectent nos conditions.

Il est à noter que ces blocs ne sont pas équilibrés au sens
de la formulation « classique » de l'équilibre (Harary *et al.*,
1965; Flament, 1965) mais qu'ils le sont au sens de l'équilibre
de type β de Ribeill, dont nous tirons notre notion de « bloc ».

Ajoutons que, toujours selon Ribeill, la modification qui
se produit du premier graphe au second peut ne pas être nécessaire si un équilibre « local » est seul requis. Dans le premier
graphe, tous les acteurs pris dans un triangle de relations
de puissance sont justement en équilibre local au sens de l'é-
quilibre de type β de Ribeill, parce qu'aucun triangle n'est
formé de deux relations de copuissance. S'il y a modification,
du premier graphe au deuxième, c'est que les acteurs se préoccupent d'équilibre global plutôt que local. Par exemple, **B**
modifiera sa relation avec **C** parce que celui-ci est l'ami de **R**,
lui-même ennemi de l'ami **S** de **B**. Ou encore, **S** fera pression

sur **B** pour qu'il modifie sa relation avec **C** parce qu'il ne peut tolérer que « l'ami **C** de mon ennemi **R** soit aussi l'ami de mon ami **B** ». Cela suppose des préoccupations de cohésion politique globale qui ont généralement plus de chances de se produire chez les sélecteurs que chez les effecteurs.

La coordination

Pour résumer, disons que deux ensembles de lois structurales, celles de connexité politique et celles de cohésion politique, sous-tendent le jeu des relations d'ordre dans une organisation. Nous les définissons comme des lois de *coordination*, pour indiquer que notre construction structurale repose sur des relations d'ordre. Les réalisations particulières de ces lois varient selon les cultures et selon les buts des acteurs à l'intérieur de ces cultures. Ainsi, nos cultures occidentales sont généralement orientées, dans l'idéal, vers une loi d'égalité ou d'autorité acentrée pour la composante d'une organisation qu'est sa communauté, alors que d'autres cultures, telle l'indienne, seraient plutôt orientées vers l'idéal de l'inégalité, c'est-à-dire de l'autorité semi-acentrée (Dumont, 1966). Des organisations réussissent à se donner une cohésion politique unipolaire (un bloc seulement), alors que d'autres pratiquent plutôt la bipolarité (deux blocs) ou la tripolarité (trois blocs). C'est-à-dire que des acteurs se satisfont d'une cohésion politique locale, tandis que d'autres se préoccupent d'une cohésion politique plus globale.

L'analyse se complique encore du fait que la coordination dans le processus ne correspond pas toujours à la coordination dans le système, et qu'entre deux types de coordination des contradictions peuvent aussi exister. Heureusement d'ailleurs, car comme l'a écrit Lévi-Strauss, une structure ne se révèle jamais mieux que dans les efforts que font les hommes pour la voiler.

On peut présumer que l'impact du patronage politique sur la coordination sera varié, étant donné la variété des contextes sociétaux ou partisans où il se produit. Mais le résultat de la double transformation du patronage n'en laisse pas moins présager ce que peuvent être ses effets structuraux.

En commençant par la connexité, il est aisé de voir que la première transformation aura des effets de renforcement plutôt que d'affaiblissement. La relation de clientèle qui remplace la relation d'infrapuissance du client tend à renforcer la connexité de l'organisation, puisque son degré de connexité est plus fort que celui de la relation d'infrapuissance. Par contre, le sens de la deuxième transformation est plus ambivalent. La suprapuissance qu'elle instaure est en elle-même semi-fortement connexe, mais reste à savoir quelle relation de puissance est ainsi transformée. Si, par exemple, c'est une relation de coimpuissance, simplement connexe en elle-même, il y a gain de connexité, mais si c'est une relation de copuissance ou encore de surpuissance ou de souspuissance, il y a affaiblissement de connexité.

Pour ce qui est de la cohésion, la relation de clientèle coalise, dans le système, ses deux participants, tandis que la relation d'infrapuissance qu'elle remplace les sépare. La rivalité transformée par le patronage devient non coalisante, de coalisante qu'elle pouvait être. Il est donc difficile de prévoir les effets de ces transformations parce que les relations de puissance en elles-mêmes sont équivoques du point de vue de la cohésion, tandis qu'elles sont univoques du point de vue de la connexité. Une coalition peut servir à la formation de blocs, ou elle peut l'empêcher, et c'est la même chose pour une non-coalition. C'est dire que les relations de clientèle et de rivalité seront cohésives ou non, selon la nature des autres relations entretenues par les clients, patrons et rivaux.

La méthode d'analyse et ses limites

Les trois approximations du patronage politique, ainsi que les lois structurales de connexité et de cohésion, guideront notre analyse du patronage dans les quatre aires culturelles retenues : l'Europe médiévale, l'Afrique de l'Est avant la colonisation, l'Europe méditerranéenne et l'Amérique du Nord. Dans tous les cas, nous conduirons l'analyse en quatre moments :

1)   la disjonctivité des relations de clientèle ;
2)   la transformation de l'infrapuissance en souspuissance ;
3)   la transformation de la non-suprapuissance en suprapuissance ;
4)   patronage et lois structurales.

Ajoutons que notre étude aura des limites, propres à toute étude comparative, et d'autres qui ne pourraient être élargies qu'au prix d'efforts considérables, dont il n'est d'ailleurs pas sûr qu'ils seraient fructueux. D'abord, les données dont nous disposons viennent d'auteurs, de disciplines diverses, qui n'ont évidemment pas adopté envers les phénomènes de patronage la perspective qui est la nôtre. En particulier, ils nous aident peu à établir avec rigueur les relations de puissance entre les acteurs sociaux. La plupart d'entre eux ont été beaucoup plus attentifs aux prestations transmises dans les relations de patronage qu'aux relations de puissance, par lesquelles sont décidées ces transmissions.

En réaction contre cette tendance dominante, mais surtout parce que notre analyse se veut politique, nous n'avons pas fait l'étude systématique des enjeux recherchés et des moyens transmis d'un acteur à l'autre. Nous avons fait comme si les acteurs jouaient le jeu de la puissance plutôt que celui des moyens et des enjeux qui s'y rattachent. Une analyse politique plus complète devrait évidemment montrer comment l'exercice de la puissance dépend des moyens disponibles et comment les décisions sur les enjeux, que comportent les choix publics, viennent affecter la répartition des moyens et donc les possibilités d'exercice de la puissance.

La dimension culturelle manque à notre analyse, sauf à de rares moments où nous utilisons des données significatives, ainsi qu'à la fin où sont discutées les conditions culturelles du patronage politique. L'absence du culturel limite nos analyses structurales. Le sens des opérations de patronage politique et plus généralement celui du politique pourraient sans doute être mieux établis si nous pouvions montrer comment les représentations culturelles tentent de résoudre des contradictions dans les ordres vécus, ou encore présentent en métaphore l'un de l'autre certains de ces ordres, les justifiant du même coup. Nous donnerons donc quelques exemples d'une telle méthode, pour montrer que nous en sommes conscient, sans pouvoir l'utiliser à fond, ce qui aurait allongé considérablement notre démonstration.

Enfin, nos modèles du patronage ne pourront donner qu'une vue partielle des sociétés politiques où nous les construirons. Le patronage politique, avons-nous dit, tient une place importante dans ces sociétés. Mais il ne tient évidemment pas toute la place. Nous tenterons bien dans le dernier temps de nos analyses, portant sur les lois structurales, de montrer comment l'opération de patronage se rattache au fonctionnement plus général de la société politique, mais nous n'aurons pas la prétention d'expliquer tout le fonctionnement de celle-ci. Au moyen d'un modèle « régional », qui ne sera raccroché que selon ses exigences formelles à des ensembles plus vastes, nous chercherons simplement à jeter un peu de lumière sur une opération « critique », celle du patronage politique, dans la gouverne des sociétés où elle se produit.

DEUXIÈME PARTIE

QUELQUES AIRES CULTURELLES

CHAPITRE 3

LA VASSALITÉ DANS L'EUROPE MÉDIÉVALE

L'étude du patronage a donné lieu, dans le champ africain surtout, à des discussions sur le caractère féodal ou non féodal des sociétés où l'on observe des relations entre patron et clients (par exemple, Goody, 1963; Beattie, 1964; Steinhardt, 1967).

Il est bon de définir notre position là-dessus avant d'entreprendre l'analyse des autres aires culturelles. L'étude de l'Europe médiévale, d'où vient la notion de féodalité, nous en fournit l'occasion.

On aura noté le terme de vassalité, que nous préférons à féodalité. Ce choix indique que nous retenons l'élément « personnel » plutôt que l'élément « réel » de ce que les spécialistes nomment les relations féodo-vassaliques. Selon Ganshof, l'élément personnel, la vassalité, renvoie à « un ensemble d'institutions créant et régissant des obligations d'obéissance et de service — principalement militaire — de la part d'un homme libre, dit « vassal », envers un homme libre, dit « seigneur », et des obligations de protection et d'entretien de la part du « seigneur » à l'égard du « vassal » ». Il ajoute, et c'est ici qu'apparaît l'élément réel, plus proprement « féodal », que « l'obligation d'entretien [a] le plus souvent pour effet la concession par le seigneur au vassal, d'un bien dit « fief » ». (1968, p. 12.)

Les historiens et autres spécialistes se partagent en deux grandes écoles selon qu'ils accordent la prédominance à l'élément personnel (Bloch, Ganshof, Coulborn) ou à l'élément réel (Fustel de Coulanges et Boutruche entre autres). En optant pour l'élément personnel, nous ne voulons pas prendre parti pour les uns contre les autres. Ce choix nous est tout simplement commandé par notre modèle d'analyse politique, qui s'intéresse aux relations de puissance plus qu'aux enjeux qui en font la substance. Dans un modèle économique, il faudrait renverser cette position pour faire du « fief » et des autres prestations l'objet principal de l'analyse.

Nous ne cherchons pas non plus à trancher au départ parmi les différentes listes de critères qui ont été proposées pour définir ce qu'est la féodalité, ou la féodo-vassalité. Là aussi, tout dépend de ce qu'on veut montrer, et en particulier de l'extension qu'on veut donner au phénomène. Les historiens de stricte obédience tendent le plus souvent à restreindre la féodalité à ce qui s'est produit au cours du Moyen Âge européen, alors que les comparativistes tendent plutôt à la définir, pour leurs propres fins, de façon plus large.

Dans le cadre d'une étude comparative, nous devons opter pour une notion de la vassalité qui ne soit pas trop historique. Plus exactement, nous allons tenter de montrer que la vassalité telle qu'elle a existé en Europe, du IXe au XIVe siècle, présente les caractéristiques de ce que nous avons défini comme patronage politique : la disjonctivité, la transformation de l'infrapuissance du client en souspuissance, la transformation de la non-suprapuissance du patron en suprapuissance, avec en plus la signification par rapport aux lois structurales. La vassalité apparaît ainsi comme une variante du patronage politique.

Notre position est en fait très proche de celle de Luc de Heusch pour qui « le système féodal [est] une spécification de la structure de clientèle » (1966, p. 431). Elle diffère par là de celle d'un autre africaniste de premier plan, Jacques Maquet, qui juge utile de contraster la clientèle et la féodalité. Dans celle-ci, selon Maquet, l'accord entre le seigneur et le vassal serait formel et public, alors que dans la clientèle l'accord ne serait pas formalisé ni public (1970, pp. 195-196). Nous avons déjà dit que, dans notre modèle, cette distinction, bien que présente, ne nous entraîne pas à séparer le patronage de ce qui serait autre chose, sans pour autant refuser à d'autres auteurs de le faire. Nous pensons cependant que, dans une étude comparative, il est préférable d'introduire à l'intérieur d'une même notion les distinctions de Maquet entre le système et le processus, le public et le privé, plutôt que de faire éclater cette notion — et du même coup l'étude comparative elle-même.

La disjonctivité des relations de vassalité

Rappelons notre définition de la disjonctivité des relations de clientèle. La disjonctivité, avons-nous dit, se manifeste en ce que le patron n'entretient pas nécessairement les mêmes relations avec tous ceux qui ont qualité de client par rapport à un enjeu donné. La disjonctivité se manifeste par le caractère volontaire des relations de clientèle et par l'aspect discrétionnaire de ces relations une fois créées. Les relations de clientèle se distinguent par là des relations administratives, qui sont en principe ni volontaires ni discrétionnaires.

Tous les spécialistes de la vassalité, telle qu'elle a existé en Europe du IXᵉ au XIVᵉ siècle, ont noté le premier caractère. Du fait même que le lien de vassalité s'établissait entre « hommes libres », on peut déduire qu'il était volontaire. Marc Bloch en fait la démonstration par la négative quand, à propos de la vassalité « classique », il écrit :

> On en était venu à distinguer de plus en plus nettement (à partir du XIᵉ siècle) deux façons d'être attaché à un chef. L'une est héréditaire. Elle est marquée par toute espèce d'obligations qui sont tenues pour de nature assez basse. Surtout, parce qu'elle exclut tout choix dans la sujétion, elle passe pour contraire à ce que maintenant on appelle « liberté ». C'est le servage où ont glissé la plupart des commandés d'ordre inférieur... L'autre attache, qui se nomme vassalité, ne dure en droit, sinon en fait, que jusqu'au jour où prendra fin l'une ou l'autre des deux vies ainsi liées. Par ce trait même, qui lui épargne la choquante allure d'une contrainte héritée avec le sang, elle convient à l'honorable service de l'épée. (1939, p. 249.)

Ailleurs dans son ouvrage, il parle plus explicitement de « libre dépendance », ce qui correspond d'ailleurs aux textes de l'époque qui utilisent l'expression d'« hommes libres en dépendance » (Ganshof, 1968, p. 16). À propos de la féodalité carolingienne, Ganshof écrit :

> S'il est assurément arrivé bien souvent que telle personne ait été contrainte de devenir vassal de telle autre, le contrat vassalique était en droit tenu pour librement conclu par les deux parties. Charles le Chauve rappelait encore le principe en 847 : « Nous voulons aussi que chaque homme libre dans notre royaume puisse choisir comme seigneur qu'il voudra, nous-même ou l'un de nos fidèles. » (1968, pp. 36-37.)

Parce qu'il est volontaire, le lien de vassalité peut difficilement se généraliser au point d'avoir la même extension que les liens de souverain à sujet. Ganshof cite à ce propos un texte significatif du Xe siècle où l'auteur « oppose, parmi les classes supérieures de la société, la grande majorité de leurs membres, engagés dans les liens de vassalité et contraints de suivre leurs seigneurs dans des expéditions quelconques, au petit nombre de ceux qui, assez riches en alleux pour ne pas se recommander, ne se soumettaient qu'aux seules obligations imposées par le roi à tous leurs sujets » (Ganshof, 1968, p. 31).

Dans le système officiel tout au moins, le roi commande à tous ses sujets, tandis que le seigneur n'arrive qu'exceptionnellement à établir des liens de vassalité avec tous ses clients potentiels. Et même lorsque cette situation existe, les relations peuvent varier d'un vassal à l'autre. Dans un chapitre où il traite des obligations du vassal envers son seigneur, Bloch note expressément ce caractère discrétionnaire :

> Peu à peu, les différences de rang et de puissance, la formation de traditions nécessairement divergentes, les accords particuliers et jusqu'aux abus mués en droits introduisirent dans ces obligations d'innombrables variantes. Ce fut, presque toujours, en fin de compte, pour en alléger le poids. (1939, p. 339.)

Cet aspect discrétionnaire, que note également Strayer (1956, p. 19), tient à la forme délibérative de la relation de puissance qui s'établit entre un client et son patron, à la suite de la première transformation réalisée par celui-ci. Ainsi, le lien de vassalité se conforme bien à ce premier résultat de l'opération de patronage.

La transformation de l'infrapuissance en souspuissance

Par comparaison avec d'autres relations de clientèle, les relations de vassalité ont ceci de particulier qu'elles ne sont pas d'abord créées pour soustraire le client à l'impuissance face à l'appareil administratif, mais plutôt à celle où il se trouve hors de ces relations étatiques. Ce ne sont pas les agents administratifs qui risquent de le réduire à l'impuissance, mais plutôt la désorganisation gouvernementale qui laisse le champ libre aux entreprises de conquête ou de pillage. D'où le caractère avant tout militaire des services que le vassal échange avec son seigneur. Comme l'écrit Ganshof à propos de la féodalité carolingienne (qu'il contraste avec la féodalité classique) :

> Dans une période sans cesse troublée par les guerres et par les incursions de populations barbares — Normands, Sarrazins, Slaves et Hongrois — il faut tenir compte de la préoccupation de sécurité chez bien des hommes libres d'une aisance relative : maintenir leur statut personnel et ne pas se laisser confondre avec la masse des travailleurs du sol; l'entrée dans la caste des guerriers « qualifiés », par le moyen de l'admission dans quelque vasselage, devait leur apparaître comme une solution de salut. (1968, p. 30.)

Marc Bloch est encore plus explicite :

> Imaginons, en effet, la société de l'époque mérovingienne. Ni l'État, ni le lignage n'offraient plus d'abri suffisant. La communauté villageoise n'avait de force que pour sa police intérieure. La communauté urbaine existait à peine. Partout, le faible éprouvait le besoin de se rejeter vers un plus puissant que lui. Le puissant, à son tour, ne pouvait maintenir son prestige, ni même assurer sa sécurité qu'en se procurant, par persuasion ou par contrainte, l'appui d'inférieurs obligés à l'aider. Il y avait, d'une part, fuite vers le chef; de l'autre, prises de commandement, souvent brutales. Et comme les notions de faiblesse et de puissance ne sont jamais que relatives, on voyait, en bien des cas, le même homme se faire simultanément le dépendant d'un plus fort et le protecteur de plus humbles. Ainsi commença à se construire un vaste système de relations personnelles, dont les fils entrecroisés couraient d'un étage à l'autre de l'édifice social. (1939, p. 228.)

Toutefois, une fois créé, le lien de vassalité peut constituer une défense contre les ordres gouvernementaux qui subsistent. Ganshof est là-dessus très clair, et il montre comment, à l'époque carolingienne, le seigneur pouvait s'interposer entre son vassal et le roi :

> Il paraît incontestable que la diffusion des relations vassaliques ait fini par soustraire, dans une large mesure, un très grand nombre d'hommes libres à l'autorité immédiate de l'État. Sans doute, en droit, l'entrée en vassalité n'affranchissait-elle pas un homme libre de ses devoirs envers l'État, tels que le service militaire ou l'assistance aux « plaids généraux » de justice, pas plus qu'elle ne rendait incompétents à son égard les tribunaux publics. Mais dans tous ces domaines, la personne du seigneur venait se placer à côté de celle du vassal pour l'aider et le protéger, quand elle ne s'interposait pas entre l'État et le vassal : le vassal se rendait à l'armée sous les ordres du seigneur; celui-ci l'assistait ou le re-

présentait en justice. Pour atteindre le vassal, particulièrement le vassal qui, chasé ou ne détenant qu'un bénéfice modeste, dépendait plus étroitement de son seigneur, il fallut de plus en plus s'adresser à celui-ci afin qu'il usât de contrainte à l'égard de son vassal ; tout au moins en France occidentale. (1968, pp. 59-60.)

À des degrés divers, cette opposition s'est maintenue à l'âge dit par Ganshof de la féodalité classique (du Xe au XIIIe siècle).

Les textes cités indiquent déjà quelle était la forme politique du lien de vassalité. Si le vassal le préférait à celui qui le reliait au souverain, c'est sans doute parce qu'il comportait une possibilité de copuissance, absente de l'autre. Par contre, comme le montre le dernier passage cité de Ganshof, il était également possible que le seigneur use de contrainte envers son vassal. C'est pourquoi on peut présumer que le lien de vassalité en était un de surpuissance, du point de vue du seigneur, et de souspuissance du point de vue du vassal.

Ici, et cette situation se présentera encore, nous nous heurtons à une difficulté qui a déjà été prévue. Pour des raisons bien compréhensibles, les spécialistes de la féodo-vassalité ont été plus attentifs à l'échange de prestations entre le seigneur et le vassal qu'à la formation entre eux des choix publics. À cause de cela, il nous est difficile de démontrer avec précision que les relations entre le seigneur et le vassal étaient ou bien de copuissance, ou bien de suprapuissance, c'est-à-dire, au total, de surpuissance (ou de souspuissance, du point de vue du vassal).

Ce ne sont pas tellement les relations de copuissance qui posent un problème. On retrouve facilement, dans la littérature, des exemples de choix publics auxquels participent le seigneur et le vassal et qui donnent lieu à du pouvoir positif de la part de chacun d'eux, comme le prévoit d'ailleurs le contrat vassalique.

Plus précisément, si l'une des parties se conforme à l'instigation de l'autre, c'est parce qu'elle sait que la réciproque s'est produite ou se produira. Le seigneur accepte de répondre à l'appel de détresse de son vassal, parce que celui-ci a fourni les services requis. Le vassal accepte de fournir les services requis parce que le seigneur s'est, dans le passé, porté à son secours.

Ganshof et Bloch, chacun pour leur part, attestent ces liaisons de copuissance. Le premier fait remarquer, à propos d'une formule de recommandation datant tout probablement du VIIIᵉ siècle, que l'exécution de l'obligation du vassal y apparaît comme une condition de l'obligation du seigneur (1968, p. 19). Bloch, de son côté, écrit que « l'obéissance du vassal avait pour condition l'exactitude du seigneur à tenir ses engagements » (1939, p. 350).

Il est plus difficile de démontrer que le lien de vassalité comportait également des liaisons de suprapuissance de la part du seigneur, et donc d'infrapuissance de la part du vassal. C'est sans doute parce qu'elles n'étaient pas prévues dans le contrat liant les deux parties, et que, pour cette raison, les « idéologies » officielles les niaient. Toutefois, il semble bien que dans les faits le seigneur ait pu contraindre le vassal à certaines actions sans que celui-ci exerce de pouvoir négatif.

La contrainte du seigneur sur le vassal, dont parle Ganshof (1968, p. 60) à propos des obligations militaires de celui-ci envers le roi, en est la meilleure attestation. Plus généralement Bloch, sans qu'il donne une définition précise de ces termes, parle souvent d'un rapport de subordination entre le vassal et le seigneur, ou encore du « pouvoir » unilatéral de celui-ci. À un certain moment, il écrit :

> Que même en l'absence de toute concession de terre, la fidélité tendit moins à unir deux individus que deux lignées, vouées l'une à commander, l'autre à obéir. (1939, p. 293.)

Ganshof lui aussi note cette asymétrie. Le seigneur, dit-il, peut avoir à certains moments un pouvoir de contrainte sur ses vassaux, et tout particulièrement au cours d'opérations militaires, où il exerce un pouvoir disciplinaire (1968, p. 38).

Si l'on peut dire que le vassal se soumet librement au service militaire, à condition que son seigneur lui accorde la protection demandée, à l'*intérieur* de cette action militaire le seigneur commande sans que les vassaux aient la liberté de s'y opposer. Il affirme ainsi sa suprapuissance sur ses vassaux.

La transformation de la non-suprapuissance en suprapuissance

En vue de l'étude de la deuxième transformation, il importe de distinguer deux paliers d'analyse : celui du gouvernement central et celui du gouvernement qu'on peut appeler local. Au premier palier, le patronage qui nous intéresse est celui du roi, tandis qu'au deuxième, c'est celui des seigneurs (comtes, ducs ou autres), souvent vassaux du roi. Il importe également de rappeler que la deuxième transformation plus que la première peut demeurer dans l'ordre des intentions, le patron ne réussissant pas à établir la suprapuissance recherchée. Tout ce que nous voulons démontrer encore une fois, c'est que le patron, grâce aux moyens que lui fournit le client, dans le cadre de la première transformation, cherche à passer, dans ces relations de rivalité, de la non-suprapuissance à la suprapuissance, qu'il réussisse ou non.

Il semble bien que les patrons non royaux, ou plus généralement qui n'étaient pas des gouvernants centraux, aient cherché à utiliser leurs liens de vassalité pour dominer des rivaux. Là aussi, le caractère avant tout militaire de l'entreprise, dans les premiers siècles de la féodo-vassalité tout au moins, montre bien que le seigneur compte sur ses vassaux pour dominer ses rivaux, c'est-à-dire pour leur imposer sa suprapuissance. Ganshof, après avoir noté que l'époque mérovingienne donne le spectacle de « fauves déchaînés », de « luttes mettant rois et grands aux prises avec une sauvagerie qui va croissant » ajoute que la puissance publique est incapable d'assurer la sécurité des habitants. Les liens de vassalité fournissent alors les moyens de s'imposer dans cette lutte ouverte :

> Pour les grands, pour ceux qui avaient un rôle à jouer dans les événements auxquels nous avons fait allusion, ou qui tentaient de les mettre à profit afin d'asseoir ou d'étendre leur puissance et leur richesse, c'était presque une nécessité de pouvoir disposer d'hommes qui leur fussent personnellement attachés et dont ils pussent faire usage comme de guerriers privés. (1968, p. 15.)

Encore à l'époque de la féodalité dite classique (du XIe au XIIIe siècle), la recherche d'une aide militaire demeure prédominante chez le seigneur. C'est du moins l'avis de Ganshof :

> Le service militaire du vassal est, du point de vue du seigneur, pendant la majeure partie de l'époque envisagée ici, la raison d'être essentielle du contrat vassalique : c'est pour disposer de chevaliers que le seigneur accepte des vassaux. L'institution a encore un caractère avant tout guerrier. (1968, p. 82.)

Strayer voit la féodo-vassalité, plus généralement, comme une méthode de gouvernement où le seigneur exerce sa puissance sur un territoire limité :

> Le féodalisme en Europe occidentale est essentiellement politique — c'est une forme de gouvernement. C'est une forme de gouvernement où l'autorité politique est monopolisée par un petit groupe de chefs militaires, qui se la partagent de façon assez égale entre eux. Il en résulte qu'un chef ne domine pas un très vaste territoire, et que même à l'intérieur de ce territoire, son autorité n'est pas totale — il doit partager le pouvoir avec ses égaux et en accorder à ses subordonnés. Une fiction d'unité existe — selon laquelle il doit y avoir subordination ou coopération entre les seigneurs — mais il n'y a en fait de gouvernement effectif qu'au niveau local, celui du comté ou de la seigneurie. Ce sont les seigneurs qui maintiennent l'ordre, s'ils le peuvent, qui président les cours de justice et qui déterminent la loi. Le roi, au mieux, se limite à maintenir la paix entre les seigneurs et, le plus souvent, n'y arrive même pas. (1956, p. 17.)

Et il ajoute que les seigneurs disposent de plusieurs ressources matérielles qui leur sont utiles dans l'exercice de l'autorité politique, mais qu'elles ne suffisent pas à asseoir leur pouvoir politique. Des vassaux loyaux sont encore plus importants. À preuve : le seigneur cède des terres (les fiefs) pour augmenter le nombre de ses vassaux (1956, p. 17). De même, Marc Bloch remarque-t-il que la terre n'apparaissait précieuse pour le seigneur « que parce qu'elle permettait de se procurer des « hommes » en les rémunérant » (1940, p. 247). Cela indique, on ne peut mieux, pour le seigneur la fin politique de son opération de patronage : obtenir par ses relations de clientèle de quoi augmenter son pouvoir dans ses relations de rivalité, au point d'exercer en certains processus tout au moins de la suprapuissance.

Toutefois, dans la société féodale plus qu'en d'autres, cette transformation est risquée. Les seigneurs sont en compétition très ouverte entre eux et leur suprapuissance n'est jamais bien assurée.

Si nous passons maintenant au palier du gouvernement central, dirigé par le roi, Strayer note, que la puissance de celui-ci dans un système féodo-vassalique est fort limitée. Mais le roi tente lui aussi, en établissant des liens de vassalité, d'améliorer sa position face à ses rivaux extérieurs et intérieurs. À partir du règne de Charlemagne, il y a multiplication des « vassaux royaux » dans le but de consolider l'autorité du gouvernement central sur ceux-ci, mais aussi sur leurs propres vassaux (Ganshof, 1968, pp. 30-32).

Cette politique suivie par les carolingiens n'a pas eu les résultats escomptés. Nous tenterons de l'expliquer, d'un point de vue structuraliste, dans la section suivante. Mais au moins, selon Ganshof, a-t-elle évité la dislocation totale de l'État :

> Aux xe et xie siècles, les princes territoriaux français ont été en fait indépendants ; ils ont reconnu au-dessus d'eux le roi, mais il s'agissait là d'une suprématie purement théorique. Le seul lien quelque peu effectif qui continua de les unir à la Couronne a été le fait qu'ils en étaient les vassaux ; seule la conscience des devoirs que créait cette dépendance personnelle a pu amener parfois ces princes à s'acquitter envers le roi de certains services, à s'abstenir envers lui de certains actes hostiles. C'est le lien vassalique auquel la France doit d'avoir évité une dislocation complète. (1968, pp. 61-62.)

Et, ajoute-t-il, le lien vassalique a joué un rôle analogue en Allemagne. On touche là à une limite du patronage politique qui a déjà été signalée : celle où la deuxième transformation est opérée sur la relation même de clientèle, objet de la première transformation. Autrement dit, le client est aussi un rival pour le patron. Le lien de surpuissance établi avec lui permet au moins au patron — ici le roi — d'exercer de la suprapuissance dans certains processus, ceux-là, par exemple, que signale Ganshof (accomplissement de certains services, abstention de poser certains actes hostiles).

À l'époque de la féodalité classique, la situation s'est compliquée. En France et en Angleterre, le droit féodal a permis de développer l'autorité royale. En Allemagne, au contraire, il y a eu développement excessif des droits des vassaux contre la royauté (Ganshof, 1968, pp. 143-149). Mais la pratique générale demeure la même. Sans compter l'appui qu'apportent les vassaux royaux contre les rivaux extérieurs, les relations de vassalité des rois leur permettent au moins de s'assurer contre ces vassaux mêmes d'une supériorité reconnue. Si les rois transforment au profit des vassaux l'infrapuissance en sous-puissance, c'est pour que la surpuissance ainsi acquise au niveau du système leur permette de transformer, dans certains processus, la non-suprapuissance en suprapuissance.

Vassalité et lois structurales

Ainsi donc la vassalité, telle qu'elle a existé entre le IXe et le XIVe siècle dans l'Europe occidentale, présentait les trois éléments distinctifs de l'opération de patronage politique. Les relations entre le seigneur et ses vassaux sont disjonctives, c'est-à-dire volontaires et discrétionnaires. Le seigneur transforme l'infrapuissance du vassal en souspuissance. Et il transforme aussi, ou tente de transformer, grâce à ses relations de vassalité, sa non-suprapuissance, face à des rivaux, en suprapuissance, dans certains processus tout au moins.

À l'examen de cette deuxième transformation, il nous est apparu qu'au palier du gouvernement central, dirigé par le roi, le phénomène de la vassalité atteignait une espèce de limite, au sein du phénomène plus général du patronage politique. Le roi, parce que ses clients sont aussi des rivaux, opère la deuxième transformation à l'intérieur de la première. Sa gouverne est de la sorte réduite, ou presque, à rejoindre la communauté par les liens de vassalité, avec tous les défauts à l'autorité que cela comporte, les relations de vassalité étant, dans le système, politiques plutôt qu'administratives, même si elles comportent la possibilité d'une liaison « administrative » de suprapuissance, celle-là même que le roi exploite quand il réussit la deuxième transformation.

Qu'elles aient réussi ou non, ces tentatives du roi sont de toute façon significatives d'une situation extrême où l'organisation de l'État se réduit, ou presque, aux relations de clientèle. Nos conclusions rejoignent celles de Luc de Heusch, pour qui les structures de clientèle incluent la féodalité, et non l'inverse :

> La féodalité authentique [...] apparaît située sur la ligne terminale d'une structure de clientèle foncière ; elle en est, d'une certaine façon et dialectiquement, la *négation au sommet* puisqu'elle tend à restaurer au sein de la haute aristocratie dominante des hauts vassaux un modèle archaïque d'alliance matrimoniale ou de rivalité entre des personnes

autonomes qui s'efforcent par tous les moyens de gérer souverainement leur fief. (1966, p. 457.)

Ainsi, la féodalité se retourne contre la royauté, « aboutissant à l'établissement de co-souverainetés de fait » (p. 456). Non toutefois, ajoute de Heusch, sans que les liens vassaliques puissent être utilisés pour assurer la renaissance du pouvoir royal.

Il nous a semblé utile de représenter au moyen d'un graphique les relations de puissance entre les principaux acteurs du cas considéré. En particulier, la représentation graphique facilitera la discussion des lois structurales de connexité et de cohésion.

Soit un roi, **RO**, et deux de ses vassaux, **SE′** et **SE″**, qui sont des gouverneurs (soit des transducteurs et des sélecteurs à la fois), seigneurs de vassaux inférieurs **UI** et **VI**, **WI** et **XI**. D'après ce que nous avons établi de l'époque carolingienne et de l'époque classique de la féodo-vassalité, on peut représenter ainsi leurs relations de puissance (graphique 2) :

Graphique 2 : Relations de puissance dans un système vassalique

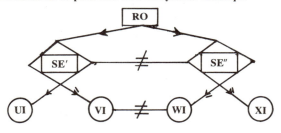

RO : roi
SE′ et **SE″** : seigneurs (vassaux du roi)
UI, VI, WI, XI : vassaux inférieurs

Les relations de vassalité sont exprimées par un signe ≥ qui indique la surpuissance ou la souspuissance, selon le point de vue. Les deux autres relations du graphique (≠) représentent la compétition entre seigneurs ou entre vassaux.

On voit qu'il y a autorité centrée (à laquelle tend, selon nous, tout gouvernement) mais qu'elle est incertaine. Cette faille tient à ce que, comme on le disait à l'époque, « le vassal de mon vassal n'est pas mon vassal » (Ganshof, 1968, pp. 90-

91). Elle se réalise dans le processus seulement lorsque de **RO** à **SE′** et à **SE″**, puis de **SE′** et de **SE″** vers chacun de leurs deux vassaux, les relations sont de suprapuissance, **SE′** et **SE″** agissant comme des transducteurs et non comme des sélecteurs.

La cohésion fait aussi défaut au palier du gouvernement central. Si on fait abstraction de **RO**, la situation est cohésive. Deux blocs (**SE′, UI, VI**) et (**SE″, WI, XI**) sont coalisés autour des seigneurs. Mais ces seigneurs et le roi sont dans une situation de non-cohésion. Le roi est l'allié de deux seigneurs qui sont en conflit entre eux, si bien que la structuration n'est ni unipolaire, ni bipolaire, ni tripolaire. Notons que cette situation tient à l'opération de patronage elle-même, dans la deuxième transformation qu'elle produit : c'est parce qu'il recherche la suprapuissance contre ses rivaux qu'un seigneur est en conflit avec un autre seigneur.

La solution au manque de cohésion consisterait pour le roi — s'il en avait les moyens — à empêcher que le conflit se produise entre les deux seigneurs. Mais elle est impossible tant que ceux-ci entretiennent des liens de vassalité. Ces liens en effet, dans leur aspect militaire, servent au conflit, où chacun tente d'exercer de la suprapuissance. Nous démontrerons, dans la dernière partie de cet ouvrage, à propos des transmutations du patronage, qu'une solution partielle consiste dans le renforcement de l'administration, concurremment au maintien des liens de vassalité, et qu'une solution, totale celle-là, réside en l'effacement du patronage des seigneurs, au profit du roi, ce qui s'est effectivement produit en Occident.

On peut donc conclure pour le moment que non seulement le phénomène de la vassalité présente les trois premières caractéristiques d'une opération de patronage politique, mais qu'il est susceptible pour sa bonne compréhension d'une analyse structurale, fondée sur les lois de connexité et de cohésion. Plus exactement, l'analyse structurale restitue la place de l'opération dans la société politique. Nous sommes ainsi plus en mesure de voir les différences et les ressemblances entre la vassalité et les phénomènes de patronage politique dans nos trois autres aires culturelles.

CHAPITRE 4

L'AFRIQUE DE L'EST AVANT LA COLONISATION

Avant de concentrer nos analyses sur six sociétés pré-coloniales de l'Afrique de l'Est : Busoga, Buganda, Bunyoro, Bunyankole, Burundi et Rwanda, il nous sera utile de considérer une société située à la périphérie de cette région, les Mandari du Soudan. Moins complexe, cette société où s'étaient établies avant la colonisation des relations de clientèle a fait l'objet d'une étude détaillée par Jean C. Buxton.

Les Mandari

Cette étude de l'organisation politique des Mandari a paru dans l'ouvrage collectif publié par Middleton et Tait (1958), *Tribes Without Rulers*. En fait, ce titre n'est pas tout à fait exact, puisqu'au moins une des six sociétés étudiées dans le livre est divisée en tribus dirigées par des chefs. Il s'agit des Mandari. Il est sans doute significatif qu'elle soit aussi la seule où l'on observe des relations de clientèle, et plus généralement des opérations de patronage politique. Middleton, dans son étude des Lugbara, signale l'existence de certains clients, qui ne sont pas apparentés aux groupes locaux (1958, pp. 205-206) et qui sont attachés à des individus prospères (Middleton, 1965, p. 32). Mais ces clients « économiques » ne semblent jouer aucun rôle politique, ce qui confirme que le patronage politique n'apparaît que dans les sociétés gouvernées.

Le peuple mandari était divisé en plusieurs petites chefferies indépendantes. À chaque chefferie correspondait un clan qu'on disait posséder la terre et qui donnait son nom au territoire occupé. Le clan était lui-même divisé en lignages, dont celui du chef qui dominait les autres et symbolisait l'unité de la société.

Les Mandari étaient avant tout des pasteurs qui faisaient aussi un peu d'horticulture. Comme l'a noté Mair (1962), entre autres, les troupeaux des pasteurs sont constamment exposés à des razzias de la part de leurs voisins. Entre les chefferies mandari, les relations étaient amicales, compétitives ou nettement hostiles (Buxton, 1958, p. 71). Avec les collectivités appartenant à d'autres peuples, elles étaient surtout hostiles.

La disjonctivité des relations de clientèle

La gouverne, organisée autour du chef, avait un caractère économique, judiciaire et religieux. Elle avait aussi un caractère guerrier dans les relations extérieures de la chefferie. Le chef, ayant l'obligation de « nourrir son peuple » (Buxton 1958, p. 81), se trouvait au centre d'échanges économiques où circulaient des richesses. La gouverne était alors conjonctive. Elle l'était aussi quand le chef, assisté des anciens, régularisait par ses jugements les affaires qui concernaient plus d'un lignage ou même l'ensemble de la chefferie; ou quand, agissant à titre d'intermédiaire entre son peuple et les différentes manifestations du surnaturel, il assurait le bien-être de ses gens. En tant que meneur de troupes dans la guerre offensive, le chef contribuait également à la conjonction des lignages de la chefferie.

Au lignage du chef, et à d'autres lignages du clan qui possédait la terre d'une chefferie, pouvaient se greffer des familles de clients. Les clients n'ont pas de liens de parenté avec le clan; les Mandari disent d'eux qu'ils sont venus de la brousse (Buxton, 1963, p. 194). Ce sont des gens qui, pour une raison ou pour une autre, se sont détachés — ou ont été détachés — de leur groupe de parents et qui ont cherché refuge dans la chefferie.

D'autres notables que le chef pouvaient avoir des clients, mais Buxton indique à plus d'une occasion que c'est le chef et son lignage qui en comptent le plus. Nous nous limiterons donc aux clients du chef, considérant les relations patron-client à ce niveau seulement, qui est celui de la gouverne sociétale chez les Mandari.

Buxton insiste sur le caractère volontaire et dynamique du lien qui unit le client à son hôte, sur le statut variable des clients selon les services qu'ils rendent à leur patron (1967, pp. 231-240), sur l'impossibilité de l'émergence d'une classe de clients (1963, p. 107). Tout cela semble indiquer que le lien entre le chef et ses clients est disjonctif. Ce caractère disjonctif est illustré par l'existence d'un client « spécial » que le chef se donne au moment de son investiture. Buxton ne manque d'ailleurs pas de dire que « l'idéologie de la clientèle se dégage de la façon la plus nette quand on examine la position de ce client spécial » (1967, p. 241), ou encore que « le rôle joué par ce client spécial [...] est au cœur de la relation hôte-client » (1963, p. 108).

Le client spécial est choisi parmi deux candidats. Des cérémonies rituelles en font le « frère » du chef, et son remplaçant quand il est absent. Ces cérémonies ainsi qu'une réclusion de cinq jours en compagnie du chef les lient très intimement l'un à l'autre. On dit d'ailleurs de lui qu'il est un autre chef (Buxton, 1963, p. 109).

La transformation de l'infrapuissance en souspuissance

Les travaux de Buxton n'étant évidemment pas construits selon notre schéma d'analyse politique, on ne s'étonnera pas de l'absence de données précises sur les rapports de puissance entre le chef et le client. Toutefois, plusieurs indices permettent de penser que, par son patronage, le chef transformait au profit du client l'infrapuissance en souspuissance.

De même que le patron choisit librement ses clients, ceux-ci peuvent, officiellement tout au moins, abandonner leur patron pour un autre. Buxton est très explicite à ce sujet (1967, p. 233; 1958, p. 87; 1963, p. 101). Dans les faits, il était difficile ou même impossible pour les clients de quitter leurs patrons — ceux-ci pouvaient même les tuer pour les empêcher de se rallier à un autre patron. Mais, outre que les clients étaient généralement bien traités, une certaine opinion publique mettait un frein à la domination du client par le patron :

Si le client était continuellement mal traité, les anciens pouvaient le reprocher à l'hôte, en insistant sur le déshonneur qu'il y avait à maltraiter un homme qui n'avait pas d'autre protecteur et qui le servait bien. L'opinion publique, appuyée par le fait que le comportement du chef était soumis à une règle précise, constituait une garantie pour le bien-être du client. (Buxton, 1967, p. 240.)

Des faits plus précis, rapportés par Buxton, indiquent eux aussi que le lien de clientèle avec le chef comportait de la copuissance.

Par exemple, le client spécial pouvait se permettre des relations de plaisanterie avec le chef. Citons à ce propos un passage fort significatif de Buxton :

Dans le prolongement de l'équivalence établie entre le chef et le client... on observe une intimité toute spéciale entre eux. Par exemple, quand des clients apportent de la nourriture au chef [...] celui-ci mange le premier, le client spécial étant assis derrière lui. Lorsque quelques bouchées ont été prises, le client spécial peut s'avancer et s'emparer de la nourriture, en essuyant en même temps la bouche du chef et en disant : « Mon frère, pourquoi abîmer ta bouche avec cette saleté ? » Il vide alors le plat et transmet le plat suivant au chef. Il peut l'aider à manger ce plat également et n'importe quel autre, selon son caprice. Les Mandari plaisantent à ce propos en disant : « Le chef est entre les mains de son client, et il a faim. Aussitôt qu'il essaie de manger, la nourriture lui est enlevée des mains [...] » Le client peut aussi utiliser à sa guise le tabac du chef. (1967, p. 243.)

Buxton commente ces faits de la façon suivante : « Un tel comportement peut être interprété comme une forme de relations de plaisanterie qui empêche le conflit entre deux personnages qui sont devenus en quelque sorte fusionnés l'un dans l'autre. » Autrement dit, le chef concède un certain pouvoir positif au client, pour éviter que le lien ne soit que de suprapuissance et par là conflictuel.

Autre mesure destinée à faire en sorte qu'il y ait de la coopération entre le patron et son client : l'interdiction de l'alliance entre le chef et une femme d'un de ses lignages clients. Le chef aide ses clients à payer le prix de la fiancée : les filles de ceux-ci sont pour cela considérées comme ses filles et leurs épouses comme ses épouses, ce qui motive l'interdiction. Les appellations sont cohérentes, on le voit, avec celle de « frères » qui désigne mutuellement le lignage du chef et celui de son client. Mais comme le note Buxton (1963, p. 106), cette interdiction permet aussi d'éviter des relations conflictuelles entre les deux : « Les Mandari insistent sur le fait que deux lignages qui sont reliés par un lien de client à patron doivent être préservés des tensions inhérentes aux relations d'affinité. »

Le client spécial agit donc comme un « frère » qui entretient avec le chef un lien qui exclut qu'il soit toujours réduit à l'impuissance. Le client spécial est aussi un fonctionnaire, dont nous allons examiner le rôle dans la section suivante. Son infrapuissance à titre de fonctionnaire est transformée en souspuissance par le lien de clientèle.

La transformation de la non-suprapuissance en suprapuissance

La première transformation permet au chef d'avoir l'appui du client spécial pour transformer la non-suprapuissance en suprapuissance. L'utilisation qui est ainsi faite du client ne se passe pas d'une relation de suprapuissance envers lui, ce que permet le lien de clientèle, à condition, comme on vient de le voir, qu'elle soit tempérée par de la copuissance.

Buxton indique clairement que l'assistance du client à titre de fonctionnaire permet au chef d'exercer ou de conserver des pouvoirs qui, autrement, pourraient être menacés.

> Le client spécial devient l'exécuteur (« the operative aspect ») du chef, parce qu'une fois que le chef a été investi, il ne doit jamais participer à une discussion, utiliser des mots durs ou semoncer les gens. Le client est chargé d'exécuter des directives impopulaires, de maintenir l'ordre autour de l'arbre des assemblées, et de voir à ce que les gens ne crient pas ou ne se querellent pas en présence du chef. (1967, p. 242.)

Grâce au client spécial, le chef peut également obtenir des renseignements qui lui permettent de se maintenir en place et de continuer de diriger la société : le client spécial écoute les conversations et rapporte au chef tout ce qui peut l'intéresser (Buxton, 1967, pp. 235-236).

Enfin, le client spécial, ainsi d'ailleurs que les autres clients du chef, fournit à celui-ci des appuis qui lui permettent directement ou indirectement d'exercer le commandement. Ils l'assistent non seulement à la guerre, mais aussi dans la plupart des tâches matérielles.

Buxton va même jusqu'à dire que même si le chef dispose d'un droit héréditaire à gouverner, « sa réussite dans l'accomplissement de son rôle dépend en grande partie de la capacité qu'il a de plaire à son peuple et de s'entourer d'une suite nombreuse [de clients] » (1958, p. 80).

Pour les Mandari, l'assistance du client spécial semble
tellement liée au poste de chef qu'ils disaient à Jean Buxton
qu'« aujourd'hui [au début des années 50], il n'y a plus de
chef, parce qu'il n'y a plus de client » (1963, p. 110). Rien n'indique mieux comment les moyens que le client assurait au chef
étaient nécessaires à l'exercice du commandement par celui-ci.

Patronage et lois structurales

Dans leur état normal, les sociétés politiques mandari
sont faites de lignages tenus ensemble grâce à leurs relations
communes avec le chef. Buxton l'indique bien quand elle écrit
que « chacune des chefferies est une collection hétérogène de
petits lignages et de familles étendues reliées par des liens
d'interdépendance mutuelle à un noyau de propriétaires du sol
qui fait tenir ensemble la population totale en une seule société
politique (« polity ») » (1958, pp. 72-73).

Buxton donne peu de détails sur la sélection politique,
mais nous savons que les têtes de lignage y participaient avec
le chef. On peut penser que chacun avait la capacité d'exercer
du pouvoir positif dans l'élaboration du choix public, formé
selon la règle de l'unanimité.

Le graphique 3 présente la configuration des principales
relations gouvernementales dans les sociétés mandari. Les têtes de lignage, conseillers du chef et exécuteurs des décisions
prises avec lui, sont considérées comme des sélecteurs et des
effecteurs à la fois, tandis que le client spécial est considéré
comme un effecteur et un transducteur.

Graphique 3 : Relations de puissance chez les Mandari

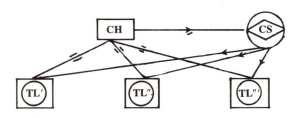

CH : chef   CS : client spécial
TL′, TL″, TL‴ ′ : têtes de lignage

Dans ce système, l'autorité est acentrée et incertaine. Chacun des acteurs exerce de la puissance envers l'autre, directement ou indirectement. Mais dans le processus, on l'a vu, l'autorité centrée et partant du chef peut se produire. C'est le cas lorsque le chef transduit administrativement par le client spécial une décision impopulaire auprès des lignages.

Il y a cohésion, bien que faible, dans un tel processus où chaque unité forme un bloc. Mais dans le système, la cohésion n'existe pas, puisque les lignages qui coopèrent avec le chef sont en conflit avec le client spécial qui, pourtant, coopère lui aussi avec le chef.

Pour résoudre cette contradiction, les Mandari supposent que le chef est impuissant face à son client spécial. À propos des libertés que prend celui-ci envers la nourriture du chef, ils disent que le chef est entre les mains de son client spécial et qu'il a faim. Le système « idéal » renferme deux blocs, (CH, TL′, TL″, TL‴) et (CS), et a donc une forte cohésion.

En somme, le lien de clientèle entre le chef et son client spécial transforme l'infrapuissance, dans le processus, de celui-ci envers le chef quand il agit comme fonctionnaire, en souspuissance, dans le système, quand il est reconnu comme client. Cette transformation rend possible la transformation du commandement du chef, de la puissance réciproque quand il délibère avec les têtes de lignage, à la suprapuissance, dans certains processus, quand ses ordres sont transduits vers celles-ci par le client spécial [1].

---

[1] Cette double transformation, qui est conforme à notre formule générale (infrapuissance → souspuissance ⇒ non-suprapuissance → suprapuissance), peut être représentée par la permutation suivante, où les symboles des acteurs sont les mêmes que dans le graphique 3 :

$$ch > cs \rightarrow CH \geq CS \Rightarrow CH = TL \rightarrow ch > cs > tl$$

Exprimée sous forme cybernétique, cette permutation devient :

$$s > t \rightarrow S \geq TE \Rightarrow S = SE \rightarrow s > t > e$$

Ici, comme dans la suite, S représente un sélecteur, T un transducteur et E un effecteur. La combinaison de S et de E indique que les têtes de lignage sont à la fois des sélecteurs et des effecteurs, et la combinaison de T et de E indique que le client est à la fois un transducteur et un effecteur. Enfin, les minuscules indiquent le niveau du processus, par opposition à celui du système auquel sont réservées les majuscules.

Ajoutons que le client spécial et les autres clients servent également à maintenir la supra-coordination des chefferies. Entre celles-ci, dit Buxton, les relations sont « amicales, compétitives ou franchement hostiles » (1958, p. 71). Dans ce dernier cas, les clients du chef ainsi que ceux des autres lignages fournissent des appuis utiles. Buxton écrit à ce sujet : « Les lignages combattaient en groupe avec leurs clients [...] Les tactiques étaient décidées par les parents proches du chef, son client spécial et certains guerriers choisis qui gardaient aussi le contact avec les lignages[2]. » (1963, p. 124.)

Le Busoga

Comme les Mandari, les Basoga étaient divisés en plusieurs entités politiques indépendantes. Il n'y avait pas une société qui englobait tout ce peuple, mais plutôt un nombre fluctuant de royaumes que Fallers établit à 15 environ (1960, p. 83).

Les Basoga sont des Bantous qui habitent au nord du lac Victoria. Ils pratiquent surtout l'agriculture, même s'ils gardent aussi quelques troupeaux. Ils sont divisés en clans et en lignages répartis dans des villages qui ne correspondent toutefois pas à un de ces groupes de parents : on y trouve des individus de plusieurs clans ou lignages qui, avant la colonisation, se trouvaient sous l'autorité d'un chef (« headman ») assisté d'un conseil. Les royaumes regroupaient un certain nombre de ces villages, et de sous-villages, obéissant au même principe d'organisation. Dans certains cas, des territoires formaient un palier intermédiaire entre le royaume et le village.

Le roi appartenait à un clan ou à un lignage dominant d'où devait sortir son successeur, mais sans que des règles précises le désignent, ce qui ne manquait pas de produire des rivalités et des tensions entre les princes eux-mêmes, ainsi qu'entre les princes et le roi. Les princes gouvernaient parfois des territoires ou des villages inclus dans un royaume,

---

[2] On peut exprimer ainsi cette autre opération de patronage, si l'on s'en tient au palier du chef :

$$s > t \rightarrow S \geq TE \Rightarrow s \neq \bar{s} \rightarrow s > \bar{s}$$

Les minuscules indiquent, rappelons-le, qu'on est au niveau du processus et non du système : ainsi, il n'existe pas de système de relations entre chefferies voisines. Quant au symbole $\bar{s}$, il indique un sélecteur autre que le patron, soit un rival d'une chefferie hostile.

et ils pouvaient arriver à en faire des enclaves indépendantes. D'autres chefs de territoire ou de village étaient plutôt des « chefs-clients » (selon l'expression de Fallers) du roi. Ces chefs-clients ainsi que les princes pouvaient à leur tour s'attacher des clients au palier du territoire ou du village.

La disjonctivité des relations de clientèle

Fallers donne peu de détails sur la gouverne dans les sociétés soga. Il la résume dans un paragraphe :

> La hiérarchie du roi, des princes, des chefs et des têtes de lignage fonctionnait comme une organisation militaire, judiciaire et économique (pour la levée des tributs). En cas de guerre, chacun devait fournir à son supérieur un certain nombre d'hommes en armes. Chaque personnage en autorité, entouré de ses conseillers, formait une cour de justice ; une partie qui était insatisfaite d'une décision pouvait loger un appel à une instance supérieure, et ce jusqu'au roi. Dans le but d'assurer le fonctionnement du système, chacun devait lever des tributs de travail, de nourriture, de bière, de vêtements d'écorce, de houes de fer. Ces tributs étaient levés en première instance par les têtes de lignage qui en gardaient une part pour elles-mêmes et qui transmettaient le reste aux instances supérieures. À chaque palier du système, la subordination consistait dans la soumission à son supérieur en ces matières. Le refus de payer le tribut, de fournir une aide militaire ou de reconnaître les décisions judiciaires du supérieur signifiait le rejet de son autorité et le risque de représailles. Cependant, si de tels actes d'indépendance réussissaient, à un prince, par exemple, il pouvait en résulter pour lui une augmentation d'autorité. (1965, p. 137.)

Toutes ces décisions ont un caractère conjonctif, sauf la possibilité de rébellion. Par contre, il semble que certaines relations du roi avec les chefs-clients aient un caractère disjonctif.

Fallers est malheureusement peu explicite sur ce point. Il répète souvent que les chefs-clients sont liés à leur patron par un lien personnel, qu'ils soient d'anciens pages ou d'anciens membres du palais royal, des guerriers réputés qui offrent leurs services au roi, ou de simples hommes du peuple qui n'ont pas de droit héréditaire à des postes d'autorité (1965, p. 135).

Le caractère disjonctif des relations de clientèle se manifeste plus nettement dans l'échange de femmes entre les chefs-clients et le roi. « Souvent, écrit Fallers, les liens [entre le patron et le client] étaient consolidés par le mariage du client à une princesse, ou du patron à une sœur ou à une fille du client. »

(1965, p. 27.) Il s'agit évidemment d'un lien disjonctif, car une alliance matrimoniale avec le groupe d'un chef-client n'entraîne pas nécessairement une semblable alliance avec le groupe d'un autre.

La transformation de l'infrapuissance en souspuissance

Fallers donne également peu de détails sur la forme des relations de puissance entre les patrons politiques et leurs clients. Il affirme pourtant que les clients participent avec les princes à la sélection politique, et que les chefs-clients qui ont du pouvoir sont partie aux décisions se rapportant à l'administration du royaume et à la succession du roi (1965, pp. 127-128). Donc, les clients concourent à des choix publics avec le roi et ont la possibilité d'exercer du pouvoir positif. Fallers ajoute, comme l'avait fait Buxton à propos des clients mandari, que le lien est étroit entre le patron et le client parce que celui-ci ne menace pas de prendre la place du patron, c'est-à-dire de devenir le gouvernant suprême.

Chez les Basoga comme chez les Mandari, le caractère coopératif de certaines relations entre le roi et ses chefs-clients peut donc être interprété comme la transformation d'une relation administrative d'infrapuissance de la part du chef-client (en tant que chef subordonné) en un lien politique de souspuissance du même acteur (en tant que client).

C'est pourquoi nous posons, contrairement à Maquet, que les chefs-clients entretiennent bien des relations de clientèle avec le roi, et qu'ils sont partie à l'opération de patronage politique de celui-ci. Maquet doute, pour sa part, que le lien de fidélité personnelle qui relie un chef au roi suffise pour qu'on puisse parler de clientèle :

> Il nous paraît que la fidélité d'un chef pour qui l'a nommé à ses fonctions est celle qui est attendue de tout fonctionnaire envers ses supérieurs et est fort différente de la fidélité qui naît de la demande de protection personnelle et de la promesse de service. Si nous suivons Fallers, le nombre de « vassaux » du président d'un État moderne serait bien considérable. (1961, p. 306.)

Pour nous, ce n'est pas tellement la qualité de la relation entre les deux acteurs qui importe, mais son caractère disjonctif et la double transformation à laquelle ils participent. Il semble que nous ayons là les trois conditions, suffisantes si on les met ensemble, pour qu'on puisse parler de patronage politique. En effet, les deux premières, disjonctivité et transformation de l'infrapuissance en souspuissance, nous semblent remplies, et nous verrons que la troisième l'est également. On peut donc parler de chefs-clients, et nous donnons en cela raison à Fallers contre Maquet.

La transformation de la non-suprapuissance en suprapuissance

Si Fallers donne trop peu d'informations à notre gré sur les relations qu'entretenaient le patron royal et ses clients, il a cependant le mérite de voir clairement les conséquences de ces rapports sur la gouverne dans les sociétés soga.

Parce qu'il n'y a pas de règles précises qui désignent le successeur du roi, les princes de son lignage sont tous des héritiers potentiels, à qui peut profiter le décès du roi ou sa déposition. Il en résulte une vive compétition pour l'occupation de ce poste, et plus généralement pour la sélection politique. Les moyens fournis par les clients ont alors une grande importance stratégique. Comme l'écrit Fallers :

> Tous les princes étaient de sang royal et donc des rois potentiels, mais il n'y en avait qu'un qui pouvait gouverner. Du point de vue du roi, les princes sont pour cela mal qualifiés pour exercer une responsabilité administrative : ils apparaissent toujours comme des usurpateurs potentiels. L'autorité administrative était plutôt conférée à des hommes du peuple capables de l'exercer. Comme ils n'étaient pas de sang royal, ils ne pouvaient pas aspirer à l'autorité suprême, et comme ils devaient leur promotion au roi, ils lui étaient attachés par des liens de loyauté personnelle. (1965, p. 127.)

Plus loin, il ajoute :

> Cette conception du client en tant que protecteur du roi contre ses frères était et est encore explicite dans l'esprit des Basoga. On la trouve dans des chants, des proverbes et des histoires. Un conte portant sur une usurpation de la part d'un prince, qui me fut raconté, se terminait ainsi : « [...] à partir de ce moment, il [le roi] cessa de faire confiance aux princes et s'appuya plutôt sur les chefs-clients ». (1965, p. 135.)

Ce rôle du client, qui permet au chef de maintenir ou d'augmenter son pouvoir gouvernemental, est tout particulièrement manifeste chez le *katikkiro*, ou premier ministre, qui a la charge du palais royal et qui contrôle l'accès au roi. Fallers décrit ses tâches ainsi :

> Il gérait une vaste suite de subordonnés, pages, cuisiniers, buandiers, amuseurs, qui devaient maintenir le palais en bon état et il s'entretenait avec ceux qui venaient pour une affaire officielle. En particulier, c'était son devoir de protéger le roi contre ses frères et de les empêcher d'entrer au palais. (1965, p. 137.)

Les clients du roi lui permettent donc de maintenir son autorité suprême à l'étape de la sélection politique. Ils reçoivent à ce titre des moyens qui leur permettent de coopérer avec le roi, mais jamais au point d'occuper le poste de gouvernant suprême.

Une fois que leur patron est disparu, les chefs-clients peuvent exercer une influence prépondérante dans le choix d'un successeur, surtout s'ils sont alliés par le mariage avec le clan ou le lignage royal. Comme le note Fallers (1965, p. 135), quand le candidat pouvait se réclamer de l'appui d'un chef puissant, qui était son parent par alliance, il avait de bonnes chances de l'emporter. Plus généralement, le fait que les chefs issus du peuple avaient en main l'organisation de l'État, au moment du choix d'un successeur, leur donnait souvent une voix décisive.

Il est donc particulièrement net dans le cas des Basoga que le patronage politique transforme la non-suprapuissance du roi en suprapuissance. Plus précisément, il permet au roi de maintenir avec ses parents des relations de commandement qui, autrement, risqueraient d'être renversées à leur profit.

Patronage et lois structurales

Les princes soga, en tant que chefs territoriaux qui détiennent une autorité déléguée du roi, sont à la fois des fonctionnaires et des gouvernants. L'autorité est centrée mais incertaine, en ce que les princes sont des sélecteurs et non seulement des transducteurs par rapport au roi.

Les princes apparentés au roi sont non seulement des sélecteurs à leur palier, mais ils aspirent à devenir sélecteurs au palier du gouvernement central en déposant le roi.

L'appui que trouve le roi auprès de ses chefs-clients apparaît alors comme un opérateur de coordination. Ces agents sont d'abord des chefs territoriaux qui se soumettent plus facilement, à cause des avantages de la clientèle, à la transduction administrative. Ils rendent ainsi plus certaine la connexité de la société. De plus, le poste royal n'est pas un enjeu pour eux, même si dans leurs relations de clientèle ils peuvent coopérer avec le roi. Ils peuvent même servir — c'est le cas du premier ministre — à faire échec aux tentatives de domination de certains princes (Voir le graphique 4).

Graphique 4 : Relations de puissance chez les Basoga

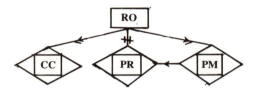

RO : roi
CC : chef-client
PR : prince
PM : premier ministre

La coimpuissance entre le prince et le roi illustre la compétition chronique entre eux. Quant à la relation de suprapuissance qui va du premier ministre au prince, elle illustre le cas où le premier, client du roi, fait échec par son pouvoir négatif à une tentative de domination du second. Le premier ministre médiatise alors vers le prince une transduction, dans le processus, qui part du roi et qui maintient l'autorité centrée dans la société. La cohésion ne fait pas de problème, ni dans le système ni dans le processus : toujours, des blocs existent. Ainsi, dans le système, on a les blocs (**RO, CC, PM**) et (**PR**). Dans le processus, il peut arriver que **CC** et **PM** forment chacun un bloc, différent de **RO**.

En résumé, on peut dire que le roi, par son patronage, tente de faire en sorte que la compétition avec les princes tourne à son avantage. Pour cela, il transforme des liaisons de suprapuissance avec des chefs-clients, qui sont ses transducteurs, en liens de surpuissance avec eux, qui sont associés à la sélection politique[3].

Une leçon se dégage, par la négative, de cette analyse. Le patronage politique serait moins nécessaire là où le roi, ou gouvernant suprême, a des moyens mieux assurés contre les autres gouvernants ou les aspirants à la sélection politique. Deux sociétés voisines de la zone interlacustre, les Baganda et les Banyoro, qui sont voisins les uns des autres, et dont les premiers sont également voisins des Basoga, vont nous permettre de vérifier cette hypothèse. Parce qu'elle est instructive, nous nous permettons cette digression dans l'étude du patronage politique en Afrique de l'Est.

Le Buganda et le Bunyoro

Fallers a résumé brièvement la différence entre les Baganda et les Basoga (1965, p. 144). Au Buganda, il y avait un royaume unifié et pas de clan royal. Seuls les fils du roi (le *kabaka*) étaient habilités à lui succéder. Au moment de l'interrègne, des luttes éclataient entre eux, mais une fois le roi en place, il n'avait pas à craindre, comme au Busoga, la résistance de princes ayant autorité, par droit héréditaire, à gouverner des subdivisions de l'État. En fait, presque tous les chefs territoriaux étaient issus du peuple et nommés par le roi — du moins au moment de la colonisation.

Fallers, comme d'autres auteurs, dit de ces chefs qu'ils étaient des clients du roi, mais à l'examen on ne trouve pas dans leurs relations avec le roi la caractéristique de disjonctivité nécessaire selon nous à l'existence du patronage politique.

Les chefs (les *bakungu*) sont des « hommes du roi » et ils lui sont attachés par des relations personnelles. Mais, comme le notent Steinhardt (1967, pp. 613-614) et Beattie (1964, p. 35), entre autres, il est inévitable qu'il en soit ainsi dans ces socié-

---

[3]   De façon normalisée, on a donc :

$$s > t \rightarrow S \geq ST \Rightarrow S \neq TS \rightarrow s > t > ts$$

La différence est faite dans le système entre les chefs-clients, **ST**, qui sont des sélecteurs alliés du roi, avec également des tâches de transducteurs (comme les têtes de lignage chez les Mandari), et les princes, **TS**, qui sont des transducteurs, avec une capacité de sélection à l'intérieur de cette transduction.

tés. Les moyens de communication ne permettent pas de relations autres que personnelles.

On ne peut parler de disjonctivité entre le roi et les chefs que si, en plus des décisions que transduisent tous les chefs en tant que fonctionnaires subordonnés au roi, il existe des décisions qui ne se jouent qu'entre tel chef et le roi : ainsi l'alliance matrimoniale entre les rois soga et certains de leurs chefs-clients. Or, la documentation ethnographique dont nous disposons ne permet pas de déceler de telles relations. Les chefs ganda gouvernent au nom du roi : ils lèvent pour lui des tributs et des taxes, ils rassemblent les armées royales et ils administrent la justice du roi. Comme l'écrit fort justement Steinhardt, qui discute du caractère féodal que certains auteurs ont vu dans ces relations, « les services et la loyauté que le *mukungu* doit au *kabaka* sont ceux qu'un subordonné politique doit à son gouvernant ; qu'un ministre doit à son monarque ; pas ceux qu'un vassal doit à son seigneur » (1967, p. 611).

Pour ce qui est de l'alliance matrimoniale, deux règles viennent d'ailleurs empêcher que les chefs entrent grâce à elle dans une relation disjonctive avec le roi. D'une part, les enfants du *kabaka* appartiennent au clan de leur mère (Fallers, 1960, p. 53) et, d'autre part, les femmes de la famille royale ne doivent pas se marier ou avoir des enfants (Fallers, 1960, p. 54). Ces règles font que les chefs comme les autres Baganda sont exclus du clan royal, ou plus exactement de la famille royale.

La société ganda n'était pas pour autant tout à fait dépourvue de patronage politique. Il y existait une catégorie de chefs inférieurs, appelés *batongole*, qu'on peut considérer, eux, comme de véritables clients du roi. Ces chefs inférieurs ne font pas partie de la hiérarchie gouvernementale : ils sont responsables au roi seul, sans passer par le chef du territoire où se trouve le « fief » que le roi leur accorde. Ils doivent rendre au *kabaka* des services spéciaux qui, selon Southwold (1960, p. 12), sont mal définis. Il s'agit généralement de recruter des soldats, de recueillir des matériaux utiles au roi ou d'accomplir des tâches rituelles. L'imprécision de ces tâches semble indiquer leur caractère disjonctif. Quand les tâches ne sont pas volontaires ni discrétionnaires, elles sont généralement plus précises. Pour ce qui est des moyens que le *kabaka* acquiert

ainsi, tous les auteurs les signalent. Richards (1959, p. 50)
aussi bien que Southwold (1960, p. 13) rapportent que ces chefs
auraient été mis en place pour surveiller, voire même espionner, des chefs territoriaux dont la puissance devenait grandissante. Le roi disposait ainsi de renseignements propres à
affirmer son autorité suprême.

Quant aux Banyoro, ils sont voisins des Baganda, et, au
moment de la colonisation, ils étaient rassemblés comme ceux-
ci en un seul royaume où le roi, le *mukama*, dominait nettement, sans que son autorité soit menacée. Comme l'écrit
Beattie : « À la différence d'autres souverains africains, les
rois nyoro n'étaient pas conçus comme des parents du peuple
qu'ils gouvernaient ; ils n'étaient pas des « frères » de leur
peuple, mais des gouvernants (« rulers ») de leur peuple. »
(1960, p. 25.)

Le roi appartient au clan royal des Bito. Comme au Buganda, il n'y a pas de règle qui désigne un successeur parmi
ses fils, mais une fois le nouveau roi en place, après un interrègne qui peut être violent, il domine son clan par l'intermédiaire du fils aîné du roi précédent, l'*okwiri*, qu'on nomme son
« frère officiel » (Beattie, 1960, p. 30). Les membres du clan
royal peuvent devenir des chefs de territoire, tout comme certains membres de la cour du roi ou certains hommes du peuple, mais, officiellement tout au moins, ces postes ne sont pas
héréditaires et le roi peut toujours les retirer à un chef en qui
il a perdu confiance.

D'après la description de Beattie et des autres ethnologues qui ont écrit sur les Banyoro, tous les chefs sont soumis
aux mêmes cérémonies d'investiture et aux mêmes tâches.

> Le bénéficiaire d'une chefferie territoriale était tenu d'assurer la four-
> niture périodique de grain, de bière et de bétail, d'ivoire ou d'autres
> biens au *mukama* ; il avait aussi à fournir des travailleurs à la capitale
> en temps de paix et des soldats en temps de guerre. (1959, p. 103.)

On voit que non seulement ces relations avaient un caractère conjonctif, mais qu'elles étaient impératives. On ne
peut donc pas parler de relations de clientèle, du moins telles que nous les avons définies. Nous adoptons ainsi le point
de vue de Steinhardt (1967, pp. 612-615) et aussi de Beattie
(1964), dans un article sur la féodalité en Afrique, contre des

auteurs, comme de Heusch (1966, pp. 412-414), qui voient là une structure de clientèle. Montrant la différence qui existe entre l'organisation gouvernementale des Banyoro et une organisation féodale où le lien entre le vassal et le roi en est un (dans nos termes) de patronage politique, Steinhardt écrit :

> Au Bunyoro [...] la délégation d'autorité à des subordonnés est le mécanisme fondamental de centralisation du pouvoir, la substance de l'appareil d'État et l'élément déterminant dans les relations entre le *mukama* et ses chefs. L'idée (féodale) d'hommage n'est pas présente dans cette relation. (1967, p. 614.)

On peut expliquer l'absence du patronage politique par les deux principes qui caractérisent, selon Beattie, la culture nyoro : premièrement, l'opposition entre la forme centralisée, pyramidale de l'État et le caractère intime, homogène des communautés locales ; et, deuxièmement, l'omniprésence de la superordination et de la subordination, le fait que certaines personnes sont toujours au-dessus des autres et d'autres, toujours au-dessous (1960, pp. 8-11).

Le patronage politique peut difficilement apparaître dans une telle société étant donné que les gouvernants disposent déjà d'une autorité à ce point impérative qu'ils n'ont pas besoin de moyens supplémentaires de pouvoir. De plus, le caractère impératif de toutes les relations gouvernementales s'oppose à la forme délibérative qu'ont les relations de clientèle, dans certains processus tout au moins.

Le Bunyankole

Le royaume d'Ankole présentait au moins deux traits différents de ceux du Bunyoro. Dans les deux sociétés, des Bahima de race éthiopide se sont superposés aux Bairou, qui sont des Bantous de peau plus noire. Mais au Bunyoro, la présence d'un troisième élément, constitué par le clan royal des Bito, a effacé des distinctions raciales qui se sont maintenues au Bunyankole, où le roi et les chefs étaient tous Bahima.

Les Bahima du Bunyankole étaient aussi des pasteurs de troupeaux, tandis qu'au Bunyoro (au moment de la colonisation) les troupeaux bahima avaient été décimés par la maladie. Ainsi, le royaume d'Ankole avait un caractère beaucoup plus guerrier que celui du Bunyoro.

La disjonctivité des relations de clientèle

Entre le roi ou *mougabe* et les chefs bahima, qui s'unissaient à lui pour former le royaume, les relations ont en plusieurs aspects un caractère nettement disjonctif. Ce que l'étude d'Oberg indique bien :

> Un possesseur de bétail mouhima se rendait devant le *mougabe*, ou roi, et jurait de le suivre à la guerre. Afin de garder ce lien vivant, il s'engageait à donner au *mougabe* un certain nombre de têtes de bétail [...] La relation de clientèle impliquait de la part des clients un grand nombre d'obligations envers le *mougabe*. Le premier de ces devoirs était le service militaire [...] Tout bétail dont un Mouhima s'emparait dans une razzia personnelle était réclamé par le *mougabe* et une partie du troupeau devait lui être remise. La relation de clientèle obligeait tout Mouhima à faire des visites périodiques à l'*ourourembo* (kraal) du *mougabe* afin de lui rendre hommage [...] En contrepartie du service militaire et de la reconnaissance d'hommage, le client bénéficiait d'une protection. D'abord, le *mougabe* entreprit de protéger le bétail de son client des razzieurs et d'user de représailles lorsque ce dernier avait souffert de ces razzias. Si un client, par suite de razzia ou de maladie, avait perdu tout son bétail, le *mougabe* devait l'aider à reconstituer un troupeau. (1964, pp. 113-114.)

Plus loin, Oberg ajoute :

> Le nombre de bêtes que le *mougabe* donnait à un client dépendait de la richesse passée de ce client et des relations qui l'unissaient au *mougabe*. Si un homme avait rendu de nombreux services au roi, il recevait une aide plus importante que s'il était inconnu. (1964, p. 129.)

Les relations entre le roi et les chefs bahima ont également des aspects conjonctifs. Le *mougabe*, nous dit Oberg, maintenait la paix entre ses clients :

> Aucun client ne pouvait faire des razzias, voler le bétail d'un autre client ou encore nuire à sa personne ou à celle de personnes dépendantes. Si des transgressions se produisaient, le coupable était accusé et jugé devant le *mougabe*. En cas de meurtre, le *mougabe* reconnaissait aux parents le droit à la vengeance du sang. (1964, p. 114.)

De plus, si un Mouhima percevait auprès des Bairou un tribut qui n'était pas autorisé, ceux-ci pouvaient aller devant le *mougabe* ou l'un de ses chefs et demander une compensation pour les pertes subies (Oberg, 1964, p. 116). Les clients lèvent aussi un tribut dont une part doit être envoyée au *mougabe* (Oberg, 1964, p. 128). Il y a alors conjonction des transductions.

Mais le caractère disjonctif du lien gouvernemental entre le roi et les pasteurs bahima n'en demeure pas moins réel. Tous les chefs ne sont pas clients du roi et le roi peut donner tant de têtes de bétail à un client et tant de têtes à un autre.

La transformation de l'infrapuissance en souspuissance

Les relations entre le *mougabe* et les chefs bahima prennent habituellement la forme de la copuissance, le roi et le chef exerçant du pouvoir positif l'un envers l'autre. Oberg écrit d'ailleurs à ce sujet (1964, p. 129) : « L'*okoutoizha* différait du tribut en ce qu'il était consenti librement par le client, qui pensait que la protection reçue justifiait le paiement. » En ce sens, « la clientèle est un type de relations équilibré, né du besoin de coopération politique » (Oberg, p. 140). De plus, le client peut mettre fin au lien de clientèle, à condition que le patron y consente.

> Le refus du client d'accorder son hommage, *omoutoizha*, pouvait briser la relation de clientèle. Ce moyen de mettre fin à la relation était parfaitement reconnu. Ce n'était que lorsqu'un grand nombre de Bahima agissaient ensemble de cette façon pour défier le roi plus efficacement que cet acte était considéré comme un acte de rébellion. Même dans ce cas, si les rebelles recommençaient à rendre hommage, ils étaient pardonnés. Si, par contre, un Mouhima incitait les autres à lui rendre un hommage personnel et razziait du bétail sans en donner une part au *mougabe*, il pouvait être accusé de trahison et le *mougabe* déplaçait ses forces pour le supprimer. (Oberg, 1964, p. 113.)

Ce texte est significatif à plus d'un égard. Ainsi, le roi tolérait l'initiative du client, à condition qu'elle demeure disjonctive. Quand, par contre, un client n'observait pas ce caractère disjonctif, mais s'unissait à d'autres dans une espèce de révolte commune contre le roi, ce geste conjonctif était considéré comme une rébellion. On a là une confirmation, par la négative, du caractère disjonctif que doit avoir le lien de clientèle.

La possibilité qu'a le roi de mater la rébellion des clients, ou encore d'empêcher qu'un chef se fasse le patron d'autres chefs, signifie qu'il exerce sa suprapuissance envers ses clients

dans certaines conditions. Il en va de même quand il lève auprès d'eux un tribut spécial, l'*ekyitoro* :

> Les Bahima appliquent [...] le mot *ekyitoro* à une forme de taxe obliga-
> toire prélevée sur leur bétail par le *mougabe*. Si, par suite de maladie
> ou de razzia, le *mougabe* avait perdu beaucoup de son bétail, il reven-
> diquait le droit en tant que protecteur suprême de tous les troupeaux
> de l'Ankole, d'envoyer son *entonma* lui procurer autant de bétail qu'il
> en fallait pour le kraal royal [...] Ce privilège comportait le droit de tuer
> quiconque résistait à la confiscation de son bétail. (Oberg, 1964, pp.
> 130-131.)

La perception est d'ailleurs faite par un fonctionnaire du
roi, devant qui les chefs sont impuissants. Cette relation d'infrapuissance et plus généralement celles qui lient le roi avec des
chefs qui ne sont pas des clients sont en quelque sorte transformées en souspuissance par le patronage du roi, qui fait de
certains chefs ses clients et ses alliés.

La transformation de la non-suprapuissance en suprapuissance

Les moyens qu'obtient le *mougabe* par les liens de clientèle qui l'unissent aux chefs bahima lui permettent d'affermir
sa puissance auprès des trois types d'agents politiques qu'il
doit affronter.

D'abord, le roi est un guerrier qui doit défendre son territoire contre des rivaux de l'extérieur. Il cherche aussi à raz-
zier le bétail de ses voisins ou même à augmenter le nombre
de ses sujets, esclaves ou Bahima conquis nommés Abataro.
Les clients bahima lui sont évidemment très utiles, voire même
indispensables dans cette entreprise. C'est d'ailleurs là, selon
Oberg (1964, p. 113), l'une des principales raisons d'être de
la relation de clientèle.

Ensuite, la relation disjonctive du roi avec chacun de ses
clients lui permet d'affermir sa puissance sur chacun des autres.
Comme le note Oberg, « le bétail reçu par *okoutoizha* formait
un fonds d'épargne, un surplus auquel des pasteurs très gê-
nés pouvaient recourir » (1964, p. 129). Ces pasteurs con-
tractaient ainsi envers le roi des obligations qui ne pouvaient
que mieux asseoir l'impérativité des décisions royales.

Enfin, même le commandement indirect du roi sur les
Bairou était rendu plus acceptable grâce aux effets des liens

de clientèle. Oberg (1964, p. 116) laisse entendre que seuls les chefs qui étaient des clients du roi pouvaient lever un tribut de nourriture ou de travail auprès des Bairou. Toute perception de tribut non autorisée était considérée comme un vol et punie par le *mougabe*. Un Mwirou pouvait d'ailleurs se rendre auprès du *mougabe* pour se plaindre ou pour demander une compensation. Par les liens de clientèle, le roi limite donc le nombre de ceux qui peuvent imposer un tribut. Il offre aussi des recours aux Bairou, ce qui ne peut qu'augmenter son prestige et ses appuis auprès d'eux.

Patronage et lois structurales

L'étude d'Oberg montre nettement que le patronage politique en Ankole sert d'abord à maintenir la souveraineté de l'organisation sociétale. Cette souveraineté serait menacée si le roi et les chefs ne s'aidaient mutuellement dans leurs entreprises guerrières contre les sociétés voisines. La suprapuissance propre à la transduction n'a pas la souplesse nécessaire à cette entraide calculée, tandis que les relations de clientèle ou de surpuissance, par leur caractère coopératif, permettent les alliances nécessaires à la défense du royaume ou encore à ses entreprises de conquête.

On peut donc poser que le lien de clientèle entre le roi et certains chefs, qui sont des transducteurs et des sélecteurs à la fois, transforme la suprapuissance du roi en surpuissance, pour que l'effection intersociétale qui n'est pas réglée tourne à l'avantage d'Ankole et de ses parties composantes[4].

De façon secondaire, les liens de clientèle permettent également de maintenir le caractère impératif de la transduction. Les chefs ruinés peuvent obtenir de leur patron, le roi, du bétail pour refaire leur troupeau. Ils maintiennent pour cela une allégeance envers le roi, qui leur impose parfois sa suprapuissance. L'autorité est alors centrée et certaine[5].

---

[4]   La formule suivante, où $\bar{s}$ désigne un sélecteur rival d'une autre société, exprime cette double transformation :
$$S > TS \rightarrow S \geqslant TS \Rightarrow s \neq \bar{s} \rightarrow s > \bar{s}$$

[5]   Cette autre fonction du patronage peut être exprimée ainsi :
$$S > TS \rightarrow S \geqslant TS \Rightarrow (s \neq ts) \rightarrow s > ts$$
Autrement dit, le lien de clientèle fait en sorte que des écarts virtuels (dus au mécontentement des chefs, ruinés ou appauvris, envers le roi) qui pour-

De façon encore plus indirecte, le lien de clientèle maintient la coordination dans la société, en ce que le roi limite le droit de ses clients de lever un tribut auprès des Bairou. Si un Mouhima non client s'arroge ce droit, le roi se coalise avec les victimes bairou, contre le Mouhima. Le graphique 5 illustre un tel processus, indiqué par le pointillé (par opposition aux traits pleins des relations systémiques).

Graphique 5 : Processus d'intervention du roi pour un Mwirou et contre un Mouhima (Ankole)

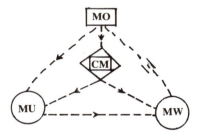

MO : Mougabe (roi)   MU : Mouhima
CM : chef mouhima   MW : Mwirou

En tant que client du roi, le chef mouhima peut lever un tribut de façon administrative auprès des Bairou ou des Bahima, ce qui est indiqué par les relations de suprapuissance de **CM** à **MU** et à **MW**. Mais si le simple Mouhima, qui n'est qu'un effecteur, fait de même auprès du Mwirou, le roi coopère avec la victime de ce geste non officiel, contre le Mouhima[6].

---

raient se produire dans le processus, et qui porteraient atteinte à la puissance du roi, soient rendus improbables, au profit de processus impératifs auxquels le roi soumet parfois ses clients. Les parenthèses, ici comme ailleurs, indiquent qu'il ne s'agit que d'une situation virtuelle.

6 Cette troisième fonction du patronage peut être exprimée ainsi :

$$S > TS \rightarrow S \geqslant TS \Rightarrow (s > ts \neq e) \rightarrow s > ts > e$$

Dans cette formule, e représente les Bairou, effecteurs majoritaires. La formule indique que la première transformation du patronage permet d'éviter une possible rébellion de ceux-ci contre les chefs bahima **TS** et contre le roi. Le patronage maintient plutôt des processus où le roi domine les Bairou par l'intermédiaire des chefs bahima. Ce résultat est obtenu en limitant par la disjonctivité du patronage auprès des Bahima (seuls les chefs sont clients) la domination de ceux-ci auprès des Bairou.

Le graphique qui illustre comment le roi s'allie à un Mwi-rou pour empêcher une domination excessive des Bairou par les Bahima montre que cette action est coordonnatrice. L'autorité centrée à partir du roi est relâchée, au profit de la logique de la communauté, et la cohésion est sauvegardée puisque le processus se déroule entre quatre blocs, qui respectent la loi de cohésion que nous avons définie.

Le Burundi

Situé au sud de la zone interlacustre, le Burundi est composé de trois groupes raciaux : les Tutsi, les Hutu et les Twa. Trouwborst résume ainsi les principales caractéristiques de ces trois groupes :

> Les Twa sont considérés comme une race inférieure. Ils s'occupent de chasse, de poterie et de plusieurs autres métiers. Ils vivent éparpillés un peu partout dans le pays, à l'écart des habitations des autres castes [...]
>
> Les Hutu sont surtout des cultivateurs et des artisans. Il y a toutefois pas mal de Hutu qui possèdent des vaches et ont une connaissance profonde de l'élevage.
>
> En ce qui concerne les Tutsi [...] les Rundi distinguent les Tutsi-Abanyaruguru et les Tutsi-Hima. Les Hima sont une caste impure du point de vue des autres Tutsi. Il ne leur est pas permis, par exemple, de traire les vaches du roi. Leurs traditions sont surtout pastorales, mais il y a aussi des Hima appauvris qui sont des cultivateurs.
>
> Les Tutsi-Abanyaruguru constituent une caste noble, dont les membres peuvent se marier avec les membres des familles royales. Eux aussi sont éminemment des pasteurs.
>
> Finalement, il y a les Abaganwa, les membres de la famille royale, d'où sortent les rois. On ne les considère généralement pas comme des Tutsi et il y a même des traditions qui disent que les rois sont d'origine hutu. La plupart des autorités politiques sont des Abaganwa, qu'on peut considérer comme la caste régnante du pays. (1962a, p. 120.)

La disjonctivité des relations de clientèle

Il y avait, semble-t-il, trois paliers de gouvernement au Burundi : le royaume, la chefferie et la sous-chefferie. On traitera ici des trois paliers, car le patronage se produisait surtout au palier de la chefferie, intermédiaire entre les deux autres.

Au niveau du roi, la gouverne a un caractère conjonctif. C'est ce que Trouwborst entend par structure politique (1962b, p. 233) : les chefs devaient céder une partie de leurs revenus au roi et lui permettre d'avoir ses propres clients dans leurs territoires. Et il ajoute :

> Certains aspects de la relation des chefs avec leur roi montrent qu'elle n'était pas uniquement de la nature d'un accord de clientèle. Il apparaît, par exemple, que le roi envoyait ses propres messagers pour percevoir des taxes dans le territoire des chefs, qu'il intervenait parfois dans la nomination de sous-chefs et que son tribunal constituait une cour d'appel à des décisions prises par les chefs. Il est remarquable aussi qu'on rendait partout la justice au nom du roi en l'invoquant constamment pendant les palabres. (1962b, pp. 33-34.)

De même, au palier de la chefferie, Trouwborst note que « les sous-chefs devaient convoquer les habitants de leur district à la guerre ou aux corvées, et avaient à surveiller la collecte des redevances, dont ils retenaient une partie, plus ou moins en secret » (1962a, p. 146).

D'autres relations gouvernementales avaient par contre un caractère disjonctif. Ces relations se produisaient surtout, semble-t-il, au palier de la chefferie. Des relations de patronage unissaient les chefs et des clients Tutsi ou Hutu qui faisaient partie de leur territoire ou même d'autres territoires. De même, le roi, comme l'indiquait Trouwborst, pouvait-il avoir des clients dans des territoires administrés par ses chefs.

Au Burundi, la relation de clientèle commençait généralement par le don d'une vache, *ingabire*. La vache n'est donnée qu'après un acte de demande, *kusaba*, qui est accompagné de petits cadeaux et qui nécessite beaucoup de visites (Trouwborst, 1962a, pp. 151-152). Il n'est pas nécessaire que le patron soit un chef. Ce peut être un homme riche. Toutefois, nous nous limiterons ici au patronage des chefs.

Trouwborst a fort bien vu le caractère disjonctif de la relation de clientèle :

> La structure de clientèle déterminait les relations entre deux personnes seulement : le patron et son client. L'ensemble des clients d'un patron ne constituait pas un groupe, mais simplement le total des individus ; chacun entretenait des relations très personnelles avec un seul autre individu. Une autre différence entre les deux structures était que la structure politique était hiérarchisée, tandis que la structure de clientèle ne l'était pas. *Les relations de clientèle excluaient l'intervention d'un troisième intéressé*[7]. Le patron d'un patron n'était pas le patron du

---

[7]   L'italique est de l'auteur de la citation.

client de ce dernier même s'il s'agissait d'une chose donnée par lui...
Le fait que les clients d'un patron ne constituaient pas un groupe ressort d'une autre caractéristique de l'accord de clientèle, à savoir que les obligations d'un client étaient fixées dans chaque cas individuel. (1962b, pp. 27-28.)

La transformation de l'infrapuissance en souspuissance

Les relations sociales au Burundi étaient pensées en termes de supériorité et d'infériorité, et même si le lien de clientèle n'était pas hiérarchique, au sens où l'entend Trouwborst, il était exprimé dans l'inégalité.

La relation de clientèle conserve ce caractère asymétrique, mais il est tempéré par des possibilités de symétrie. Trouwborst écrit à ce sujet :

D'autres appellations pour les deux partenaires sont respectivement « tutsi » ou « frère » et « hutu » ou « fils ». Ces termes expriment nettement la notion d'inégalité, caractérisant la relation entre le seigneur et son client. L'emploi des termes de parenté est une réflexion du fait que la relation est en même temps très personnelle, souvent même amicale. (1962a, p. 151.)

Et il ajoute que les règles du contrat ne sont pas très précises et présentent aussi des variations locales.

Dans un autre article, Trouwborst note que dans l'échange politique, à la différence de l'échange de clientèle, « un des partenaires, le supérieur, a le pouvoir de fixer l'occasion, la nature et la quantité des prestations mutuelles. C'est le supérieur qui décide qui bénéficiera de l'échange et qui en subira une perte. » Et encore :

Dans l'échange politique, on ne peut pas choisir librement ses partenaires. Le simple fait d'être le sujet du roi ou le sujet d'un chef oblige le Rundi à entretenir des relations spécifiques d'échange avec eux. La contrainte est réelle et parfois même physique. (1961, p. 77.)

Ce texte où la structure politique est contrastée avec la structure de clientèle[8] indique, par la négative, le caractère coo-

---

8 Trouwborst a distingué dans un article (1962b) ce qu'il nomme la structure politique et la structure de clientèle chez les Barundi. Cet article a d'ailleurs été commenté par de Heusch (1966, pp. 420-436) qui a tenté d'en éclairer certaines ambiguïtés, à partir d'une notion très large des relations

pératif, bien qu'inégalitaire, du lien de clientèle. Le seigneur ou patron est tenu d'accorder la protection demandée par un client (Trouwborst, 1962a, p. 152) et celui-ci peut mettre fin au lien quand il l'entend.

Tous ces faits semblent indiquer que si le client est exclu des postes de sélection politique — c'est là que réside son infériorité —, il coopère avec son patron et peut même mettre fin à un lien profitable à celui-ci. Ce caractère coopératif du lien de clientèle est d'ailleurs confirmé par l'insistance de Trouwborst sur l'imprécision ou la variété des règles qui guident l'interaction entre le patron et son client.

À une relation qui, normalement, serait d'infrapuissance, on substitue donc par le patronage politique une relation de souspuissance.

La transformation de la non-suprapuissance en suprapuissance

Il est évident pour Trouwborst que le patronage du roi ou des chefs permet d'augmenter leur puissance. À plusieurs reprises, il affirme cette finalité du patronage politique :

> Le but de l'*ubugabire* était pour les patrons d'étendre leur influence et leur pouvoir, et d'obtenir de la main-d'œuvre [...] Autrefois, les chefs avaient toujours un grand nombre de clients, même en dehors de leur territoire. Ils les utilisaient comme instruments politiques. (1961, pp. 68-69.)
> L'*ubugabire* était pour les chefs un moyen de renforcer leur pouvoir politique, il ajoutait à leur prestige et leur donnait la possibilité de dissiper les richesses dont ils ne pouvaient pas user eux-mêmes. (1962a, p. 152.)

Enfin, Trouwborst dit que même si le don d'une vache pour amorcer le lien de clientèle ne constituait pas la base des pouvoirs (gouvernementaux) des chefs, ceux-ci s'en servaient comme d'un instrument politique (1962b, p. 21).

La position de Trouwborst oscille entre une prépondérance accordée à la structure politique et une prépondérance accordée

---

de clientèle. Trouwborst veut montrer que la structure de clientèle n'est qu'ajoutée à la structure politique, tandis que pour de Heusch « l'ordre politique féodal se modèle sur le système de clientèle sans recouvrir entièrement cette infrastructure » (1966, p. 431).

à la structure de clientèle dans la gouverne du Burundi. C'est d'ailleurs pourquoi de Heusch (1966) peut relever certaines contradictions dans les analyses de cet auteur. Selon Trouwborst, les « différences entre les deux structures se manifestaient continuellement dans la vie politique du Burundi où un homme avait toujours au moins deux rôles à jouer, soit celui d'une autorité politique ou d'un patron, soit celui d'un sujet, ou d'un client » (1962b, p. 28).

Il affirme d'abord :

> La base du pouvoir était territoriale, les gouvernants du pays étant des chefs de province sous la direction du roi. Il est vrai que les accords de clientèle portant sur les dons de bétail jouaient un rôle important dans la vie politique, mais ils ne conféraient pas automatiquement de pouvoirs politiques au donateur. (1962b, p. 14.)

Mais plus loin, il écrit :

> Les chefs et les sous-chefs étaient considérés avant tout comme les clients de leur supérieur et non comme des fonctionnaires dans une administration hiérarchique. (1962b, p. 33.)

Il semble vouloir dire que même si le lien de clientèle n'était pas nécessaire à un patron pour qu'il occupe un poste gouvernemental, il lui permettait d'augmenter les moyens de puissance qui affermissaient cette occupation. En ce sens, on peut dire que le lien de patronage donnait plus d'impérativité à la puissance des chefs territoriaux, ainsi d'ailleurs qu'à celle du roi.

Patronage et lois structurales

Le graphique 6 illustre les deux modalités du patronage politique au Burundi : soit le roi **RO** et deux de ses chefs **CH′** et **CH″**. L'un de ceux-ci, **CH″**, a un client **TH** dans le territoire du premier chef **CH′**, tandis que des liens de clientèle existent également entre le premier chef d'une part, ce client **TH** et un autre sujet **TA** d'autre part. Quant au roi, il a un client **TA″** dans le territoire du deuxième chef[9].

---

[9] L'opération de double transformation commandée par le patronage du roi (**S**) peut être formulée ainsi, **TS** représentant les chefs et **E** les clients du roi :

$$S > TS > E \to S \geqslant E \Rightarrow (s \neq ts) \to S > TS$$

Le fait que **TH** ait deux patrons, les chefs **CH′** et **CH″**, vient illustrer une possibilité, signalée par Trouwborst. Le conflit entre les deux chefs est provoqué, on le verra, par leur relation commune avec **TH**.

Graphique 6 : Relations de puissance au Burundi

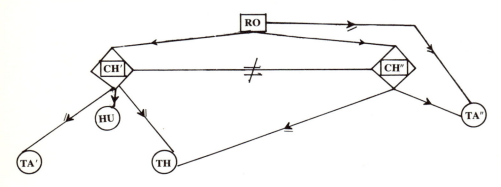

RO : roi (Abagwawa)
CH′ : premier chef
CH″ : deuxième chef
TA′ : premier Tutsi-Abanyaruguru
TA″ : deuxième Tutsi-Abanyaruguru
TH : Tutsi-Huwa
HU : Hutu

Le patronage apparaît significatif par rapport aux lois de connexité et de cohésion, mais de façon moins stabilisatrice que dans d'autres sociétés. D'ailleurs, la plupart des auteurs qui ont étudié le Burundi ont insisté sur son instabilité politique.

Précisons que cette instabilité semble due à un manque de cohésion davantage qu'à un manque de connexité. En effet, le patronage du roi, comme d'ailleurs celui des chefs, tend à

Tandis que la double transformation opérée par le patronage des chefs peut être formulée ainsi :

$$\text{TS} > \text{E} \rightarrow \text{TS} \geq \text{E} \Rightarrow (\text{ts} \neq \bar{\text{e}}) \rightarrow \text{TS} > \bar{\text{E}}$$

Le roi ou le chef font de certains effecteurs, soumis à des chefs, des clients. L'appui ainsi obtenu permet au roi de maintenir sa suprapuissance auprès des chefs, et à ceux-ci de faire de même auprès des gouvernés $\bar{\text{E}}$ en empêchant une coimpuissance potentielle dans le processus.

augmenter la connexité de la société, dans la mesure où il jette des ponts directs entre des agents qui ne sont reliés et connectés qu'indirectement (ainsi, entre **CH″** et **TH, RO** et **TA″**, dans notre graphique).

Mais les liens de clientèle ont des effets plus ambivalents par rapport à la cohésion. Ils permettent de former des coalitions, ainsi **RO** et **TA″**, qui observent notre loi de cohésion en ce qu'elles ne sont reliées que de façon négative avec les autres blocs. Mais ils établissent aussi d'autres coalitions qui n'ont pas ce caractère et se trouvent ainsi non cohésives. On voit dans le graphique que **CH′** et **CH″** sont tous deux patrons de **TH**. Ils sont donc en conflit entre eux, ce qui produit de la non-cohésion puisque des blocs ne peuvent pas être formés.

Trouwborst exprime ainsi cette situation :

> Une des causes des disputes entre les chefs était le fait que beaucoup parmi eux avaient des clients hors de leurs territoires, ce qui créait des allégeances partagées du côté des clients. (1962a, p. 153.)

En résumé, les liens de patronage affermissent la puissance des gouvernants en empêchant qu'elle ne tourne en impuissance dans les processus d'une société où règne une compétition intense. Ils renforcent la connexité, en jetant des ponts entre des acteurs qui ne sont pas liés directement. Ils ont toutefois des effets plus ambivalents sur la cohésion de cette société dont on a d'ailleurs noté l'instabilité politique. Souvent, ils renforcent cette instabilité en alimentant la compétition entre les chefs.

Le Rwanda

Par sa composition sociale, la société rwandaise ressemblait à la société voisine du Burundi. Comme au Burundi, les Twa constituaient la « caste » inférieure. Selon Hertefelt, « ils sont méprisés par les autres habitants du Rwanda qui les considèrent comme étant plus apparentés aux singes qu'aux êtres humains » (1962, p. 16). Les Hutu formaient la masse paysanne et la presque totalité de la production économique leur incombait. Quant aux Tutsi, des pasteurs de grands troupeaux de bétail à longues cornes et derniers venus au Rwanda, ils formaient la « caste » supérieure, pastorale et guerrière. Comme au Burundi, ils ne formaient qu'une minorité de la population (un peu plus de 10 p. cent). Leur domination reposait sur des justifications raciales et idéologiques, mais aussi sur une organisation gouvernementale complexe où les relations de patronage s'entremêlaient à d'autres types de relations.

L'organisation gouvernementale comprenait d'abord des hiérarchies administratives et militaires qui rejoignaient tous les membres de la société. Les provinces ou districts administratifs dépendaient des grands chefs, tous Tutsi et souvent parents du roi. En pratique, l'administration d'un district était confiée à deux fonctionnaires indépendants l'un de l'autre :

> Le chef du sol [...] s'occupait des redevances agricoles et agissait comme juge dans des différends qui opposaient des Hutu en des matières de droit foncier; le chef de bétail [...] s'occupait des taxes dues par les pasteurs mais n'avait aucune capacité judiciaire, les litiges concernant les affaires pastorales étant de la compétence du chef d'armée. Le roi nommait ces fonctionnaires et pouvait les révoquer à tout moment. (Hertefelt, 1962, p. 63.)

Sous le chef du sol et le chef du bétail, se trouvait un seul sous-chef, ou chef de la colline, « lien politique entre les habitants d'une colline appartenant à des lignages différents » (Hertefelt, 1962, p. 63).

La principale fonction de cette organisation administrative était fiscale. « Le chef de la colline et le chef du sol avaient chacun droit à environ un tiers des taxes collectées. Le restant était envoyé à la résidence royale. » (Hertefelt, 1962, p. 63.) De même, les chefs de bétail devaient-ils envoyer du lait frais à la résidence royale. Toutefois, la mesure de lait ou de taxes n'était pas juridiquement fixée : « Les chefs devaient rivaliser de zèle pour envoyer les redevances au roi; celles-ci revêtaient le caractère d'impôt, mais aussi de cadeaux. » (Hertefelt, 1962, p. 64.)

De plus, tous les hommes du Rwanda appartenaient à une armée placée sous la direction d'un chef d'armée tutsi, qui pouvait être en même temps chef du sol, ou chef du bétail. L'armée, dont le noyau était formé de Tutsi, était divisée en guerriers et en pasteurs. En plus de garder les frontières, de défendre le pays ou d'entreprendre des expéditions guerrières, chacune des deux divisions de l'armée devait envoyer à la cour quelques vaches pour fournir du lait frais au roi, entretenir une partie de la résidence royale, etc.

La disjonctivité des relations de clientèle

Tous ces modes de gouverne, aussi bien proprement administratifs que militaires, procédaient généralement de façon conjonctive. Mais, en plus de cela, tous les Tutsi et tous les Hutu, à l'exception du roi, ou *mwami*, étaient clients du roi lui-même, de chefs (du sol, de bétail, d'armée ou de colline) ou encore de riches Tutsi ne faisant pas partie de la hiérarchie gouvernementale.

Comme au Burundi, la relation de clientèle (nommée *ubu-hake* au Rwanda) supposait le transfert d'une ou de plusieurs vaches au client, les vaches ayant au Rwanda une valeur matérielle mais surtout une valeur symbolique, de prestige. Selon Maquet, l'*ubu-hake* « était créée lorsqu'un individu, Hutu ou Tutsi, qui occupait un rang inférieur dans la hiérarchie du prestige social et de la richesse en bétail, offrait ses services et demandait la protection d'une autre personne dont le statut dans la hiérarchie sociale était plus élevé » (1954, p. 151).

Maquet a noté le caractère intransitif de ces relations qu'il qualifie de féodales. Selon lui, « il n'y avait pas de liens socialement reconnus entre le client et le seigneur de son seigneur. La féodalité n'était pas une hiérarchie au même sens que les structures politiques. Chaque seigneur avait sa suite personnelle et n'était pas le représentant d'une autorité supérieure. » Il ajoute, un peu plus loin, que les liens de loyauté ne s'étendaient pas au-delà du patron, et qu'on devait obéir à celui-ci parce qu'il était son seigneur et non parce qu'il était le représentant d'un gouvernant supérieur (1954, p. 178). Les relations de clientèle ne sont donc pas transductives et par là conjonctives. Il y a tout lieu de penser qu'elles sont plutôt disjonctives.

Ce caractère disjonctif de la relation entre le patron et le client est indiqué, au Rwanda comme ailleurs, par l'absence de règles précises. Maquet note que la mesure des différentes prestations que le client devait à son patron n'était pas fixée, et il ajoute que le patron qui avait de nombreux clients « donnait fréquemment à chacun d'eux une tâche précise dans laquelle le client était particulièrement compétent » (1954, pp. 152-153).

Maquet note également que la relation d'*ubu-hake* diffère de la conception occidentale du contrat par le vague et l'incertitude de la mesure des obligations réciproques :

> Le patron pouvait être plus ou moins généreux dans le nombre de vaches qu'il accordait, plus ou moins exigeant dans les services qu'il requérait; le client pouvait être plus ou moins prompt et zélé dans son service. S'il y avait une dispute au sujet de ces variations dans l'exécution de l'accord, il n'y avait pas de charte à laquelle on pouvait se référer pour déterminer les droits et les devoirs. (1954, pp. 156-157.)

La transformation de l'infrapuissance en souspuissance

Le dernier texte cité de Maquet indique déjà qu'il y a de la copuissance dans la relation entre le patron et le client.

Cette copuissance apparaît aussi dans la possibilité qu'a le client, comme le patron, de mettre fin au lien de clientèle, avec le consentement de l'autre partie. Maquet écrit à ce propos :

> Les relations d'*ubu-hake* pouvaient se terminer lorsque le client et le patron, ou l'un des deux, le désiraient. Mais la personne qui prenait l'initiative de la rupture en donnait habituellement une raison, par exemple le fait que l'autre partie n'avait pas rempli quelque obligation. De toute manière, le *shebuja* (ou patron) ne pouvait obliger son client à rester à son service et le client ne pouvait empêcher son patron de le mettre dehors. (1954, p. 153.)

Bien sûr, le patron disposait de plus de moyens au moment de la rupture ou de la pratique du lien, mais il semble bien que les représentations culturelles l'empêchaient de s'en servir pour imposer sa domination unilatérale aux clients. Du même coup, elles justifiaient des relations de clientèle.

> Les informateurs nous disent qu'un seigneur ne pouvait pas tirer un trop grand avantage de sa capacité de punir et de dépouiller ses clients sans encourir des sanctions sociales indirectes. S'il avait la réputation d'être mauvais *shebuja*, les gens qui auraient désiré le prendre comme seigneur tâchaient d'en trouver un autre. (Maquet, 1954, p. 156.)

Donc, en plus de la copuissance, la suprapuissance du patron est possible, sans qu'il en abuse. Au total, le lien est de surpuissance, et il s'oppose aux liens de suprapuissance qui autrement règlent les rapports entre les parties à la relation.

La transformation de la non-suprapuissance en suprapuissance

Dans la société rwandaise où le roi et les chefs disposaient à leur palier de gouvernement de moyens très importants, les

liens de patronage politique ne servaient pas tellement à augmenter encore plus les moyens, mais plutôt, semble-t-il, à
neutraliser les tentatives de rébellion des chefs inférieurs ou des
Hutu. Ils maintenaient ainsi, s'ils ne permettaient pas de l'augmenter encore plus, la suprapuissance gouvernementale.

Il est nécessaire de distinguer ici les liens de patronage
où le client était Tutsi, de ceux où le client était Hutu. Cette
distinction est d'ailleurs faite par la plupart des auteurs qui ont
étudié les relations de clientèle au Rwanda.

À l'intérieur de la « caste » des Tutsi, les relations de
clientèle apparaissent comme une des diverses catégories de relations gouvernementales par lesquelles les chefs cherchent à
augmenter leurs moyens de puissance, d'où une compétition très
étendue qui a finalement pour conséquence d'affermir la puissance du roi.

Hertefelt signale que les patrons tutsi cherchaient par les
liens de patronage à étendre le réseau de leurs alliances politiques et que leurs clients les conseillaient dans leurs intrigues
politiques (1962, p. 68). D'ailleurs, il note :

> La structure de clientèle a été interprétée comme une institution desti-
> née à renforcer le groupe *zu* du seigneur par des accords intelligemment
> conclus avec des « maisons » prudemment choisies. Il n'est point dou-
> teux qu'elle répondait à ce but à l'intérieur de la caste éthiopide elle-
> même qui offrait souvent l'image d'une jungle politique où les plus puis-
> sants menaçaient et annihilaient les plus faibles. (1962, p. 69.)

À ce jeu, le roi était gagnant, du moins dans les parties
centrales du pays. Dans les provinces plus éloignées, l'autonomie des chefs par rapport à lui était forcément plus grande (Lemarchand, 1966, p. 597). De son côté, Maquet écrit à propos de
la complexité de l'organisation gouvernementale :

> Engendrée par la pluralité hiérarchique, la méfiance qui empêchait les
> chefs subordonnés de s'unir contre le gouvernement central, qui les con-
> duisait à s'espionner l'un l'autre et à informer le roi de toute activité
> suspecte, était l'obstacle principal aux tendances à l'autonomie locale
> au Rwanda. (1954, p. 180.)

Mais les liens de patronage avaient aussi pour conséquence de maintenir la puissance gouvernementale des Tutsi sur
les Hutu, en faisant participer ceux-ci aux connexions d'effec-

teur à sélecteur tout en les excluant à quelques exceptions près des postes de sélection. Maquet a bien vu cette « fonction » des liens de patronage entre les Tutsi et les Hutu :

> Afin que deux castes, dont les intérêts étaient si souvent divergents ou opposés, puissent constituer une structure unitaire stable, il était nécessaire qu'elles ne restent pas simplement juxtaposées, mais qu'elles manifestent quelque solidarité [...] Par l'*ubu-hake* les Hutu participaient aux valeurs tutsi. Ils appréciaient hautement le bétail et ils entraient dans le système de prestige fondé sur la possession bovine. (1954, pp. 160-161.)

Les liens de clientèle des chefs tutsi avec les Hutu n'affectaient en rien les moyens de sélection de la « caste » supérieure. Au contraire, ils leur donnaient une justification nouvelle. Maquet remarque justement à ce propos « qu'une institution de clientèle est le seul moyen permettant la protection des individus socialement faibles, sans détruire la participation inégale des groupes au pouvoir social » (1954, p. 160).

Il conclut que le système qu'il nomme « féodal » remplissait une « fonction » de maintien du statu quo et de perpétuation des privilèges tutsi :

> Les Tutsi, qui étaient les gouvernants, étaient les principaux bénéficiaires des deux structures politiques. La structure féodale, en donnant uniquement une possession précaire au client, laissait aux mains des Tutsi le contrôle ultime du bétail, symbole du prestige social et instrument du pouvoir. D'autre part, par le même *ubu-hake*, les Tutsi obtenaient main-d'œuvre et produits agricoles. De ce point de vue, le système féodal rwandais donnait à une minorité les moyens de vivre et de vivre mieux que l'ensemble de la population, sans avoir à participer au labeur manuel de la production, et cela simplement par l'exploitation modérée et intelligente de la majorité. (1954, p. 162.)

Patronage et lois structurales

Nous avons montré déjà que, si les relations de patronage n'avaient pas pour but de rétablir une connexité menacée, elles permettaient tout au moins d'affirmer l'autorité centrée dont l'origine est le roi. Non seulement celui-ci renforce sa position par ses propres opérations de patronage, mais la compétition entre les chefs, elle-même nourrie par les opérations de patronage, fait finalement son affaire [10].

Malgré la grande complexité de la société rwandaise, on peut tenter de donner un exemple graphique de ces effets qu'ont les liens de patronage. Soit le roi **RO**, un grand chef **GC**, chacune des quatre catégories de chefs (**CS, CB, CA, CC′ et CC″**) et deux Hutu (**HU′** et **HU″**) qui sont les sujets d'un chef de colline. En plus des relations de transduction, on peut poser entre eux quelques liens de patronage qui font apparaître des effets structuraux (graphique 7).

Les relations de clientèle produisent des cohésions locales. Par exemple, le chef de bétail **CB** étant le client du roi **RO**, il en résulte un bloc comprenant ces deux acteurs contre un autre bloc fait du grand chef **CG** qui domine le chef de bétail tout en étant dominé par le roi. Le lien de clientèle entre le même chef de bétail et un client Hutu **HU′** a la même conséquence : les deux se trouvent ainsi coalisés contre le chef de colline **CC″** qui est dominé par le chef de bétail **CB** et qui domine le client **HU′**.

---

[10] La permutation qui exprime la transformation opérée par le patronage du roi **S** est la suivante :

$$S > TS > E \rightarrow S \geq E \Rightarrow (s \neq ts) \rightarrow S > TS$$

La formule est la même qu'au Burundi, à ce palier. Les liens de patronage que le roi établit avec des Tutsi ou des Hutu, soumis à la transduction-sélection des chefs, lui permettent de maintenir le caractère impératif de ses relations avec les chefs. Quant à la transformation opérée par le patronage des chefs, elle se réalise plutôt selon la permutation qui suit, où $\overline{TS}$ indique un chef rival du chef-patron **TS** dont on considère l'opération de patronage :

$$TS > E \rightarrow TS \geq E \Rightarrow TS \neq \overline{TS} \rightarrow ts > \overline{ts}$$

On a vu que les chefs étaient en compétition les uns avec les autres. Leurs liens de patronage qui rendent plus coopératives certaines de leurs connexions leur permettent de dominer, dans le processus, des connexions entre eux qui ne sont pas impératives dans le systéme. C'est du moins l'intentionnalité du patronage politique. Comme tous les chefs sont des patrons, la deuxième transformation n'est pas toujours réalisée ou, si l'on préfère, les chefs-patrons la réalisent les uns aux dépens des autres. De plus, on peut penser à la suite de Maquet que ce patronage des chefs rendait tolérables aux Hutu des transductions qui, autrement, auraient pu être contestées, soit :

$$TS > E \rightarrow TS \geq E \Rightarrow (ts \neq e) \rightarrow TS > E$$

Graphique 7 : Relations de puissance au Rwanda

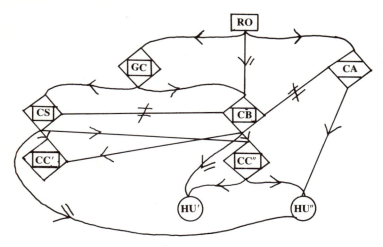

RO : roi
GC : grand chef
CS : chef du sol
CB : chef du bétail
CA : chef d'armée
CC′ : premier chef de colline
CC″ : deuxième chef de colline
HU′ : premier Hutu
HU″ : deuxième Hutu

On voit, par ces exemples, qu'auprès des Hutu, en particulier, les relations de clientèle avec les chefs tutsi semblent régies par la loi structurale de cohésion. Mais la cohésion plus grande qui est ainsi rendue possible ne manque pas d'avoir des effets sur l'autorité centrée recherchée par les gouvernants. Soit notre deuxième Hutu **HU″** qui est à la fois soumis au chef d'armée **CA** et client en même temps que sujet indirect du chef du sol **CS**. Maquet montre par un exemple comment, dans une situation semblable, il peut élaborer une stratégie qui tempérera l'autorité centrée dont autrement il fait les frais :

> Supposons que quelque Hutu ait hérité du bétail donné à son grand-père par un patron, qu'il ait reçu du bétail de son chef d'armée et qu'il ait acquis quelques vaches par échange (*im-bata*). Supposons que, parce que son *shebuja* était trop exigeant, il désirait changer et devenir le client d'un autre homme important. Il sait que son seigneur essaierait de

saisir toutes ses *im-bata* et de choisir ses plus belles vaches. Par quelques cadeaux, il obtenait l'appui de son chef d'armée. Avant d'entrer en discussion avec son patron, lui et son chef d'armée conviennent de dire que toutes les meilleures vaches qu'il a à sa disposition et toutes ses *im-bata* avaient été reçues de son chef militaire. Elles seront peut-être même changées subrepticement de pâturage et mises dans des pâturages directement protégés par le chef d'armée. Alors, si le patron réclame plus de vaches que son client ne désire lui donner, il devra arriver à un accord non plus avec un homme à pouvoir très limité, mais avec un chef d'armée. (1954, p. 177.)

Autrement dit, la possibilité pour un Hutu d'avoir plusieurs patrons (Maquet, 1954, p. 154), de les utiliser les uns contre les autres, ou encore de les utiliser contre des chefs hiérarchiques, a pour effet d'augmenter la cohésion de la société rwandaise, mais aussi d'alléger le poids de l'autorité centrée. Et dans la mesure où la compétition entre les chefs était ainsi alimentée, la coordination suprême opérée finalement par le roi s'en trouvait mieux assurée.

Le patronage politique en Afrique de l'Est

En Afrique de l'Est, la double transformation produite par l'opération de patronage politique emprunte des voies diverses. Établissons d'abord quels sont les patrons, les clients et les rivaux.

Il n'y a que deux types de patrons, ou bien des sélecteurs qui dominent de leur poste d'autorité suprême l'organisation sociétale, ou bien des transducteurs-sélecteurs qui ont charge d'un groupe ou d'un territoire de cette organisation. Ces derniers patrons ne se trouvent qu'au Burundi et au Rwanda, ou plus exactement c'est dans ces deux seules sociétés que leurs opérations ont été étudiées.

Les clients sont un peu plus divers. Chez les Mandari, ce sont des effecteurs qui agissent aussi comme sélecteurs. Au Busoga et en Ankole, ce sont des sélecteurs et des transducteurs à la fois, ou encore l'inverse. Au Burundi et au Rwanda, ce sont des effecteurs, bien qu'il ne soit pas exclu qu'ils occupent aussi des postes de sélecteur et de transducteur à la fois.

Enfin, les rivaux présentent une plus grande variété encore. Chez les Mandari, ce sont d'abord des sélecteurs-effecteurs apparentés au roi, que l'action du client spécial réduit à un rôle d'effecteurs. Chez les Basoga, ce sont les chefs apparentés au roi, qui ne sont pas des chefs-clients. En Ankole, ce sont à la fois les sélecteurs des sociétés voisines (ces rivaux existent aussi pour les chefs mandari), les propres chefs-clients du roi et des effecteurs. Au Burundi et au Rwanda, ce sont les chefs. Pour les chefs du Burundi, ce sont des effecteurs non clients, tandis que pour ceux du Rwanda, ce sont d'autres chefs.

Par rapport aux gouvernants, aux fonctionnaires ou à d'autres gouvernés qui n'entrent pas dans les liens de patronage, les clients des patrons politiques ont généralement moins de moyens de puissance. Chez les Mandari, ce sont des étrangers qu'on a trouvés dans la brousse et qui n'ont pas de liens de parenté avec le clan qui possède la terre de la chefferie. Chez les Basoga, ce sont des hommes du peuple qui, comme eux, gouvernent certaines provinces du royaume. Chez les Baganda, les quelques clients du roi sont des chefs « inférieurs » qui n'appartiennent pas à la famille royale, ni aux familles princières de la société ganda. Au Bunyankole, les clients font partie de la « caste » supérieure des Bahima, mais ils n'appartiennent pas au clan royal; comme il s'agit pour eux de contribuer en tant qu'alliés du roi à l'indépendance de la société, on comprend que les Bairou, qui sont leurs inférieurs, soient exclus des liens de clientèle. Au Burundi, ce sont surtout les membres de deux castes inférieures (les Tutsi-Hiwa et les Hutu) qui sont les clients, les Twa étant exclus de ces relations, sans doute parce que, comme au Rwanda, on considère qu'ils sont apparentés aux singes davantage qu'aux hommes. Le Rwanda constitue un cas extrême puisque, dans cette société inégalitaire, tous ceux qui sont dans une position d'infériorité, Tutsi ou Hutu, deviennent les clients d'un supérieur.

Si les relations de patronage diminuent l'écart entre les clients et les patrons, elles permettent à ceux-ci d'augmenter ou tout au moins de maintenir les écarts qui les séparent d'autres agents gouvernementaux qui sont leurs rivaux. Le chef mandari, comme le roi soga, gouverne avec l'aide de parents qui sont, politiquement, ses subordonnés, mais qui peuvent toujours invoquer leur statut de parents pour tenter de déposer le roi, ou de le mettre en difficulté. Grâce à ses clients, le gouvernant suprême des Mandari ou des Basoga maintient ou augmente des pouvoirs qui lui permettent de dominer, par des relations de suprapuissance, ses subordonnés. Les clients du chef mandari lui sont également utiles dans les compétitions guerrières qui l'opposent à des gouvernants de communautés voisines. L'alliance du *mougabe* avec les chefs bahima a également pour but le maintien ou l'extension de la souveraineté, sans cesse remise en jeu par des expéditions guerrières et des razzias. Au Buganda, les chefs inférieurs qui sont clients du roi surveillent ou espionnent les autres chefs territoriaux, dont la puissance grandissante inquiète le roi. Nous avons vu également comment les liens de patronage au Burundi et au Rwanda fournissaient aux patrons des « castes » supérieures les moyens requis pour la compétition intense qu'ils se livrent, tout en assurant mieux ainsi le pouvoir du gouvernant suprême, le roi, qui règne en quelque sorte sur cette compétition.

Au total, on peut donc poser que dans ces sociétés le patronage politique consiste à réduire des écarts pour en établir d'autres à l'intérieur d'ensembles où les patrons sont menacés de non-suprapuissance. En un mot, le patronage politique rapproche des « éloignés » pour éloigner des « rapprochés ». Ou si l'on aime mieux, il allie les dissemblables pour mieux opposer les semblables.

Le tableau 1 résume pour chacune de ces sociétés les écarts parentaux ou ethniques que les relations de patronage diminuent entre dissemblables et maintiennent ou augmentent entre semblables. Le signe + indique la présence d'un écart et le signe −, son absence.

Tableau 1 : **Écarts entre patrons et clients et entre patrons et rivaux dans les sociétés de l'Afrique de l'Est avant la colonisation**

Société	*Écarts diminués entre patrons et clients*		*Écarts augmentés entre patrons et rivaux*	
	parentaux	ethniques	parentaux	ethniques
Mandari	+	±	+	±
Busoga	+	−	+	−
Bunyankole	+	−	−	+
Burundi	+	+	±	±
Rwanda	+	±	±	−

Dans tous les cas, les patrons et les clients n'ont pas, au moment où ils entrent dans une relation de patronage, de liens de parenté. Chez les Mandari et chez les Basoga tout au moins, ils peuvent toutefois contracter dans la suite des liens d'affinité. Les liens de patronage chez les Mandari, les Barundi et les Rwandais peuvent se produire entre personnes d'ethnies différentes. Il semble même que c'est toujours ce qui arrive au Burundi, alors qu'au Rwanda et chez les Mandari des individus d'une même ethnie pouvaient entrer dans un lien de clientèle.

Chez les Mandari, chez les Basoga et dans une moindre mesure au Burundi et au Rwanda, les liens de patronage servent aux patrons à rendre plus impérative leur puissance auprès d'autres gouvernants avec qui ils sont parents. Au Bunyankole par contre, les gouvernants rivaux à l'intérieur de la société politique, ou de l'une à l'autre, ne sont pas des parents. Les patrons chez les Basoga et les Rwandais sont surtout aux prises avec des gouvernants rivaux de leur propre ethnie, tandis que chez les Mandari et les Barundi les gouvernants rivaux peuvent également appartenir à des ethnies différentes (à l'intérieur de la société politique chez les seconds, et à l'extérieur chez les premiers). Chez les Banyankole, les rivaux des patrons, à l'extérieur de la société, appartiennent toujours à des groupes ethniques différents.

Ces caractéristiques seront comparées à celles des autres aires culturelles dans le chapitre sur les conditions du patronage politique. Quant aux lois structurales, dont nous n'avons pas résumé ici les applications, nous les reprendrons pour l'ensemble des aires culturelles dans le tout dernier chapitre, portant sur la coordination sociétale.

CHAPITRE 5

L'EUROPE MÉDITERRANÉENNE

Notre étude du patronage se situe ici au niveau des villages ou plus généralement des collectivités locales plutôt qu'à celui des sociétés globales. Le patronage s'exerce alors à deux paliers de gouvernement, d'ailleurs reliés entre eux : le palier local et le palier central ou sociétal.

Ce déplacement du champ d'analyse nous est commandé par les travaux que nous utilisons. La plupart des anthropologues, sociologues ou politistes qui ont analysé le patronage politique dans l'Europe méditerranéenne en ont fait des études locales ou régionales qui n'avaient pas la prétention de rendre compte de l'ensemble de la société. Les quelques études plus globales ont surtout porté sur l'Italie et c'est pourquoi nous traiterons de cette société après les deux autres. La Grèce, puis l'Espagne, feront l'objet de nos premières vérifications, qui ne porteront que sur le patronage local et son prolongement auprès du gouvernement central.

Une collectivité grecque de bergers sarakatsans

Le titre même de l'ouvrage de J. K. Campbell (1964), *Honour, Family and Patronage*, indique la place qu'il accorde aux phénomènes de patronage. Bien qu'elle ait été faite dans des conditions difficiles, cette étude d'une collectivité de bergers constitue l'une des plus complètes du patronage politique dans l'Europe de la Méditerranée.

Campbell n'identifie pas la collectivité qu'il a étudiée, mais nous dit qu'elle se trouve située en Grèce continentale, dans le district de Zagori. Au moment de l'étude (soit en 1954 et

1955), on y comptait 4 000 habitants environ, concentrés dans la montagne, de mai au début de novembre, et dispersés dans les plaines ou les vallées au cours de la saison froide.

Les bergers sarakatsans sont regroupés ou bien en familles élémentaires ou bien, plus souvent, en familles étendues composées du père et de la mère, des fils mariés avec femme et enfants (la résidence est patrilocale), ainsi que des fils et filles non mariés. Trois « valeurs » importent avant tout pour ces gens : leurs troupeaux, leurs enfants (et tout spécialement leurs fils) et l'honneur de la famille. Cette dernière valeur est tout particulièrement importante. Elle divise la collectivité en groupes familiaux qui ne coopèrent à peu près pas entre eux mais qui se livrent plutôt à une compétition farouche pour maintenir ou augmenter leur prestige. On se reconnaît parent jusqu'au deuxième degré de cousinage ; au delà de cette frontière, il n'y a que des étrangers. Même envers les parents par alliance, ou affins, on garde une certaine suspicion. On ne leur fait jamais entièrement confiance, dit Campbell.

Les Sarakatsans doivent néanmoins se marier en dehors du groupe des parents. En plus de ces alliances matrimoniales, ils ne coopèrent que dans des « compagnies » établies parfois pour la garde des troupeaux, ou dans des coalitions fugaces, qui se dessinent à l'occasion des élections communales.

La disjonctivité des relations de clientèle

Sur le plan du gouvernement local, les bergers sont rattachés au village voisin, qui est dirigé par un conseil formé de cinq membres, élus à tous les quatre ans. Les cinq membres élisent au sein du conseil un président et un vice-président.

Le conseil a une autorité assez vaste, de caractère conjonctif. Il peut établir des règlements de toutes sortes, pourvu qu'ils ne viennent pas en conflit avec les lois nationales. C'est lui qui, entre autres, fixe les taxes que doivent payer les bergers et fait exécuter des travaux dans la commune à même son propre budget.

Dans le gouvernement quotidien du village, le pouvoir du président est prépondérant. Il est d'ailleurs le seul élu à recevoir une allocation en compensation du temps qu'il consacre aux affaires publiques. Il est assisté dans son travail par un secrétaire permanent. Ce sont surtout ces deux hommes qui sont en contact avec les politiciens et les fonctionnaires du gouvernement national.

Bon nombre des décisions du président peuvent facilement donner lieu à de la disjonctivité, même si elles doivent normalement avoir un caractère conjonctif. C'est le président, par exemple, qui alloue chaque printemps aux différentes familles ou compagnies de bergers les espaces où ils pourront mener paître leurs troupeaux. Ces affectations peuvent facilement prendre un caractère discrétionnaire, tout comme la surveillance exercée, sur les déplacements des bergers et de leurs troupeaux, par les gardes agricoles ou forestiers à qui le président commande. La signature du président est exigée à différentes occasions, et il peut volontairement sous-estimer le nombre de bêtes ou le montant des ventes des bergers, afin d'alléger les taxes qu'ils doivent payer.

La très vive compétition entre les familles et le prestige acquis à être reconnu comme un client du président donnent de la valeur aux relations de clientèle avec celui-ci, ou encore avec d'autres membres influents du conseil ou de la politique villageoise. Campbell distingue trois voies selon lesquelles ces relations de clientèle peuvent être établies. Il y a le *parrainage*, qui consiste à donner un père spirituel à un enfant, au moment du baptême. On choisit généralement pour cela un homme influent du village ou d'un autre village, qui pourra agir de façon permanente comme patron au profit de l'enfant mais aussi de toute la famille. La clientèle peut aussi avoir un fondement plus *laïque* : elle consiste alors dans une relation d'amitié généralement durable qui se manifeste entre un patron et son client. Campbell marque bien l'importance qu'on attache au caractère disjonctif de cette manifestation quand il écrit : « L'important, pour le Sarakatsan, dans ces situations, c'est que les autres bergers, qui sont dépourvus de ce lien valorisé, le voient et l'envient. » (1964, p. 233.) Enfin, la relation de clientèle peut être moins diffuse. Un berger fera, par exemple, un cadeau de fromage, de beurre ou de viande au président dans l'espoir d'obtenir en retour une faveur spécifique.

Les bergers ont également affaire à l'administration centrale, que ce soit dans leurs rapports avec des fonctionnaires du territoire ou avec les bureaux provinciaux situés dans des villes avoisinantes. En matière agricole, ils peuvent obtenir des prêts, des insecticides, ou des avis quant à la maladie des animaux ; ils sont aussi soumis à diverses restrictions concernant l'usage des pâturages et des forêts. Dans le domaine militaire, les bergers doivent normalement accomplir leur temps de service. Dans le domaine judiciaire, il leur arrive fréquemment d'aller devant les tribunaux. Et surtout, ils sont toujours menacés de se voir interdire leurs pâturages d'hiver.

Comme le note Campbell, les lois qui s'appliquent aux bergers ont un caractère très général et les hauts fonctionnaires qui sont chargés de les administrer ou de les interpréter ne tiennent pas à déléguer leur pouvoir, parce qu'ils ne veulent pas le restreindre. Les fonctionnaires du territoire qui sont en contact avec les Sarakatsans doivent constamment se référer à leurs supérieurs avant de prendre une décision administrative. Il en résulte des délais qui peuvent être fort longs et aussi des mesures qui ne sont pas toujours appropriées au caractère particulier des situations.

Pour court-circuiter le processus, les Sarakatsans ont recours au président, ou le plus souvent à des avocats. Ceux-ci sont en effet bien qualifiés pour cette tâche. Non seulement connaissent-ils la législation et les tribunaux, mais ils ont généralement de nombreux amis chez les fonctionnaires ou les politiciens.

Notons ici qu'à la différence de ce qu'on a observé en Afrique de l'Est, le patron qui agit auprès du gouvernement central, qu'il soit le président de la commune, un avocat ou un autre homme influent, n'est pas lui-même un gouvernant ou un fonctionnaire de ce gouvernement central. Il est plutôt un intermédiaire auprès d'eux. Mais ses relations avec son client n'en demeurent pas moins, on le verra, des relations de patronage politique. Pour le moment, notons avec Campbell le caractère nettement disjonctif de ce patronage :

> Le client sarakatsan ne partagera pas avec d'autres cette transmission d'influence que le patronage lui apporte, à moins qu'ils soient des parents ou des affins. Il croit en effet que s'il partage ce bénéfice, il le perd. Et c'est une raison de plus pour que les relations qui franchissent les frontières de la collectivité et qui sont établies avec des personnes influentes, soient des connexions exclusives et particulières de la part des familles isolées. (1964, p. 260.)

La transformation de l'infrapuissance en souspuissance

Toutes les décisions dont on a parlé dans la section précédente doivent, selon la règle, être appliquées par voie de suprapuissance de la part des fonctionnaires de la commune ou du pays. Par la relation de clientèle, cette suprapuissance est remise en cause et l'infrapuissance du client devient souspuissance. Comme le dit Campbell, à propos du patronage du président sur le plan local : « Le fait d'accepter quelqu'un comme client oblige le patron à le protéger au lieu de l'exploiter, et de ce point de vue il y a restriction au libre exercice de son pouvoir. » (p. 231.) Autrement dit, le président accepte que le client exerce parfois sur lui du pouvoir positif.

Évidemment, le patron a des moyens supérieurs à ceux du client, et c'est pour cela que Campbell, comme bien d'autres auteurs, parle d'inégalité ou d'asymétrie entre les deux. Mais, encore une fois, le patron n'impose pas unilatéralement les choix publics qui intéressent le client. Il se sent obligé, dit Campbell, de s'intéresser à toutes les affaires du client et de lui prêter assistance (1964, p. 259). Il peut refuser d'établir une relation de clientèle, temporaire ou durable, avec un client — s'il estime, par exemple, qu'il a un appui électoral suffisant. Mais, de son côté, le client peut se retirer d'une relation de clientèle, pour tenter d'en établir une autre avec un adversaire ou un concurrent de son ancien patron.

La transformation de la non-suprapuissance en suprapuissance

Campbell signale plus d'une fois que pour le président, pour les avocats intermédiaires entre les bergers et l'appareil gouvernemental, ou pour d'autres hommes influents, les relations de clientèle sont des moyens d'augmenter leur pouvoir dans la compétition politique et plus spécialement électorale.

Parlant d'une relation de clientèle établie entre un berger et son lointain cousin, qui a de l'influence sur le député, Campbell dit du cousin :

> Son habileté à accorder du patronage porte sa propre récompense, car son prestige s'en trouve accru, non seulement chez les Sarakatsans, mais aussi auprès de personnalités comme les candidats au poste de

> député qui sont en compétition pour obtenir les votes dont, croient-ils, il dispose. (1964, p. 109.)

Même chose pour les avocats qui, en échange de leur protection, recueillent des appuis électoraux pour le compte de leur parti local ou national. Campbell va même jusqu'à dire :

> Il est essentiel pour le Sarakatsan que son avocat ait des relations d'influence avec les partis politiques dominants. Ce n'est pas un hasard que l'avocat de Jamina dont la clientèle est la plus étendue ait été le secrétaire de la section d'Épire du parti ministériel. Mais le secrétaire du Parti Libéral a lui aussi de nombreux clients. Même s'il appuie un parti d'opposition, les fonctionnaires ne rejettent pas facilement ses demandes car ils cherchent à éviter les questions et les « révélations » qui peuvent avoir lieu au parlement et à se munir d'une assurance contre les changements de gouvernement. (1964, p. 244.)

Il est de bonne stratégie pour les fonctionnaires de renoncer parfois à leur suprapuissance dans la transduction puisque c'est pour eux le moyen de conserver leur poste. Ce poste peut leur être enlevé par le pouvoir des gouvernants.

Sur le plan local également, le patronage du président et des autres notables politiques confère les moyens de se maintenir en place. Campbell est à nouveau très explicite sur ce point :

> Dans le contexte du village [le patronage] relie les bergers avec les notables, ce qui permet aux premiers de surmonter l'attitude hostile des gens du village, et aux notables de faire en sorte que les votes des bergers viennent les appuyer. Étant donné que les différentes familles de bergers appuient différents notables, ceux-ci peuvent se maintenir en poste et exercer le pouvoir, même dans les villages où les bergers sont beaucoup plus nombreux que les villageois sur la liste électorale. (1964, p. 261.)

Cette utilisation des relations de clientèle pour donner ou maintenir un caractère de suprapuissance à un pouvoir qui risque de le perdre est évidente pour Campbell. Il note que le nombre de relations de clientèle d'un président dépend de l'état de la division des forces politiques dans le village (p. 231). Le grand art du président, ajoute-t-il, consiste à détacher de l'opposition, grâce à son patronage, un nombre juste suffisant de familles, au moment des élections (p. 226).

Il est donc évident que le patronage transforme, ou du moins tente de transformer, la non-suprapuissance des patrons en suprapuissance.

Patronage et lois structurales

La transformation opérée par le patronage politique n'est pas la même quand le maire, par exemple, agit comme gouvernant et fonctionnaire à la fois sur le plan local, et quand il agit comme instrument partisan auprès d'une instance du gouvernement central, qui va faire en sorte qu'un fonctionnaire allouera au client du maire la prestation recherchée[1].

Le graphique 8 résume les principaux liens politiques où sont impliquées les familles de bergers sarakatsans.

Le parti ministériel **PM** occupe le poste de sélecteur au niveau national, et le président **PR** (avec les autres membres du conseil) occupe par délégation le poste correspondant au niveau local. Nous avons supposé qu'ils sont du même parti et liés par le patronage. Les deux dominent l'opposition grâce à leur victoire électorale, mais dans le système officiel il y a plutôt compétition entre ces acteurs. Il y a transduction du parti ministériel aux fonctionnaires **FO** et de ceux-ci aux bergers. Nous avons donné à ces liens la forme officielle de la suprapuissance. Pour ne pas trop compliquer le schéma, nous avons fait comme si le président était son propre transducteur (en fait, il est assisté d'un secrétaire-trésorier), qui domine administrativement les familles de bergers **FB**. Un avocat **AV**, effecteur et sélecteur à la fois, est copuissant avec le gouver-

---

[1] Dans le premier cas, on peut exprimer la transformation ainsi :

$$\text{ST} > \text{E} \rightarrow \overline{\text{ST} \geqslant \text{E}} \Rightarrow \text{ST} \neq \overline{\text{S}} \rightarrow \text{st} > \overline{\text{s}}$$

Ici comme dans la suite, le trait posé sur une composante de la permutation indique un système (ou un processus) non officiel. Le maire **ST** transforme une connexion officielle d'infrapuissance du client en une connexion non officielle de souspuissance pour transformer la sélection compétitive dans le système en une sélection où il affirme sa suprapuissance dans le processus ($\overline{\text{S}}$ désignant les rivaux du maire). Quand, par exemple, l'avocat-patron **SE** agit comme instrument politique, en vue d'affecter la transduction du gouvernement central, la transformation qu'il permet d'opérer peut être exprimée de la façon suivante :

$$\text{T} > \text{E} \rightarrow \overline{\text{E} \leqslant \text{SE} = \text{S} > \text{T}} \Rightarrow \text{SE} = \text{S} \neq \overline{\text{S}} \rightarrow \text{se} = \text{s} > \overline{\text{s}}$$

On a une connexion non officielle (et incertaine) par laquelle le patronage affecte finalement la transduction à l'avantage du client. Celui-ci, par sa participation coopérative à la relation de clientèle, se trouve en quelque sorte à agir sur la transduction, ce qui n'est pas prévu par les règles. Dans un deuxième temps, la sélection est transformée comme plus haut : de compétitive qu'elle est dans le système, on cherche à la rendre impérative dans le processus.

nement central. Enfin, les liens entre les familles excluent (à quelques exceptions près : alliances matrimoniales, compagnies) la coopération. Nous leur avons donné la forme de la coimpuissance pour indiquer qu'il y a compétition entre elles.

Graphique 8 : Relations de puissance chez les Sarakatsans

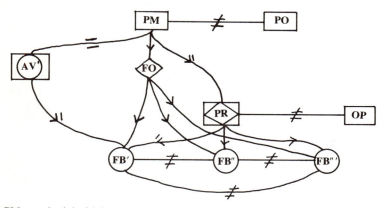

PM : parti ministériel
PO : parti d'opposition
FO : fonctionnaires

AV : avocat
FB′, FB″, FB‴ : familles de bergers

Restent les relations de clientèle. Elles ne sont pas nécessaires pour assurer la connexité de la collectivité locale ou de la société, mais elles la renforcent tout en sauvegardant l'autorité centrée de la coalition (**PM, AV, PR**), possible dans le processus. Étant donné que sur le plan de la société globale tout au moins la transduction entre les fonctionnaires et les bergers n'a pas une bien grande densité, Campbell peut écrire que « le patronage est le moyen grâce auquel la collectivité locale est liée à la société globale (« the wider national society ») » (1964, p. 260).

Ce supplément de connexité, même s'il prend une forme partiellement coopérative, ne menace d'ailleurs pas, parce qu'il est disjonctif, les formes plus hiérarchiques de connexité qui sont assurées par une transduction conjonctive. Nous avons déjà noté ce fait, confirmé par Campbell :

La collectivité est intégrée de façon moléculaire [*piecemeal*] à la société globale par des liens personnels et non au moyen de la participation à des groupes organisés plus vastes que la famille, et qui pourraient opposer beaucoup plus de résistance à l'autorité de l'État. (1964, p. 261.)

Le patronage est aussi facteur de cohésion. Par lui, des blocs sont formés qui rendent la collectivité cohésive, bien que faiblement. Dans le graphique 8, on a un bloc (**PM, PR, AV, FB′**) qui n'a que des relations négatives avec les autres acteurs **PO, FO, OP, FB″** et **FB‴**. Ces cinq acteurs sont aussi liés négativement entre eux, d'où une cohésion globale en même temps, d'ailleurs, que locale.

Il y a toutefois, au niveau des gouvernés, un frein à la généralisation des relations patron-client et à la plus grande connexité ou cohésion qu'elles produisent. Nous avons déjà cité la remarque de Campbell disant que dans cette collectivité où règne la concurrence entre les familles, il est important pour les Sarakatsans d'avoir des relations de clientèle que d'autres familles n'aient pas et leur envient. Nous avons noté également que le président et les autres notables politiques s'arrangeaient pour avoir tout juste assez de relations de clientèle pour assurer leur pouvoir politique. On peut d'ailleurs expliquer par les lois mêmes de cohésion structurale cette restriction apportée aux relations patron-client. Ainsi, si **FB′** et **FB″** étaient deux familles de bergers clientes de **PR**, on ne pourrait pas former un bloc avec ces trois acteurs, puisque **FB′** et **FB″** sont reliés négativement entre eux. Dans cette collectivité très compétitive, on résiste à ce que son ami, le président, soit aussi l'ami d'une famille ennemie, ou tout au moins concurrente, ce qui manifeste la sous-jacence des lois de cohésion dans les jeux de la puissance.

Alcalá, une petite ville espagnole

Le patronage politique, dans la collectivité grecque de bergers sarakatsans, est donc un opérateur de cohésion sur le plan local, mais aussi un opérateur de connexité et de cohésion à la fois, dans les relations qui lient la collectivité locale au gouvernement national. Reste à cerner plus précisément cette seconde opération que remplit le patronage, et qui semble spécifique aux sociétés de l'Europe méditerranéenne. Nous utiliserons pour cela les données de J. A. Pitt-Rivers (1961) recueillies vers 1950 dans une petite ville andalouse, Alcalá.

La ville d'Alcalá comptait au début des années 50 un peu plus de 2 000 habitants, auxquels s'ajoutaient plus de 1 700 personnes dans la zone rurale rattachée à l'administration municipale. La plupart des habitants, dans la zone urbaine ainsi que dans la zone rurale, vivent de la terre, cultivent des oliviers ou de la vigne, ou encore ils entretiennent des troupeaux. La propriété du sol est inégalement répartie. Vingt-cinq propriétés couvrent à elles seules les deux tiers du sol, chacune ayant plus de 100 hectares, tandis qu'à l'autre extrême, 800 propriétés s'étendent sur 400 hectares seulement. Ces inégalités sont d'ailleurs accentuées du fait qu'un même propriétaire peut posséder plus d'une propriété. Pas moins de 350 à 450 travailleurs agricoles louent leurs services à des propriétaires prospères. Des formes un peu plus égalitaires de coopération économique sont également pratiquées.

Quelques petites entreprises fabriquent des vêtements ou des souliers. Quatorze moulins fonctionnent dans la vallée, et un seul dans la ville. Ce dernier est alimenté à l'électricité, tandis que ceux de la vallée dépendent de l'eau, utilisée également pour l'irrigation. Un cas de patronage, raconté en détail par Pitt-Rivers, montre combien ces données de la situation ont leur importance à Alcalá.

Alcalá, comme la plupart des *pueblos*, ou collectivités locales espagnoles, a un fort degré d'intégration sociale, malgré des différences marquées dans la richesse de ses habitants. Des relations très denses de parenté, d'amitié et de voisinage, permettent de surmonter ces différences. Seulement 12 p. cent des gens qui habitent la ville sont nés à l'extérieur d'Alcalá, comparativement à 17 p. cent de ceux qui habitent la zone rurale. Ces personnes nées à l'extérieur sont pour la plupart des fils de propriétaires terriens ou encore les membres du gouvernement de la ville.

Pitt-Rivers décrit ainsi la forte intégration du *pueblo*, qu'il oppose au caractère artificiel de l'État :

> En résumé, le *pueblo* est une communauté très centralisée, sur le plan structurel et émotionnel à la fois. Dans la jurisprudence politique de l'Espagne, c'est l'unité « naturelle » de la société en comparaison de quoi l'État est une structure artificielle. À plusieurs égards, le *pueblo* ressemble aux autres communautés rurales de la Méditerranée. Toutes sont composées de travailleurs agricoles qui vivent dans des conditions urbaines, avec un fond de scène fait de culture sèche et d'oliviers.

Toutes possèdent un sens très fort du patriotisme local; dévotion à la *patria chica* en Espagne; en Italie, *campanillismo*, c'est-à-dire attachement au *campanile* local, l'édifice le plus élevé du village. Une conception de la communauté fondée sur la localité court dans le langage culturel de l'Europe du Midi. Elle se manifeste de plusieurs façons : par exemple, dans les codes légaux où le principe du *jus soli* est préféré au *jus sanguinis* des peuples germaniques; dans l'institution du saint patron local et dans l'importance qu'on attache au lieu de naissance dans les conversations de tous les jours. (1961, p. 30.)

La disjonctivité des relations de clientèle

Le thème principal de la monographie de Pitt-Rivers est l'opposition entre la collectivité locale, où les relations sociales ont un caractère égalitaire, et l'appareil gouvernemental, où les relations sont beaucoup plus hiérarchiques. C'est l'opposition, dans les termes mêmes de l'auteur, entre le principe d'égalité qui commande les relations entre parents, voisins et amis, et le principe d'autorité qui commande les relations entre l'appareil gouvernemental et la collectivité (1961, p. 158). Nous dirions donc que c'est l'opposition entre des relations de copuissance et des relations de suprapuissance.

Le maire est le « maître d'Alcalá ». Comme dans toutes les villes de moins de 10 000 habitants, il est nommé par le gouverneur de la province, pour un mandat de durée indéfinie. Il est assisté d'un fonctionnaire nommé par le ministre de l'Intérieur, et qui n'est généralement pas originaire de la ville : ses connaissances légales en font un personnage important dans l'administration courante. Le conseil municipal est formé de six membres, dont deux sont élus par les chefs de famille, deux par les syndicats, et les deux autres par les quatre premiers, à partir d'une liste fournie par le gouverneur. Les élections suscitent peu d'intérêt, si bien que le maire réussit le plus souvent à faire élire ses propres candidats.

La délégation de pouvoirs du gouvernement central au gouvernement municipal donne à celui-ci une capacité de décision dans les domaines suivants : planification urbaine, administration du domaine public (édifices et terrains), hygiène publique, police en milieu urbain et en milieu rural, transports, commerce (dont la possibilité d'établir des monopoles municipaux), certaines formes de taxation, écoles, assistance sociale et culturelle. Le maire peut aussi prendre des mesures d'urgence, en cas de famine par exemple. Il peut également lever une taxe spéciale pour venir au secours des chômeurs, ou encore « confier » des hommes dans le besoin à des familles où ils doivent être nourris et logés, en plus de recevoir un petit salaire. On voit que la plupart de ces décisions ont un caractère conjonctif. Elles s'appliquent en droit à tous les acteurs des ensembles concernés, et sont transduites administrativement par des fonctionnaires (gardes municipaux, maître d'école, secrétaire du conseil municipal).

D'autres fonctionnaires exercent leur métier à Alcalá, même s'ils dépendent du gouvernement central : percepteurs de taxes, inspecteurs, fonctionnaires des postes et du télégraphe. À propos de l'action policière, Pitt-Rivers remarque que dans la vie de tous les jours, il n'existe pas de distinction claire entre autorité municipale et autorité centrale (1961, p. 134). D'ailleurs, le maire est lui-même un homme du parti national, dont il est le chef à Alcalá, ce qui lui donne autorité sur le secrétaire des « syndicats », groupes partisans composés de patrons et de travailleurs.

Pitt-Rivers parle de groupe dirigeant (« the ruling group ») pour désigner le maire, les conseillers, certains fonctionnaires ou notables, quelques hommes du parti national, ainsi que quelques hommes riches d'Alcalá. La plupart sont nés hors de la ville et n'exercent leurs fonctions à Alcalá que pour un temps. Si, au niveau du système officiel, c'est le maire et son conseil municipal qui occupent les postes de gouvernants, l'autorité réelle réside chez cette élite dirigeante dont les membres sont généralement unis entre eux par des relations de copuissance et dont les relations avec les effecteurs sont souvent disjonctives. Ces élites « relient la ville à la structure de l'État au moyen de contacts sociaux et politiques [...] ils représentent le gouvernement auprès du *pueblo,* et le *pueblo* auprès du gouvernement » (Pitt-Rivers, 1961, p. 32).

Cette fonction de contact et de représentation ne se passe pas de relations disjonctives. Pitt-Rivers donne l'exemple des pensions de vieillesse qui ne peuvent être obtenues que si un *patrono* signe un formulaire certifiant que le bénéficiaire a déjà travaillé pour lui. Il donne aussi l'exemple de lettres de recommandation, que le patron adresse à des personnes aptes à protéger ses propres protégés (1961, p. 141). On verra plus loin que le patronage des fonctionnaires prend lui aussi racine dans l'opposition entre l'appareil gouvernemental et la communauté locale. Ces faveurs sont évidemment disjonctives, puisqu'elles ne s'appliquent qu'aux protégés du patron. Les clients, même s'ils dépendent de la source gouvernementale de l'autorité, ne deviennent pas pour autant les clients de cette source — ce qui, on le verra, irait contre les intérêts de leur patron.

La transformation de l'infrapuissance en souspuissance

Pitt-Rivers a fort bien vu comment les relations de clientèle s'articulaient à l'appareil gouvernemental, en transformant au palier des collectivités locales des relations qui normalement devraient être d'infrapuissance en relations de souspuissance.

La collectivité locale, dit-il, est formée d'individus identifiables, tandis que l'État se construit sur des catégories anonymes, produit de l'abstraction et de la généralisation. Les sanctions qui viennent de la collectivité s'appliquent de façon inductive, tandis que celles qui viennent de l'État ont plutôt un caractère déductif. Mais quand elles sont appliquées par les employés de la municipalité ou par le percepteur de taxes, qui sont eux-mêmes membres de la collectivité locale, elles ne peuvent pas ne pas tenir compte des connaissances dont disposent ces fonctionnaires sur les individus administrés. Tout se passe, précise Pitt-Rivers, comme si on avait un syllogisme dont la loi constituait la majeure et dont la décision du fonctionnaire constituait la mineure. L'action à poser en découle à titre de conclusion. L'auteur ajoute qu'entre la majeure et la mineure, il y a évidemment la hiérarchie gouvernementale. Moins le fonctionnaire a un poste élevé dans cette hiérarchie, moins il se préoccupe de la logique de la loi et du pouvoir de ceux qui sont en haut, et plus il est dépendant de la collectivité locale (1961, pp. 209-220). Autrement dit, il est davantage un surpuissant qu'un suprapuissant.

Pitt-Rivers donne un exemple qui illustre cette adaptation au terrain, par laquelle la transduction administrative, impérative dans le système officiel, devient plus coopérative dans le système officieux :

Majeure : le Parlement impose une taxe aux chauffeurs de taxi.
Mineure : un fonctionnaire décide que X est un chauffeur de taxi.
Conclusion : X doit payer la taxe.

Mais, dans certaines conditions, il peut se produire plutôt ceci :

Majeure : *idem.*
Mineure : X a l'habitude de travailler pour de l'argent, sauf quand il transporte des fonctionnaires.
Conclusion : X n'a pas besoin de permis, car il est un ami. Il n'a rien à payer. (1961, p. 210.)

Ailleurs, l'auteur indique comment cette transformation, qui réduit la suprapuissance du fonctionnaire à de la surpuissance, fait l'affaire d'un peu tout le monde dans la collectivité locale, y compris le fonctionnaire lui-même. Soit un inspecteur des eaux qui, usant de sa suprapuissance, applique les règlements de façon trop stricte. Il risque alors de ruiner les propriétaires de moulins de la ville. Un tel résultat est évidemment mauvais pour les propriétaires, mais il l'est également pour l'inspecteur qui ne pourrait plus alors imposer ces amendes dont il conserve une part personnelle. Par contre, s'il laisse tout passer, se limitant à un pouvoir négatif, non seulement il risque de mécontenter ses supérieurs, mais il ne tire pas avantage de ses moyens de pouvoir. En établissant des relations de clientèle, il ajuste l'appareil gouvernemental aux besoins de la collectivité, suivant une stratégie qui, de suprapuissant, le rend surpuissant, afin de maintenir au mieux son pouvoir personnel.

La transformation de la non-suprapuissance en surapuissance

Le comportement des fonctionnaires qui acceptent d'établir des relations de clientèle semble donc représenter la meilleure adaptation stratégique qui soit dans la recherche du pouvoir, et plus précisément, selon notre hypothèse, dans la transformation de la non-suprapuissance en suprapuissance.

Pitt-Rivers indique assez clairement comment les fonctionnaires opèrent cette transformation. Si l'inspecteur ne consent pas aux propriétaires de moulins des relations de clientèle qui leur permettent de se maintenir, il rend pratiquement inopérant le lien administratif de transduction où il a autorité sur eux. Les relations de clientèle lui permettent de sauvegarder la possibilité d'exercer sa suprapuissance, en certaines occasions.

On a aussi à Alcalá un patronage des gouvernants officiels et de leurs associés. Ces associés, comme nous l'avons montré, ont des positions réelles de gouvernants, même s'ils n'occupent pas des postes officiels. Nous avons signalé, entre autres, le cas des « patrons » qui, en signant des formulaires, permettaient à leurs clients d'obtenir des prestations qu'ils n'obtiendraient pas autrement.

Même si Pitt-Rivers ne le dit pas explicitement, il semble bien que ces relations de patronage permettent au groupe dirigeant d'Alcalá de maintenir sa position forte, en particulier dans des conflits qui, autrement, pourraient tourner à son désavantage. Un cas rapporté en détail par Pitt-Rivers nous permettra de voir comment le patronage transforme la non-suprapuissance en suprapuissance, tout en obéissant aux lois structurales de connexité et de cohésion. Notons pour le moment avec lui comment les connaissances que le patron obtient, grâce à ses clients, lui sont utiles dans les conflits qui l'opposent à d'autres personnes d'Alcalá. L'importance du client dans les relations de patronage se voit en particulier à ce qu'il « fournit de l'information qui permet au patron de mieux évaluer la situation [...] Donner de l'information à autrui au sujet de vos affaires vous place dans une position faible par rapport à lui, car il n'est plus réduit alors à des conjectures à votre sujet. » (1961, p. 207.) Ailleurs, il note que le patronage d'un ami du maire sert à ce dernier par les appuis qui lui sont ainsi apportés (1961, p. 152). Ces appuis sont des moyens de pouvoir que le maire met au service de sa suprapuissance.

Patronage et lois structurales

Le patronage des fonctionnaires permet, dans une certaine mesure, de maintenir dans le processus la connexité qui relie Alcalá aux gouvernements supérieurs. Comme nous l'avons déjà noté, si le fonctionnaire n'adaptait pas parfois aux besoins des gouvernés les décisions qu'il traduit, il y aurait risque que les relations qu'il entretient avec les gouvernés s'atténuent ou disparaissent tout à fait — sans évoquer la possibilité que les « patrons » politiques d'Alcalá l'utilisent comme un instrument administratif de leurs propres relations de patronage[2].

De façon sommaire, on peut représenter l'opposition exprimée par Pitt-Rivers entre le principe d'autorité qui règle les relations gouvernementales et le principe d'égalité qui règle les relations communautaires. Soit un poste indéterminé qui correspond au gouvernement central, le poste de maire, un poste de fonctionnaire inspecteur, ainsi que trois acteurs locaux, dont on verra que l'un d'entre eux agit comme patron. Ces six postes figurent dans le graphique 9.

Graphique 9 : Relations de puissance à Alcalá, moins les liens de patronage

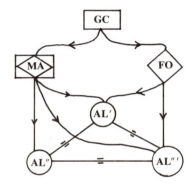

GC : gouvernement central
MA : maire
FO : fonctionnaire
AL′, AL″, AL‴ : acteurs locaux

Pour simplifier, nous avons posé que toutes les relations gouvernementales avaient, dans le système officiel, la forme de la suprapuissance, et toutes les relations communautaires, c'est-

---

[2]   La transformation qui permet de maintenir cette connexion peut être formulée de la façon suivante :

$$T > E \rightarrow \overline{T \geq E} \Rightarrow \overline{(t \neq e)} \rightarrow t > e$$

Soit littéralement : le fonctionnaire **T** transforme un lien officiel de suprapuissance envers un gouverné **E** en un lien non officiel de surpuissance, mais c'est pour transformer d'autres liaisons qui pourraient être de coimpuissance, et par là non officielles, en liaisons plus impératives, conformes au système officiel auquel il est soumis.

à-dire d'effection, la forme de la copuissance. Cette simplification semble d'ailleurs conforme à celle que fait lui-même Pitt-Rivers quand il dégage les traits généraux de la « structure politique » d'Alcalá (1961, p. 158).

Cette « structure » est cohésive sauf lorsqu'il arrive que dans les relations d'effection la copuissance généralisée laisse place à des relations « négatives » de coimpuissance ou de suprapuissance. Or, il semble que le patronage se fonde sur ces failles toujours possibles de la cohésion, de même que sur la nécessité, déjà signalée, de maintenir la connexité au profit des gouvernements supérieurs à celui d'Alcalá. Un cas étudié dans le détail par Pitt-Rivers (1961, pp. 141-154) le démontre et nous permettra de comprendre plus largement en quoi le patronage politique est un opérateur de cohésion structurale.

Il s'agit d'une dispute entre un dénommé Fernando et deux de ses voisins, Curro et Juanito. Nous les identifierons comme **AL′** (Fernando), **AL″** (Curro) et **AL‴** (Juanito). Fernando est un riche propriétaire, un chef syndical et un ami du maire d'Alcalá. Il est lui-même un ancien maire de la ville. En plus de ses relations de bon voisinage qui ont la forme de la puissance réciproque, Fernando agit aussi comme patron auprès de voisins susceptibles de payer l'amende à un inspecteur gouvernemental. Grâce à ses relations d'amitié avec cet inspecteur, Fernando obtient que l'amende ne soit pas payée. En retour, le client donne son appui à Fernando et au groupe dirigeant qui gravite autour du maire, ce qui contribue à maintenir la position dominante de ce groupe[3].

Les relations de patronage et d'amitié viennent s'ajouter ou se substituer à certaines relations du graphique. Si bien qu'on a maintenant la configuration suivante (graphique 10).

---

[3] Cet exemple illustre bien la transformation opérée par le patronage de Fernando et celui d'autres patrons politiques d'Alcalá. On peut la formuler ainsi :

$$T > E \rightarrow \overline{E \geqslant SE = S = T} \Rightarrow SE = S \neq \overline{S} \rightarrow se = s > \overline{s}$$

Autrement dit, le patronage des effecteurs associés au groupe dirigeant **SE** transforme la suprapuissance officielle des transducteurs auprès des clients **E** en une connexion non officielle où la relation de clientèle est de surpuissance et affecte la transduction. Par l'appui des clients, le patron transforme une sélection, compétitive dans le système officiel, en une connexion de suprapuissance dans le processus qui oppose le groupe dirigeant d'Alcalá **S** aux autres aspirants à la sélection $\overline{S}$.

On notera que nous avons fait de Fernando (**AL′**) un gouvernant en même temps qu'un gouverné pour marquer qu'il
est associé au groupe dirigeant d'Alcalá.

Graphique 10 : Relations de puissance à Alcalá, y compris les liens de patronage

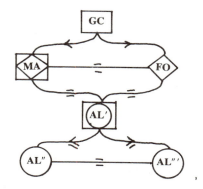

GC : gouvernement central
MA : maire
FO : fonctionnaire (inspecteur)
AL′ : premier acteur local (Fernando)
AL″ : deuxième acteur local (Curro)
AL‴ : troisième acteur local (Juanito)

On voit que les relations de patronage et d'amitié sont
facteurs de cohésion. Le maire et l'inspecteur forment avec
Fernando une coalition cohésive. Les liens de patronage de
Fernando avec ses voisins permettent d'étendre le bloc cohésif jusqu'à eux. Ce bloc peut toutefois se scinder, de façon à
respecter quand même les lois de coordination.

Ce cas donne d'abord lieu à une coalition de Fernando
(**AL′**) et de Juanito (**AL‴**) contre Curro (**AL″**), qui refuse le
patronage de Fernando. On a alors une relation positive contre deux relations négatives, ce qui forme un ensemble cohésif.
Fernando (**AL′**) fait exécuter des travaux qui ont pour effet
de doubler la capacité de son moulin, mais qui du même coup
assèchent les terres de ses voisins Curro et Juanito. Il en vient
secrètement à une entente avec Juanito et un contrat est signé
entre eux, qui dédommage largement celui-ci du tort que font
subir à ses terres les travaux de Fernando. Notons que ce con-

trat est officiel et qu'il est donc signé en dehors des relations de patronage, non officielles, qui lient Fernando et Juanito.

Fernando offre également à Curro une compensation, mais celui-ci refuse. Il demande plutôt au caporal de la garde civile, un fonctionnaire au service du conseil municipal, de faire cesser les travaux. Celui-ci le renvoie au maire qui se déclare incompétent en ces matières, le renvoyant à la commission des eaux, dont le siège est à Séville. Curro, à ce moment et même avant, tente de s'allier des voisins et amis, mais tous sauf un refusent de s'en prendre à Fernando.

Curro fait ensuite appel à un avocat qui accepte de défendre sa cause devant les tribunaux, même si un de ses amis lui déconseille d'agir ainsi. Il y a procès à Alcalá. Curro le perd et doit payer les frais. De toute évidence, les liens d'amitié de Fernando ne sont pas étrangers à cette décision du tribunal.

D'autre part, le contrat entre Juanito et Fernando n'ayant pas été observé par ce dernier, la femme de Juanito intente un procès où elle plaide contre Fernando pour bris de contrat avec dommage à sa propriété. Cette fois, Fernando perd le procès et doit payer les dommages et les frais. On voit ce qui fait la force et la faiblesse de Fernando. Pitt-Rivers écrit à ce sujet :

> Le pouvoir de Fernando repose sur sa position forte en matière syndicale, sur le fait qu'il est un ancien maire d'Alcalá, sur sa capacité de faire des choses, sur son influence auprès des gens et sur l'allégeance qu'ils lui accordent. Il est à la fois un membre du groupe dirigeant et un membre du *pueblo* (i.e. du peuple) [...] S'il perd l'allégeance des gens de la vallée, il n'est plus utile au maire, si bien qu'il ne peut pas se permettre de dresser ces gens contre lui. (1961, p. 152.)

Plus précisément, cet exemple montre comment s'articulent ce qu'on peut nommer, après Pitt-Rivers, l'État, la communauté et le patronage, ainsi que les principes d'autorité, d'égalité et d'asymétrie (« a kind of lop-sided friendship ») qui les fondent. Il est interdit par la loi, donc par l'État, de détourner un cours d'eau, comme le fait Fernando. C'est aussi contraire à la tradition de la vallée. Mais, dans le cas présent, seuls Curro et Juanito sont affectés, au profit d'un homme dont la plupart de ses voisins sont dépendants à titre de clients qui profitent de sa puissance auprès des dirigeants d'Alcalá. De plus, quelle que soit la loi, il est mal vu de ne pas accepter de s'arranger avec un voisin. C'est pourquoi le refus de Curro de s'entendre avec Fernando ne lui attire aucun appui ou presque, tandis que le contrat que Juanito passe avec Fernando est conforme avec la tradition et les valeurs du *pueblo*.

Sur ce plan, tout se passe comme si les valeurs du voisinage et de la communauté l'emportaient sur celles du patronage, et celles-ci sur celles de l'État. Plus exactement, les valeurs du patronage médiatisent en quelque sorte celles de la communauté et celles de l'État, tout comme les relations de patronage médiatisent, selon Pitt-Rivers, les relations étatiques et les relations communautaires[4]. Celui-ci écrit à ce sujet que « la tension entre l'État et la communauté est équilibrée par le système du patronage » et encore que « par le système du patronage, la volonté de l'État est adaptée à la structure sociale du *pueblo* » (1961, p. 155).

C'est justement parce que Curro refuse le système communautaire des relations de bon voisinage et s'attaque au système du patronage qu'il est défait et qu'il ne trouve à peu près personne pour approuver son action. Au contraire, la victoire de Juanito sur Fernando montre que le respect des relations communautaires importe davantage que celui des relations de patronage, ou plus exactement que celles-ci ne peuvent se maintenir si elles ne sauvegardent pas la copuissance qui est leur trait commun avec le lien d'amitié entre voisins.

Sans préjuger de nos conclusions, on peut noter dès maintenant que cette opération de médiation de l'opposition entre la communauté et le gouvernement semble propre aux sociétés méditerranéennes, du moins si on les compare aux sociétés africaines. Dans ces sociétés, le patronage nous est le plus souvent apparu comme un opérateur qui résout plutôt des oppositions internes à l'appareil gouvernemental. Bien sûr, cette opération se manifeste aussi dans les sociétés méditerranéennes, surtout lorsque plus d'un parti sollicite l'appui des gouvernés et que ceux-ci ne forment pas une communauté très solidaire — ce qui était le cas des Sarakatsans. Mais toujours elle se conjugue plus ou moins avec l'opération de médiation qui est

---

[4] Rappelons que la surpuissance ($\geqslant$), caractéristique des relations de clientèle, comprend la suprapuissance ($>$), caractéristique des relations étatiques, et la copuissance ($=$), caractéristique des relations communautaires. Il y a donc médiation au sens strict.

en quelque sorte rendue nécessaire dans les sociétés complexes, ou bien par la faiblesse de l'appareil gouvernemental ou bien par sa lourdeur.

On peut maintenant analyser, avec ces préoccupations en tête, le cas italien, en nous limitant toutefois à la grande région du Midi et des Îles, la seule sur laquelle nous disposions de bonnes études du patronage — ce qui n'est d'ailleurs pas le fruit du hasard.

L'Italie du Midi et des Îles

Les deux premières parties de ce chapitre étudiaient le patronage politique au niveau des collectivités locales, en se fondant pour cela sur deux monographies. Le patronage au niveau du gouvernement central n'était vu que dans le prolongement du patronage local, sans qu'on pousse bien loin l'analyse des relations gouvernementales à ce niveau suprême des sociétés. Maintenant, sans renverser tout à fait la perspective, nous tenterons de montrer un peu plus précisément comment le patronage dans l'Italie du Midi et des Îles trouve l'une de ses conditions dans le gouvernement de Rome. Nous utiliserons pour cela plusieurs auteurs et noterons des variations dans le temps ou dans l'espace, propres à faire ressortir le jeu de la double « fonction » noté dans la section précédente : la résolution d'oppositions internes à l'appareil gouvernemental (gouvernants ou fonctionnaires) et la médiation d'oppositions entre l'appareil gouvernemental et le peuple des gouvernés.

La disjonctivité des relations de clientèle

Plusieurs auteurs ont noté que l'administration italienne avait plus que d'autres la réputation de permettre la disjonctivité, nécessaire à l'exercice du patronage. Un auteur aussi prudent que Jean Meynaud écrit :

> Beaucoup d'observateurs [...] jugent considérable [la vénalité des agents publics] et ceci à tous les niveaux de l'appareil gouvernemental (des fonctionnaires importants se laissant séduire par des combinaisons affairistes, les plus petits des agents subordonnant au versement d'une gratification l'accomplissement d'une formalité ou l'octroi d'un tour de faveur pour la réalisation de celles-ci). (1964, p. 53.)

Selon Meynaud, il est très difficile d'évaluer la portée exacte de ces imputations, mais si l'on considère les seuls cas où les délits commis ont été publiquement dévoilés, on arrive déjà à une liste impressionnante. Et il ajoute :

> En définitive, il serait déraisonnable et contraire aux faits de déclarer que toute la bureaucratie italienne est effectivement corrompue. Il semble en tout cas permis d'avancer qu'elle est corruptible, plus corruptible en tout cas que celle des autres pays d'Europe occidentale. (1964, p. 54.)

Même si Meynaud qualifie cette vue d'un peu unilatérale, il signale qu'on attribue souvent le développement de ces pratiques fâcheuses (« clientélisme », favoritisme, rôle des *mediatori*...) à la méridionalisation de la fonction publique, c'est-à-dire à la prépondérance du Midi et des Îles.

Une enquête faite en 1961 indiquait d'ailleurs que le nombre des agents publics s'établissait comme suit, pour chaque fraction de 100 000 habitants : Îles, 127,5 ; Midi péninsulaire, 102,9 ; Italie nord-orientale et centrale, 48,4 ; Italie nord-occidentale, 15,4 seulement (Meynaud, 1964, p. 48).

Pour Pizzorno (1966, p. 57), les conditions favorables au patronage politique dans le Sud de l'Italie se trouvent aussi dans l'isolement dans lequel les liens paternalistes des propriétaires ont tenu les paysans, par ailleurs compris dans des liens de parenté très étendus. Les seuls contacts avec l'État ont été réalisés par les propriétaires et les avocats et ils se sont faits par voie de patronage.

Schneider (1965) note elle aussi comment les relations de patronage en Italie du Sud s'expliquent par une longue tradition de « féodalisme ». Ces relations féodales qui permettent de relier la ville à la campagne prennent aujourd'hui la forme du patronage des notables ou des partis. Toutefois, Tarrow (1967, p. 69) note que ces relations de clientèle se distinguent des relations féodales en ce qu'elles sont non officielles. Autrement dit, elles ne sont pas reconnues dans le système gouvernemental officiel, à la différence de ce que nous avons observé en Afrique de l'Est et dans l'Europe médiévale. Le même auteur note le caractère disjonctif de ces connexions. À propos des relations qui lient un paysan à un propriétaire ou à un notable dans le Sud, il écrit (p. 168) :

> Un propriétaire ou un professionnel peut avoir des relations de clientèle avec plusieurs familles de paysans, mais chacun de ces liens est

vertical et indépendant des autres, ce qui a pour effet de décourager toute organisation horizontale de nature permanente chez les paysans.

Le parti démocrate-chrétien, dominant en Italie depuis la fin de la deuxième guerre mondiale, est tout particulièrement puissant dans le Sud. La Palombara (1964) a bien montré dans son livre sur les groupes d'intérêt en politique italienne les relations de clientèle entre un groupe aussi important que l'Action catholique et le parti dominant, et comment elles impliquaient les fonctionnaires, dont on vient de voir, avec Meynaud, la « corruptibilité[5] ».

Tarrow (1967, pp. 332-335) a d'ailleurs montré que d'autres groupes dans le Sud, dont l'Association italienne des travailleurs catholiques et la Fédération des syndicats catholiques, entretiennent aussi des relations de clientèle avec la Démocratie Chrétienne.

Les membres de ces groupes peuvent obtenir du parti ministériel des prestations individuelles, selon les modalités traditionnelles du patronage : travaux de voirie, postes obtenus grâce à des lettres de recommandation. Mais, de plus en plus, ils profitent plutôt de projets de développement, subventionnés par l'État, et qui sont dirigés, par voie de patronage, vers les milieux où ils se trouvent en force. La Démocratie Chrétienne obtient en échange d'importants blocs de votes qui lui permettent de maintenir sa domination dans le Sud. Selon Tarrow, plusieurs déplacements électoraux dans cette partie de l'Italie s'expliquent par le changement d'allégeance partisane de patrons influents (1967, p. 77).

---

[5] La Palombara nomme *parentela* ce type de relations, qu'il définit ainsi : « La *parentela* implique une relation relativement exclusive et intégrale entre certains groupes d'intérêt d'une part, et le parti dominant [le parti démocrate-chrétien] d'autre part. » (1964, p. 306.) Ces relations se distinguent de la *clientela* ainsi définie : « Il y a relation de *clientela* lorsqu'un groupe d'intérêt, pour une raison quelconque, réussit à apparaître aux yeux d'un service administratif comme l'expression naturelle et représentative d'un secteur social qui, en retour, constitue le domaine d'exercice ou de référence de ce service administratif. » (1964, p. 262.) D'après ces définitions, les deux types de relations se situent à des phases différentes de la gouverne. Les relations de *clientela* s'établissent entre le transducteur et l'effecteur, tandis que les relations de *parentela* s'établissent plutôt entre le sélecteur et l'effecteur.

Ces faits aident à comprendre la description faite par d'autres auteurs de la pratique du patronage au niveau local, que la source d'autorité soit le gouvernement local ou le gouvernement central.

Weingrod (1968, p. 385), dans son étude du patronage en Sardaigne, donne à titre d'exemples les cas suivants, dont on ne peut pas toujours affirmer qu'ils sont des cas de patronage *politique* plutôt que de protection : 1) le gérant local d'une banque nationale accorde des prêts à des personnes susceptibles de l'appuyer lors de la prochaine élection municipale ; 2) une école maternelle est accordée à un village grâce à l'intervention de religieuses auprès d'un gouvernant, alors que le conseil municipal qui est d'un parti autre que le parti dominant n'a pu obtenir cette école ; 3) le chef d'un organisme public important utilise ses employés comme travailleurs d'élection au cours d'une campagne électorale ; 4) les propriétaires terriens, partisans du parti gouvernemental, reçoivent des prêts du gouvernement central alors que les autres propriétaires ne connaissent même pas l'existence de ces prêts ; 5) un membre élu d'une assemblée régionale obtient des permis pour plusieurs des familles qui l'ont appuyé ; 6) un projet de développement local, qui s'inscrit dans un cadre international, échoue parce que le personnel clé de ce projet ne peut être intégré dans l'organisation administrative, dominée par un parti.

De ces six cas, seuls le premier, le quatrième et le cinquième peuvent être définis de façon sûre comme des cas de patronage politique. Dans le second cas, Weingrod ne nous dit pas que les religieuses cherchent à rendre leur pouvoir plus impératif auprès des villageois, et dans le troisième on ne sait pas non plus si le chef de l'organisme public cherche à augmenter son pouvoir. Quant au dernier cas, on peut le définir comme un cas de patronage négatif : le projet échoue parce que les patrons partisans n'ont pas la capacité ou l'intérêt de se faire des clients du personnel clé du projet.

Maraspini (1968, pp. 111-112), pour sa part, montre comment le patronage dans un village du Salento peut impliquer un grand nombre d'instruments administratifs entre le patron et la source d'autorité gouvernementale. Il cite le cas d'un jeune homme, diplômé en droit, qui est enrôlé dans l'armée où il espère obtenir un grade. Mais il lui faut, pour cela, se soumettre à plusieurs stages d'entraînement et à des examens, dans un domaine où il est peu doué. Toutefois, son père est un bon ami du maire. Celui-ci lui remet donc une lettre qui l'introduit auprès du président du bureau d'enrôlement. Cette lettre a pour résultat de le rendre admissible au premier examen, où il se présente avec une nouvelle lettre de recommandation au président du jury d'examen. Il passe cet examen et toutes les autres étapes, grâce à des recommandations qui sont en quelque sorte engendrées par la recommandation initiale du maire. Il obtient finalement son grade, mais est assigné à un poste à Venise, ce dont il se plaint, car un collègue qui a eu moins de succès à l'examen final a pourtant obtenu un poste à Rome, où habitent ses parents. Notre jeune homme admet toutefois que ce collègue avait une recommandation plus forte que la sienne !

Boissevain, dans son article sur le patronage en Sicile (1966), a également donné quelques cas qui illustrent les cheminements divers du patronage politique. Ces exemples, ainsi que la discussion plus générale que mène Boissevain des phénomènes de patronage, montrent bien que la relation de clientèle peut n'être qu'un relais dans des connexions qui mettent également en œuvre des relations d'amitié et de parenté.

Boissevain (1966, pp. 25-28) donne trois cas que nous résumerons rapidement. Dans le premier, il s'agit d'un étudiant qui cherche à entrer en contact avec un professeur afin de présenter une thèse, même si le délai d'inscription de cette thèse est expiré depuis deux mois. Les intermédiaires politiques entre lui et ce patron potentiel sont successivement : un avocat, secrétaire à Leone du parti démocrate-chrétien, le cousin de l'avocat, le frère du cousin qui a des amis à l'université, l'assistant du professeur qui est le *carrissimo amico* du précédent, et finalement le professeur qui accepte la thèse à condition que l'étudiant fasse de la propagande pour lui en vue d'une élection où il est candidat. Et, dit Boissevain, la thèse fut reçue et jugée très bonne, mais le professeur n'a pas été élu !

Le deuxième cas est celui d'un individu qui cherche à obtenir un poste de fonctionnaire municipal à Leone. Il s'adresse donc à deux patrons qui agissent à titre d'instruments politiques auprès des gouvernants municipaux : un de ses anciens commandants militaires qui connaît bien un des membres du conseil, et un avocat qui connaît un autre membre du conseil. Boissevain note qu'avec l'avocat au moins, un lien durable de clientèle s'instaure.

Quant au dernier cas, l'enjeu en est l'admission à l'université de Palerme du fils d'un enseignant de Leone. Cet enseignant estime qu'un collègue manœuvre afin d'empêcher cette admission. Il a alors recours à son frère qui connaît un important personnage de Palerme. Celui-ci fait pression sur un client, qui est celui qui décide de l'admission à l'université. L'admission est donc acquise, malgré les manœuvres du collègue.

Notons cependant que ce dernier cas ne correspond pas à notre définition du patronage politique. D'abord parce qu'il s'agit uniquement du « gouvernement » de l'université, et ensuite parce que le « fonctionnaire » de l'université qui facilite l'admission du fils ne peut être considéré comme le patron de celui-ci. Il est plutôt l'aboutissement d'une séquence de relations personnelles, dont quelques-unes peuvent être des relations de clientèle — mais le fils admis à l'université n'est manifestement pas le client dans aucune de ces relations. Boissevain fait remarquer que le fonctionnaire de l'université est le client du personnage important de Palerme et que le comportement du collègue ennemi est scruté par des clients du père et de son frère (1966, p. 27).

Si on peut conclure avec Boissevain que les relations de patronage participent à des processus en chaîne dont les relations de parenté et d'amitié forment des maillons, tout comme les relations de patronage, il reste que la double transformation opérée par ceux-ci leur est spécifique. Nous exigeons qu'elle soit inhérente pour parler de patronage politique.

À partir des quelques cas véritables de patronage politique que nous venons de recenser, il reste à montrer comment se réalise, dans l'Italie du Midi et des Îles, cette transformation spécifique.

La transformation de l'infrapuissance en souspuissance

Schneider (1965) et Pizzorno (1966), entre autres, ont montré comment le système administratif officiel en Italie s'opposait tout à fait à la disjonctivité. Pizzorno distingue à cet

égard le système « anglo-saxon », qui présume que les différents intérêts ont une capacité à peu près égale de se faire
valoir auprès des administrations, et le système « européen »
qui, partant de la présomption contraire, confie à l'administration le soin d'imposer l'égalisation. Il est évident que, dans
notre optique, le système européen se distingue de l'autre par
des décisions plus conjonctives, seules capables, croit-on, de
produire l'égalisation tout en maintenant l'impérativité des
fonctionnaires. Dans le système anglo-saxon, au contraire, le
libre jeu des intérêts ne peut produire ses effets que si les
fonctionnaires prennent des décisions moins conjonctives.

Toutefois, il en va autrement hors du système officiel.
Selon Pizzorno, les fonctionnaires italiens, dans le Sud, ont
encore un esprit prénapoléonien, contraire au système officiel,
qui les incline à céder aux intérêts de groupes et d'individus
privilégiés. La Palombara, pour sa part, explique cette incli-
nation à la *parentela* par les forces profondes d'une société qui,
depuis la fin du fascisme, apparaît comme fragmentée et peu
encline au compromis (1964, p. 311). Les relations de clientèle s'opposent non seulement au caractère très conjonctif du
système administratif officiel, mais aussi à la suprapuissance
des fonctionnaires envers les gouvernés, prévue par le système
officiel.

Le patronage politique devient alors un moyen de résoudre
l'incompatibilité entre le caractère rigide de la loi et la fragmentation de la vie sociale. Il transforme pour cela des relations
d'infrapuissance en relations de souspuissance.

Cette transformation ressort clairement des quelques cas
de patronage évoqués et elle n'a d'ailleurs pas échappé aux
auteurs cités. Weingrod exprime cette transformation en termes
de favoritisme, d'opposition entre des liens très personnels et
des critères universalistes, propres à une administration vraiment publique où les « connexions » (c'est-à-dire les appuis)
ne servent à rien (1968, p. 386). Maraspini voit cette transformation en termes politiques, qui conviennent mieux à
notre propre analyse. Pour lui, le patronage consiste à faire en
sorte que le fonctionnement impartial de l'appareil bureaucratique soit affecté par des influences extérieures et détourné
vers des voies plus acceptables à certaines personnes — ce qui
suppose évidemment que la transduction ne soit pas commandée

uniquement par les fonctionnaires. Maraspini reconnaît cette non-impérativité du fonctionnaire quand il écrit que la *recomandazione* — ou appui d'un patron à son client — consiste à utiliser les relations personnelles qu'on a avec un fonctionnaire pour influencer l'action que celui-ci est autorisé à poser (1968, p. 111).

Boissevain, pour sa part, nous montre le Sicilien comme « soumis à l'autorité d'un gouvernement impersonnel dont les mesures sont administrées par des bureaucrates qui cherchent à tirer des avantages personnels de leurs postes officiels et qui sont susceptibles d'être manœuvrés par ses adversaires » (1966, p. 21). Les trois exemples qu'il donne montrent comment on s'y prend pour influencer en sa faveur la bureaucratie gouvernementale, ou universitaire. Il en conclut que les relations de clientèle, ainsi que les relations d'amitié et de parenté qui s'y rattachent, fournissent un système de communication parallèle à celui, plus officiel, du gouvernement, ce qui permet, comme l'ont noté Campbell (1964) et Pitt-Rivers (1961), de relier de façon plus personnelle le village à l'appareil gouvernemental. Que ces connexions parallèles aient pour effet d'affaiblir le caractère impératif de la transduction, Boissevain le reconnaît quand il écrit que le patronage « mène au népotisme, à la corruption, au trafic d'influence, et [...] par-dessus tout, il affaiblit la règle de droit » (1966, p. 30).

En somme, par le patronage politique, des gouvernés infrapuissants envers les fonctionnaires deviennent souspuissants envers leurs patrons et influencent ainsi les transductions qui les affectent.

La transformation de la non-suprapuissance en suprapuissance

Au moins deux des cas rapportés par Weingrod ne pouvaient pas être définis, sans plus d'information, comme des cas de patronage politique, parce que l'auteur ne montrait pas comment le patron, grâce à la relation de clientèle, assurait sa suprapuissance. Par contre, dans les autres cas de patronage positif, cette transformation était signalée. Elle s'opérait toujours dans la compétition électorale, où le patron se trouvait en meilleure position, grâce aux appuis de ses clients.

Dans l'exemple donné par Maraspini, c'est le maire qui agit comme patron, en déclenchant la séquence des lettres de recommandation et on peut penser qu'il le fait en échange d'un appui déjà acquis ou éventuel, susceptible d'améliorer ses chances de demeurer en place et de dominer la vie politique locale.

Boissevain signale dans la description de son premier cas de patronage que le professeur exige de son étudiant-client qu'il l'aide dans sa campagne électorale en vue d'obtenir un poste de député. L'une des deux relations de clientèle qui se produit dans le deuxième cas, celle établie entre le candidat au fonctionnarisme et l'avocat, comporte l'obligation pour le client de défendre le nom du patron et de lui fournir des services sur le plan local (Boissevain, 1966, p. 27). Dans le dernier cas, le préposé à l'admission à l'université rend à son patron un service propre à lui maintenir pour le moins l'appui de la famille qui profite de cette admission — à supposer que cette famille soit cliente de ce patron, ce que Boissevain ne précise pas.

Plus généralement, ces trois auteurs et d'autres qui ont étudié le patronage politique dans l'Italie du Midi et des Îles ont montré comment il faisait l'affaire du parti dominant, le parti démocrate-chrétien, et secondairement des autres partis politiques.

La Palombara note à ce sujet que la force des relations de *parentela* d'un groupe peut établir avec un parti dépend du nombre de votes que ce groupe peut apporter au parti (1964, p. 333). De l'avis même d'un député italien, « le pouvoir électoral de l'Action catholique constitue une des armes majeures dont elle se sert pour mettre au pas même les députés qui ne sont pas membres de l'Action catholique ou des autres organisations catholiques » (p. 334).

Constatant le même phénomène, Schneider dit plus explicitement que les intermédiaires entre l'État et les communautés locales offrent leur capacité de « connexion » en échange de privilèges et de pouvoirs accrus (1965, p. 41). Plus loin, elle remarque que si le patron compte sur la loyauté de ses clients, c'est parce que ses relations avec d'autres personnes dépendent de façon importante du nombre de gens qu'il peut tenir en main. À cet égard, la politique, selon elle, prévaut sur la protection (p. 262), ce qui correspond à notre propre façon de voir le patronage.

Ajoutons qu'au niveau local, les appuis que le patron trouve chez ses clients n'ont pas uniquement pour effet d'augmenter son pouvoir électoral. En Sicile comme à Alcalá et chez les Sarakatsans, les clients servent également à maintenir la domination du patron sur ses adversaires ou ses ennemis. D'où l'importance du prestige et de l'information à cette fin :

> Les clients veillent sur la bonne renommée de leur patron et l'informent des activités de ses ennemis. Il est dans leur intérêt d'agir ainsi, car plus leur patron est puissant, plus il est capable de les protéger [...] Dans une société où le prestige est mesuré par les ressources dont une personne dispose pour maintenir ou promouvoir la position sociale de sa famille, une clientèle de personnes aptes à rendre différents services constitue un atout considérable. (Boissevain, 1966, p. 23.)

Toujours, on le voit, l'appui des clients augmente pour le moins la probabilité de la suprapuissance du patron, que ce soit dans la compétition électorale ou plus généralement dans la compétition politique entre les gouvernants et leurs associés.

Patronage et lois structurales

Étant donné que notre étude du patronage politique dans l'Italie du Midi et des Îles n'a pas porté sur une ou des communautés locales particulières, et qu'elle ne s'est pas employée non plus à l'analyse systématique des relations du gouvernement central avec cette région, nous allons conduire maintenant une analyse typologique de la situation du patronage dans l'organisation gouvernementale de l'Italie. Cette analyse plus abstraite préparera la conclusion, en plus de faciliter le passage au chapitre portant sur l'Amérique du Nord.

En Italie comme en Grèce, en Espagne et en Afrique de l'Est, la relation de clientèle peut d'abord relier directement un gouvernant et un gouverné, sans qu'un relayeur ait à les mettre en présence l'un de l'autre, ou encore ait à acheminer vers le client les prestations qui lui sont allouées grâce à l'intervention du patron. C'est le premier cas signalé par Weingrod, où un gérant de banque accorde des prêts à des personnes susceptibles de l'appuyer au cours d'une campagne électorale. Le patronage est alors *privé* plutôt que *public*, mais on n'a qu'à

remplacer le gérant par un maire, et le prêt par une faveur personnelle de celui-ci (un permis, une exemption de taxe...),
pour avoir un cas, public celui-là, de clientélisme direct. On
peut illustrer ainsi ce premier type où **S** représente un sélec-
teur-patron et **E** un effecteur-client.

Mais le plus souvent, les gouvernants locaux ou nationaux ne peuvent accorder des enjeux à leurs clients sans faire
agir les fonctionnaires. Ceux-ci agissent alors comme relayeurs.

Il y a relais de fonctionnaire à gouvernant si, par exemple, le membre élu d'une assemblée régionale, dont parle Weingrod, transmet lui-même des permis aux familles qui l'ont
appuyé. On a alors le graphique suivant :

Comme l'indique ce graphique, la relation de clientèle
de **S** à **E** exige qu'il y ait suprapuissance de gouvernant à fonctionnaire. Il y a autorité centrée ou semi-acentrée selon le processus, tandis que la cohésion est bi-polaire, les deux blocs
étant **(S, E)** et **(T)**.

Toutefois, il arrive que des relayeurs politiques s'ajoutent
aux relayeurs administratifs. Un autre cas, parmi ceux déjà
rapportés, illustre bien ce type de configuration. C'est celui
de Maraspini où le maire, patron d'une jeune recrue, donne à
celui-ci une lettre de recommandation qui en engendre d'autres, et ce jusqu'à la source gouvernante qui transduit vers la
recrue le grade recherché. Si l'on s'en tient à la phase politique, on peut représenter ainsi cette connexion :

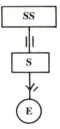

Nous avons représenté le patron par **S**; le caractère rectangulaire du poste indique qu'il est un gouvernant à son palier, mais sa position inférieure à celle de **SS**, le sélecteur suprême, rappelle qu'il ne gouverne que par délégation d'autorité. La relation de clientèle entre **S** et **E**, prolongée par un relais coopératif entre **S** et **SS**, se traduit par une autorité centrée ou semi-acentrée, selon le processus.

Enfin, des espèces d'« entremetteurs » politiques peuvent servir de relais entre le patron et le client, pour les mettre en contact l'un avec l'autre. Boissevain en donne un bel exemple dans son premier cas de patronage. Il ne faut pas moins de quatre entremetteurs pour que l'étudiant vienne en contact avec le professeur qui lui servira de patron : un avocat, le cousin de l'avocat, le frère de ce cousin, et un assistant du professeur qui est un bon ami du frère du cousin. Si on limite à un le nombre des entremetteurs, on peut représenter ce type de connexion de la façon suivante :

Nous avons représenté l'entremetteur par **SE** en supposant ainsi qu'il était un effecteur et un sélecteur à la fois. Il n'est toutefois pas exclu qu'il puisse être un effecteur, un sélecteur ou même un transducteur. On voit que le graphique a une autorité acentrée ou semi-acentrée selon le cas, et qu'il est fortement cohésif.

Il est bien évident que ces types de relais ne représentent que des types élémentaires qu'on peut retrouver ensemble, selon différentes combinaisons, dans des situations complexes. On peut fort bien imaginer un cas de patronage qui en exige plusieurs, selon, par exemple, le cheminement suivant :

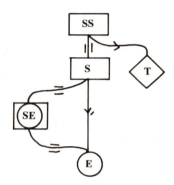

Si l'on considère que le père, dans le cas donné par Maraspini, agit comme un entremetteur entre son fils et le maire de la place, on a un exemple de cette situation complexe. Notons que le graphique ainsi formé est à la fois connexe et cohésif[6].

---

6 Les données précises nous manquent pour établir à propos de chacun des quatre types la transformation opérée par le patronage politique. On peut toutefois proposer avec une certaine certitude que les transformations sont les suivantes :

1) quand les relations de patron à client n'impliquent pas d'autres acteurs qu'eux-mêmes, le patron étant un gouvernant, on peut dire que le patron transforme une relation officielle d'infrapuissance du client en une relation non officielle de souspuissance pour celui-ci. Comme dans tous les autres types, c'est généralement, d'après nos auteurs, pour que sa puissance dans la sélection politique soit augmentée. Soit :

$$T > E \rightarrow \overline{S} \geqslant \overline{E} \Rightarrow S \neq \overline{S} \rightarrow s > \overline{s}$$

2) l'utilisation d'un fonctionnaire comme relayeur au service d'un gouvernant ne change que le deuxième terme de la transformation précédente. Le patron-gouvernant use alors de la suprapuissance qui le relie à ce fonctionnaire pour obtenir un enjeu pour lequel il rétribuera lui-même son client. Cette transformation s'exprime ainsi :

$$T > E \rightarrow \overline{E} \leqslant \overline{S} > T \Rightarrow S \neq \overline{S} \rightarrow s > \overline{s}$$

Le patronage politique en Europe méditerranéenne

Commençons (comme pour l'Afrique de l'Est) par faire le compte des types de clients, de patrons et de rivaux :

1) les clients sont toujours des effecteurs dont l'impuissance première, avant l'intervention du patron, est envers un transducteur ou encore un sélecteur-transducteur.

2) Par contre, les patrons sont ou bien des effecteurs, associés aux sélecteurs (c'est le cas des avocats chez les Sarakatsans et de Fernando à Alcalá), ou bien des sélecteurs-transducteurs (chez les Sarakatsans), ou bien des sélecteurs sans plus (en Italie), ou encore des transducteurs sans plus (à Alcalá). La variété est donc grande.

3) Les rivaux sont le plus souvent des sélecteurs, mais ce sont des effecteurs dans le seul cas très particulier où les patrons sont des fonctionnaires (à Alcalá).

Ajoutons que la première transformation opérée par le patronage politique est toujours non officielle et que la deuxième transformation se fait toujours au niveau du processus.

Par rapport aux voies de transformation que nous avons établies en Afrique de l'Est, les types méditerranéens présentent trois caractéristiques notables.

D'abord, en Europe méditerranéenne, les clients de l'opération de patronage politique ne sont pas des acteurs qui occupent des postes de fonctionnaires ou même de gouvernants dépendant d'autres gouvernants. Ce sont des gouvernés pour qui la relation patron-client se substitue à la connexion transducteur-effecteur ou la fait servir à des décisions disjonctives. Bien sûr, les auteurs que nous avons utilisés ont surtout étudié le

---

3) quant au type qui inclut un relayeur politique, son originalité consiste en ce que le patron n'est pas la source politique de la prestation dirigée vers le client, mais qu'il agit comme transmetteur envers cette source à laquelle il est associé. Si on a, par exemple, la même permutation qu'en 2), mais avec un ou des relais politiques, on pourra écrire :

$$T > E \rightarrow \overline{E \leqslant S = SS} > T > E \Rightarrow S \neq \overline{S} \rightarrow s > \overline{s}$$

4) enfin, l'action d'un entremetteur politique ne fait que compliquer les formules précédentes, en remplaçant $E \leqslant S$ dans le deuxième terme, par $SE = E \leqslant S$, étant entendu que $SE = S$.

patronage local ou encore celui qui sert à relier le gouvernement central et les communautés locales. Ce qui n'exclut pas que des formes de patronage apparentées à celles de l'Afrique de l'Est puissent se produire. Ainsi, un fonctionnaire originaire de l'Italie du Midi et des Îles peut fort bien obtenir son poste grâce à l'appui d'un patron, ce que des auteurs comme Meynaud et La Palombara ne manquent pas de noter. De plus, une fois au poste, il peut maintenir certaines relations de clientèle avec des individus influents du parti ministériel. En échange d'une transduction favorable aux partisans de ce parti, il pourra obtenir une promotion. Mais la spécificité des sociétés méditerranéennes par rapport à celles de l'Afrique de l'Est réside plutôt en ce que le patronage politique y transforme les connexions de fonctionnaires à gouvernés. Les relais administratifs ou politiques qui font en sorte que le clientélisme s'instaure et qu'il influence la sélection politique peuvent en effet être considérés comme des moyens de suppléer au caractère trop impersonnel de ces connexions. Grâce à des relations de client à patron, et aux relations de parent à parent et d'ami à ami qui les provoquent ou les prolongent, les connexions de transducteur à effecteur sont rendues disjonctives quand elles ne sont pas transformées en connexions de sélecteur à effecteur. Selon Pitt-Rivers, le patronage permet ainsi d'équilibrer la tension entre l'État et la communauté.

Les relations nouvelles qui résultent de la première transformation opérée à l'avantage du client par le patronage sont toujours non officielles en Europe méditerranéenne, tandis qu'elles sont officielles en Afrique de l'Est. Maquet, pour un, proposait de consacrer cette distinction en parlant de relations patron-client dans le premier cas, et de relations seigneur-vassal dans le second. Pour nous, cette différence ne touche qu'un des quatre termes de l'opération de patronage, et c'est pourquoi nous ne sommes pas prêt à la consacrer par des appellations différentes. Cette caractéristique de l'opération de patronage politique dans le bassin européen de la Méditerranée semble reliée à la plus grande force de l'appareil administratif dans cette aire culturelle qu'en Afrique de l'Est, avant la colonisation. Le patronage politique s'élève contre les relations qui normalement devraient être administratives. Il est presque fatal qu'il soit alors non officiel, à moins que d'autres voies officielles, non administratives, soient trouvées pour que les effecteurs se fassent entendre auprès des sélecteurs.

Les sociétés méditerranéennes se distinguent enfin de la plupart des sociétés africaines étudiées en ce que la compétition y est officielle au palier des gouvernants. Évidemment, cette compétition est souvent réduite, soit qu'il y ait parti quasi unique comme en Espagne, soit qu'un parti domine largement les autres, comme en plusieurs régions de l'Italie du Midi et des Îles. Mais même dans ces cas-là, il y a bien souvent compétition à l'intérieur du parti unique ou dominant, ou encore possibilité que d'autres partis ou factions arrivent à occuper certains postes de gouvernants. Le problème des gouvernants en place n'est plus alors, comme en Afrique de l'Est, de s'assurer du caractère impératif des connexions de sélecteur à transducteur, mais plutôt de dominer la sélection politique dans le processus en obtenant de leurs clients des moyens de puissance utiles à cette fin.

On peut conclure qu'à la différence du patronage politique en Afrique de l'Est, dont nous avons dit qu'il consistait à rapprocher des « éloignés » pour éloigner des « proches », le patronage qui relie en Europe méditerranéenne les communautés locales au gouvernement central rapproche des « proches » pour rapprocher des fonctionnaires « éloignés », tout en éloignant des « éloignés » politiques (entendez : les compétiteurs aux postes de gouvernants) et en rapprochant davantage des « proches » politiques d'un palier de gouvernement à l'autre. De cette façon, le patronage équilibre doublement la tension entre le gouvernement central et les communautés locales — pour reprendre encore une fois la formulation de Pitt-Rivers. Non seulement il rend le fonctionnaire plus proche de la collectivité locale, mais il rend aussi la politique locale plus proche de la politique nationale, en usant du parti ministériel à ce palier pour mieux assurer l'emprise de ses partisans dans le gouvernement local.

CHAPITRE 6

L'AMÉRIQUE DU NORD

Cette dernière aire culturelle va nous donner l'occasion d'explorer le patronage des partis. Déjà au chapitre précédent, nous avons vu apparaître cette voie de patronage, qui se présente dans des organisations sociétales où l'existence des partis affecte de façon importante la gouverne. Les partis peuvent en effet être conçus comme des espèces de connecteurs qui relient la communauté et le gouvernement, et qui sont chargés de diriger ce dernier. Ils se donnent une organisation plus ou moins développée, et en cela ils constituent eux-mêmes une organisation cybernétique emboîtée dans l'organisation plus inclusive de la société.

L'originalité du présent chapitre, et en particulier du développement portant sur les États-Unis, consistera à montrer les transformations que le patronage politique entraîne dans l'organisation sociétale et dans l'organisation partisane à la fois. Nous disposons sur les États-Unis d'une littérature très abondante, dont nous choisirons surtout les études les plus analytiques. Sans négliger tout à fait la situation actuelle, dont il sera question dans le chapitre subséquent sur les conditions et transmutations du patronage, nous nous attacherons surtout au patronage politique de la première moitié du XXe siècle, au palier fédéral principalement, mais aussi au palier étatique et au palier local. L'existence de partis nationaux, si faiblement articulés soient-ils, nous oblige à tenir compte de ces trois paliers.

Un deuxième développement traitera du Québec, terrain de nos premières recherches. Parce que le système gouvernemental y est plus centralisé et la communauté plus homogène, le patronage des partis présente des variantes significatives par rapport à celui des partis américains ; on verra qu'il se rapproche plutôt de celui des sociétés méditerranéennes. Les données dont nous disposons sur cette société que nous connaissons mieux que les autres nous permettront aussi d'étudier des composantes du patronage qui ont dû être négligées dans les chapitres précédents. Cette étude du Québec nous permettra de nous engager avec plus d'assurance dans les deux chapitres théoriques de la fin.

Les États-Unis

Pour comprendre la pratique du patronage politique aux États-Unis, il faut d'abord prendre note d'au moins trois caractéristiques du système gouvernemental de ce pays :

1) C'est un système fédéral. Même si le gouvernement central a la supériorité générale, les États ont des « pouvoirs » qui demeurent suprêmes tant qu'ils ne sont pas incompatibles avec l'exercice légitime du pouvoir par le gouvernement central. Ogg et Ray établissent ainsi le tableau des « pouvoirs » détenus par chacun des deux types de gouvernement :

> 1) par le gouvernement national exclusivement (direction des Affaires étrangères, entretien d'une marine, réglementation du commerce étranger et interétatique, etc.) ;
> 2) par les États exclusivement (organisation des élections, établissement des gouvernements locaux, réglementation du commerce intraétatique, contrôle de la loi sur les successions, relations intérieures) ;
> 3) par les gouvernements de la Nation et des États simultanément : adoption des lois, entretien des tribunaux, droit de lever des impôts, de faire des emprunts, de donner des chartes aux banques. (1958, p. 52.)

Comme le signale ce texte, il existe un troisième palier de gouvernement, celui des gouvernements locaux établis par les gouvernements étatiques, et dont la compétence touche surtout à l'organisation du territoire et aux services qui s'y rattachent.

2) Aux trois paliers de gouvernement existe une division des « pouvoirs » — ou mieux de l'autorité — très poussée entre différents postes de gouvernement. Au palier central et étatique, ces postes peuvent être divisés en quatre catégories :

a) le poste de président, au palier central, et de gouverneur au palier étatique ;

b) les postes de députés, regroupés en deux assemblées, et ce aux deux paliers : une chambre des Représentants (composée de représentants) et un sénat (composé de sénateurs) ;

c) les juges rattachés à des tribunaux ;

d) les fonctionnaires appartenant à des départements administratifs.

Le président et les gouverneurs ne sont pas comme en régime parlementaire les créatures des assemblées, c'est-à-dire des partis qui y dominent. Ils sont élus directement par le corps électoral, comme un bon nombre de juges et de fonctionnaires.

Au palier local, la division de l'autorité est aussi poussée. Là encore, un maire élu directement par la population des électeurs est juxtaposé à un conseil, ou deux, d'élus qui représentent les différents quartiers locaux. Il faut ajouter à cela des commissions, des bureaux..., qui détiennent eux aussi, avec les fonctionnaires, des pouvoirs de gouvernement (Banfield et Wilson, 1963, pp. 81-82). Dans certaines villes, un fonctionnaire supérieur, le gérant, domine l'administration, sous l'autorité du conseil, le maire étant alors réduit à des tâches cérémonielles.

3) Exception faite de ce dernier cas, les connexions sélecteur-transducteur ont aux États-Unis un caractère assez particulier que Merriam et Gosnell résument ainsi :

> Sans tenir compte de notre aversion traditionnelle pour une administration forte, il y a au moins deux raisons qui font que l'administration en ce pays est beaucoup plus politique qu'ailleurs. Premièrement, nos lois sont rédigées sans beaucoup de soin. Nos législateurs ne se contentent généralement pas de propositions et de perspectives générales. Ils tentent bien souvent de prévoir comment une chose doit être faite dans le moindre détail, mais les directives sont exprimées de façon imprécise et bien souvent imparfaite. Des projets de loi rédigés à la hâte, et qui sont remplis de provisions très spécifiques, ont toutes les chances d'être d'une application difficile. En fait, ils risquent d'être impraticables, à moins que l'administration les « interprète » librement. Pour le fonctionnaire partisan, il y a là une manne tombée du ciel. Il peut les interpréter et les appliquer de façon politique, sous prétexte qu'ils sont impraticables dans les faits... De plus, nos traditions gouvernementales s'opposent à une administration forte. À l'origine, quand on craignait une royauté héréditaire, une administration forte représentait un danger : elle risquait de fonder graduellement un régime monarchique. Puis, l'idée de la rotation, appliquée d'abord aux postes électifs, fut étendue aux postes administratifs. (1949, p. 257.)

Les auteurs font ici allusion à la fameuse doctrine jacksonienne du système des dépouilles (*spoils system*), selon laquelle le renversement d'un gouvernement devait s'accompagner d'une redistribution des postes de fonctionnaires en faveur des partisans des vainqueurs. Cette doctrine a peu à peu été battue en brèche aux États-Unis, mais elle a produit avec d'autres facteurs que nous signalerons chemin faisant une très grande diversité de modes de patronage politique. Nous tenterons donc de les présenter un peu systématiquement, avant d'en montrer le caractère disjonctif, propre à notre première approximation du patronage politique.

Du responsable d'un bureau de scrutin (le *precint captain*) au président, s'érige une pyramide de patrons qui, comme Schattschneider (1942) entre autres l'a bien montré, n'a toutefois pas un caractère strictement hiérarchique — ou conjonctif au sens où nous l'entendons dans cet ouvrage. L'examen de cette pyramide de patrons partisans va nous montrer le caractère faiblement transitif des relations qui les unissent, ce qui explique d'ailleurs que les partis américains, dans leur forme traditionnelle, présentent un faible degré d'intégration.

Au sommet du parti présidentiel se trouve le président. Les principales prestations de patronage dont il dispose consistent dans des postes de fonctionnaires ou de gouvernants qui échappent au contrôle de la commission de la fonction publique. Mansfield (1965, p. 115) estime qu'en 1954 et en 1962, un an après l'accession des présidents Eisenhower et Kennedy respectivement, 2 000 à 3 000 postes ayant une importance politique étaient sous la domination de l'état-major national du parti présidentiel, soit à peine un dixième de 1 p. cent de l'ensemble des emplois dans la fonction publique fédérale. Les Tolchin (1971, p. 254) estiment, pour leur part, qu'il n'y a au total que 6 500 postes de fonctionnaires qu'un *nouveau* président peut combler afin de s'assurer de la loyauté nécessaire à sa gouverne. Il faut ajouter à cela les quelques postes de secrétaires dans le cabinet présidentiel, de juges, de conseillers et d'associés du président, qui sont d'ailleurs des postes de gouvernants — ou d'associés des gouvernants — plutôt que de fonctionnaires. En plus des emplois, le président peut aussi utiliser d'autres prestations pour s'attacher des représentants, des sénateurs, des gouverneurs et même des maires ou des dirigeants du parti au palier étatique. Les Tolchin (1971, p. 292) énumèrent ainsi les prestations que le président peut utiliser au profit ou non des membres du Congrès : inclusion de certains postes budgétaires, ordre de dépenser de telle ou telle façon les fonds appropriés, autorisation de procéder à l'étude de certains services postaux, décision de situer à tel ou tel endroit les établissements gouvernementaux, interprétation de la réglementation de la fonction publique, décision d'accorder une entrevue à des électeurs importants d'un membre du Congrès, appui donné au cours d'une campagne électorale à un représentant ou à un sénateur qui s'est montré coopératif.

On voit que ces décisions peuvent servir tout aussi bien à récompenser qu'à punir un client — c'est-à-dire au patronage positif et au patronage négatif (Hahn, 1966).

L'état-major national du parti ne peut pas être dissocié du président, pour la bonne raison qu'il ne dispose pas de prestations autres que celles que veut bien lui remettre ce dernier. Plus exactement, ce sont généralement des membres de cet état-major, et plus particulièrement le président du comité national (Key, 1964, p. 350), qui s'occupent, sous la direction plus ou moins lointaine du président, d'allouer les postes servant au patronage.

Au niveau du Congrès, le patronage des emplois semble donc n'avoir qu'une importance limitée (Tolchin et Tolchin, 1971, p. 219). Mansfield résume ainsi la situation :

> Historiquement, on a mis l'accent, dans la pratique du patronage, sur les postes qui sont essentiels au maintien du pouvoir dans la circonscription. Il s'agit des postes qui assurent la sécurité des travailleurs du parti et qui font que les fonctionnaires fédéraux qui travaillent sur le territoire traitent aussi amicalement que les circonstances le permettent les électeurs auxquels le parti s'intéresse tout spécialement. Il est important pour les membres du Congrès que les bureaux locaux soient occupés par des amis; il est impératif qu'ils ne soient pas occupés par des ennemis. (1965, p. 149.)

Dans leur ouvrage, les Tolchin (1971, p. 209) insistent tout particulièrement sur les travaux, les subventions, les contrats, qu'un membre du Congrès peut obtenir pour sa circonscription ou son État, et qui lui permettent de s'attacher ou bien des électeurs ou bien des groupes d'intérêt : barrages, subventions à l'agriculture, construction d'édifices fédéraux qui attirent de l'argent et de nouveaux emplois, bases militaires, contrats de la défense nationale, différents achats... Ce à quoi il faut ajouter les multiples interventions auprès des fonctionnaires fédéraux, au nom des électeurs, qui font des membres du Congrès des « ombudsman perpétuels » (p. 214).

Ajoutons que certains travaux, subventions, achats... peuvent être obtenus grâce à l'intervention du président,·qui les alloue généralement en échange d'un appui sur une question qu'il juge importante. Les Tolchin (1971, p. 291) signalent que la prestation est parfois accordée par le président en échange d'un vote que le représentant ou le sénateur juge contraire à l'opinion de sa circonscription, et ce afin qu'il puisse en quelque sorte effacer grâce à elle la faute qu'il a commise aux yeux de ses commettants.

Au niveau des États, la variété est grande, mais au moins quatre types d'acteurs différents peuvent agir comme patrons, selon des combinaisons diverses : le gouverneur, les principaux fonctionnaires qui l'assistent, les dirigeants non élus du parti à ce palier, et enfin les députés, représentants ou sénateurs.

Comme le président, le gouverneur dispose d'un certain nombre de postes pouvant être alloués par voie de patronage. Les Tolchin (1971, p. 96) signalent que la situation diffère grandement d'un État à l'autre ; en Pennsylvanie, le gouverneur disposerait de 50 000 postes, contre moins d'une douzaine en Oregon et un peu plus de deux douzaines au Wisconsin. L'État de New York et celui de l'Illinois représenteraient des cas intermédiaires, avec plusieurs milliers de postes à la discrétion du gouverneur.

De façon plus pressante qu'au palier central, le gouverneur, surtout lorsque son assise électorale est faible, utilise ces postes et les autres moyens dont il dispose pour s'assurer l'appui des députés ou des dirigeants de son parti, au palier des circonscriptions, ou encore des maires et des dirigeants locaux influents (Merriam et Gosnell, 1949, p. 226).

Il peut même se produire que le gouverneur partage, en pratique, son pouvoir d'allouer les prestations de patronage avec les dirigeants de son parti : sont alors considérés la force relative du parti, le degré selon lequel le gouverneur lui doit son élection, le nombre d'obligations établies entre eux, le degré de compétition entre les deux partis au niveau de l'État, et les besoins qu'a le parti quant à la mise sur pied et au maintien de son organisation (Tolchin et Tolchin, 1971, p. 96).

Ces deux auteurs signalent également que certains fonctionnaires supérieurs, associés du gouverneur, disposent de prestations importantes de patronage, qui échappent plus ou moins au pouvoir de celui-ci. À titre d'exemples, les fonctionnaires disposant de pouvoirs fiscaux de nature discrétionnaire, ou encore ceux qui s'occupent de la construction des autoroutes. Ce patronage politique de leur part s'exerce bien souvent dans des conditions plus favorables que celui du gouverneur ou des députés élus, qui sont davantage soumis à des pressions publiques ou à la critique de la presse (pp. 102-107).

Enfin, les représentants et les sénateurs d'un État, comme ceux de Washington, peuvent agir eux aussi comme patrons. Ces partisans ont d'ailleurs plus de chances, dans bien des États, de maintenir leur indépendance envers le gouverneur que les membres du Congrès peuvent le faire envers le président. En particulier, les plus influents d'entre eux semblent allouer relativement plus de postes que les membres du Congrès, à Washington. C'est du moins l'interprétation qu'on peut tirer de l'étude des Tolchin (1971, pp. 107-112). Ceux-ci signalent aussi que tout comme au niveau fédéral, les députés des États consacrent une bonne partie de leur temps à couper le *red tape* et à établir la communication entre leurs commettants et les fonctionnaires (p. 108). Ces auteurs insistent beaucoup également sur les avantages financiers de toutes sortes (action sur les taux d'intérêt, dépôts en banque, allocation de contrats d'assurance, contrats à des bureaux d'avocats...) que les représentants et sénateurs sont en mesure d'allouer à des groupes d'intérêt sur lesquels ils s'appuient.

Mais c'est avant tout au niveau local, dans les villes, qu'ont régné et que règnent encore les machines et les *bosses*. Brogan (1960) et Schattschneider (1942), entre autres, ont montré pourquoi des *bosses* étatiques pouvaient difficilement apparaître et pourquoi on n'a jamais eu de *boss* national. Nous l'expliquerons plus loin. Quant aux *bosses* ruraux, on en a bien eu quelques-uns, mais à titre d'exception. Greenstein (1963, pp. 39-41) signale trois raisons à cette prépondérance des machines urbaines, raisons qui renvoient d'ailleurs à autant de types de clients qui entretiennent des relations avec les patrons dont nous venons d'établir la liste.

Le développement des machines politiques dans la deuxième moitié du XIXᵉ siècle s'explique d'abord par l'urbanisation rapide de la société américaine. En 1850, on ne comptait qu'une ville de plus de 250 000 habitants, et les urbains n'étaient que 3 500 000, contre 20 000 000 de ruraux. En 1890, il y avait 11 villes de plus de 250 000 habitants et trois de plus d'un million. Par rapport à 1850, la population urbaine était six fois plus grande, alors que la population rurale n'avait fait que doubler. De grandes masses de ruraux, devenus des urbains, ont trouvé dans la machine de quoi remplacer les relations personnelles de leurs communautés d'origine et les multiples services qu'elles assuraient.

À ces ruraux devenus urbains sont venues s'ajouter des vagues considérables d'immigrants. De la guerre civile à la première guerre mondiale, 25 000 000 d'immigrants environ seraient venus s'installer aux États-Unis. L'appareil gouvernemental n'était pas assez fort à ce moment pour leur offrir les conditions nécessaires à leur implantation dans le pays. La machine politique s'en est chargée. Il est bien connu en effet que ces populations ont constitué, un peu partout dans les villes américaines, de très importantes clientèles pour les machines politiques.

Enfin, Greenstein signale que les hommes d'affaires, petits, moyens ou grands, se sont également servis de la machine pour orienter l'action gouvernementale dans le sens de leurs intérêts. À ce sujet, Merton cite l'un d'eux qui montrait dans une conférence comment le *boss* et sa machine faisaient partie intégrante de l'économie américaine :

> Vous ne pouvez ni fonder ni faire marcher une ligne de chemin de fer ou une société de distribution d'eau, de gaz ou d'électricité, ni ouvrir ou exploiter une mine, ni abattre des forêts, bref diriger n'importe quelle affaire privilégiée sans corrompre le gouvernement ou participer à sa corruption. (1953, p. 158.)

Comme le dit Merton, le *boss* qui tient dans ses mains les ficelles de plusieurs divisions, bureaux et services gouvernementaux, « rationalise » les relations entre les affaires publiques et les affaires privées.

Le maire représente, à son niveau, l'équivalent du président et du gouverneur, du moins dans les municipalités où il n'est pas dominé par le conseil ou par d'autres organismes officiels (*weak-mayor forms of government*), ou dans celles où l'existence d'un gérant responsable devant l'ensemble du conseil ne le réduit pas à des tâches cérémonielles (Banfield et Wilson, 1963, pp. 80-81). Les Tolchin prétendent même que les maires des grandes villes (du moins celles dont la forme de gouvernement en est une de *strong-mayor*) peuvent être comptés parmi les agents publics les plus puissants du système gouvernemental américain. Le maire qui agit comme patron dispose des mêmes types de prestations que le président ou le gouverneur : emplois, travaux, contrats, dépôts d'argent, protection contre les règlements..., avec en plus d'autres ressources propres au gouvernement local, comme les attributions en matière de zonage et plus généralement d'utilisation du sol (Tolchin et Tolchin, 1971, pp. 27-82).

La disjonctivité des relations de clientèle

Les machines urbaines traditionnelles sont souvent tenues en main par des *bosses* non élus et donc non responsables devant le corps électoral. C'est à ce type de patron que s'en prend surtout Schattschneider (1942) dans son ouvrage classique sur la gouverne partisane. Le *boss* local, écrit-il,

> est un représentant de la collectivité qui s'est lui-même désigné comme tel. Même si, en théorie, il est responsable envers la collectivité, cette responsabilité n'est pas réelle [...] La responsabilité légale du *boss* local est aussi fictive. Les hommes publics sont responsables devant la loi, mais le *boss* se fait un scrupule de demeurer non officiel. Il arrive qu'il occupe un poste officiel, mais il évite les postes qui comportent une responsabilité telle devant la loi qu'elle est à la mesure de son autorité réelle. (pp. 174-175.)

Les patrons inférieurs, en milieu urbain, dépendent étroitement du maire ou du « boss » local. Ce sont ceux dont Merton, après d'autres, évoque l'activité dans son étude sur la machine politique :

> Avec son intuition sociologique aiguë, la machine reconnaît que l'électeur est avant tout un homme vivant dans un quartier déterminé, avec des problèmes et des désirs personnels spécifiques. Les problèmes poli-

tiques sont abstraits et éloignés ; les problèmes privés sont extrêmement concrets et immédiats. La machine fonctionne grâce non pas à un appel généralisé aux larges préoccupations politiques, mais à des relations directes quasi féodales entre les représentants locaux de la machine et les électeurs du quartier. Les élections se gagnent dans la section de vote. (1953, p. 154.)

Ce texte montre bien le caractère disjonctif des relations de clientèle. D'autres auteurs américains ou étrangers ont également souligné ce caractère. Schattschneider, qui compare le *boss* urbain à un seigneur féodal, écrit que « comme ses prédécesseurs du Moyen Âge, il a un caractère local... il a le monopole de l'obéissance à la loi dans une localité et l'accomplissement de ses fonctions a un caractère très discrétionnaire » (1942, p. 185). De façon plus générale, Tolchin et Tolchin disent du patronage, tel qu'il est pratiqué aux États-Unis, que c'est « une voie sélective de gouvernement où l'on choisit arbitrairement certains groupes et certaines personnes pour qu'ils reçoivent les faveurs du gouvernement » (1971, p. 92).

Banfield et Wilson (1963) ont eux aussi bien dégagé le caractère disjonctif des relations de clientèle aux États-Unis. La machine politique, écrivent-ils, est une organisation partisane qui dépend, de façon cruciale, d'incitations qui sont spécifiques. Les incitations spécifiques s'opposent à celles qui sont générales. Les premières peuvent être données ou enlevées à un individu précis, tandis que les secondes ne peuvent être données qu'à tous les individus d'un groupe déterminé ; si l'un d'entre eux l'obtient, tous les autres doivent l'obtenir aussi. C'est la distinction que font les économistes (voir, par exemple, Olson, 1965) entre les biens publics et les biens privés, ou encore entre les biens indivisibles et les biens divisibles. Comme le disent Banfield et Wilson, il est généralement plus efficace d'utiliser des incitations spécifiques que des incitations générales. Un politicien qui promet à quelqu'un un emploi peut compter sur son appui, car si l'appui n'est pas donné, l'emploi ne sera pas donné non plus, tandis qu'un politicien qui promet le plein emploi à toute une classe de gens ne peut pas compter sur leur appui ; chacun des membres de cette classe sait que, même s'il s'oppose au politicien, il profitera quand même des bénéfices du plein emploi. Il devait revenir à Lowi (1964), dans une longue recension devenue fameuse, de dégager mieux encore cette caractéristique en distinguant les politiques de distribution, qu'il identifie d'ailleurs au patronage, des politiques de régulation et de redistribution.

Pour Lowi, les politiques de distribution

> se caractérisent par la facilité avec laquelle elles peuvent être désagrégées et appliquées morceau par morceau, chaque unité qui en profite se trouvant plus ou moins isolée des autres unités et de toute règle générale. Le « patronage », dans le sens plein du terme, peut être considéré comme un synonyme de la « distribution » [...] Avec de telles politiques, celui qui obtient des avantages et celui qui subit des inconvénients, celui qui reçoit et celui à qui l'on prend peuvent ne jamais être confrontés l'un avec l'autre. De plus, dans plusieurs politiques de distribution, la classe de ceux qui subissent des inconvénients ne peut pas être identifiée, car les plus influents d'entre eux peuvent obtenir des avantages, suite à une autre désagrégation des enjeux. (1964, p. 690.)

Plus loin, dans un tableau qui résume les différences entre les trois types de politiques, Lowi ajoute que, dans le cas des politiques de distribution, les relations entre les unités concernées se caractérisent par un non-interférence mutuelle et par l'absence d'intérêts communs.

Ajoutée à celle de Banfield et Wilson, cette réflexion seconde sur les relations de patron à client, comparées à d'autres modes de gouverne, en montre nettement le caractère disjonctif.

La transformation de l'infrapuissance en souspuissance

Les enjeux qui sont accordés au client grâce à l'intervention du patron devraient normalement lui parvenir par voie administrative ou judiciaire, dans une relation de puissance où le fonctionnaire ou le juge le domine. La théorie démocratique, aux États-Unis comme ailleurs, prévoit bien que les gouvernés sont en connexion avec leurs représentants qui le sont avec les fonctionnaires, mais uniquement pour les décisions conjonctives (une fois élu, le représentant doit s'occuper du bien commun ou de l'intérêt collectif).

Les expressions d'administration parallèle, de *social service state*..., qui ont été souvent utilisées pour désigner les relations de clientèle, indiquent que ces connexions ont pour but d'atténuer le caractère trop impératif des décisions administratives ou judiciaires auprès des gouvernés. Comme l'écrit Merton :

> Dans notre société essentiellement impersonnelle, la machine, par ses agents locaux, remplit la fonction sociale importante d'humaniser et de personnaliser tous les procédés d'assistance à ceux qui sont dans le besoin. Paniers à provisions et situations, conseils juridiques, solution de petites difficultés avec la loi, aide au garçon pauvre et intelligent en vue d'obtenir une bourse pour le collège local, secours aux gens dans l'embarras — toutes les crises où l'on a besoin d'un ami, et surtout d'un ami qui connaît la musique et peut faire quelque chose — dans toutes ces circonstances, l'agent électoral est là, à portée de la main, prêt à vous aider. (1953, p. 155.)

Ce qui importe, note Merton, c'est non seulement qu'une prestation soit fournie, mais c'est aussi la manière dont elle est fournie. Et cette manière est « délibérative », c'est-à-dire que chacune des deux parties peut exercer du pouvoir positif.

Cette transformation d'une décision unilatérale en une décision plus délibérative, où le patron et le client agissent un peu comme des amis, est rendue possible grâce à une certaine autonomie dont disposent les patrons ou les gouvernants auxquels ils sont associés. Cette condition est notée par Sait dans son article sur la machine politique, paru dans l'*Encyclopaedia of the Social Sciences*. Notant, par exemple, que la police peut conclure des alliances avec ses ennemis officiels (les *racketeers* et les *gunmen*), Sait écrit :

> Ce que fait la police, quand elle permet que la loi soit violée, est caractéristique de toutes les branches de l'administration qui disposent d'une « discrétion » semblable. Le procureur de district et même le juge, quand ils ont partie liée avec la machine, peuvent permettre des perversions monstrueuses de la justice [...] L'inspecteur en construction peut s'arrêter à des violations insignifiantes du code, ou il peut laisser passer des violations autrement plus évidentes et plus pernicieuses... Dans le domaine de la construction, quelqu'un qui a des connexions peut déclasser ses compétiteurs s'il sait que des dispositions minutieuses de la loi ne seront pas observées, que des précisions quant aux matériaux qui peuvent être utilisés ne seront pas appliquées, que des délais seront étirés et que des réclamations frauduleuses seront payées sans qu'on fasse enquête. (1933, p. 660.)

L'autonomie signifie, de notre point de vue, que même si le système officiel prévoit que les décisions particulières des fonctionnaires ou des juges seront mises à l'abri de la puissance des gouvernés, il se produit dans le processus des connexions qui véhiculent cette puissance.

C'est évidemment le patron qui permet cette connexion. Ses relations sont généralement amicales, surtout quand elles se déroulent à l'échelle locale avec des clients qui sont démunis de moyens de pouvoir. Après Merton, Banfield et Wilson (1963) parmi bien d'autres insistent sur cet aspect de la relation de clientèle qui montre bien que l'important pour le client est que son impuissance disparaisse, et non seulement que des prestations lui parviennent.

On apprécie l'amitié du patron, parce qu'il est puissant et que par lui on atteint les dispensateurs de biens. Comme l'écrit Merton :

> Le politicien peut, dans certains cas, influencer et manœuvrer les organisations officielles qui dispensent l'assistance, alors que l'assistance sociale n'a aucune influence sur la machine politique, fait qui, à lui seul, rend beaucoup plus efficace l'action du premier. (1953, p. 156.)

La transformation de puissance que le politicien ou patron opère au profit du client a été bien vue par Brogan (1960), dans un des meilleurs livres qu'un étranger ait écrit sur les États-Unis. Aux yeux des clients, la machine politique permet de briser dans une certaine mesure la barrière entre « eux » et « nous ». Le policier, le juge, le fonctionnaire municipal, ce sont « eux » pour les gouvernés, mais grâce au patron et à ses lieutenants, un moyen terme est mis en place, qui est à la fois compréhensible et humain. La machine, c'est « eux » et « nous » à la fois (pp. 109-110).

Brogan présente en des termes un peu différents ce que Pitt-Rivers disait du patronage en Espagne : il permet de surmonter l'opposition entre le gouvernement et la communauté, en constituant un moyen terme qui les médiatise. Du point de vue de l'analyse politique, cette médiation consiste à établir une connexion de puissance grâce à laquelle l'infrapuissance des gouvernés envers les décisions qui les touchent est transformée en souspuissance, par la coopération qu'ils entretiennent avec un patron qui influence directement ou indirectement ces décisions.

La transformation de la non-suprapuissance en suprapuissance

Nous avons annoncé plus tôt une distinction qui s'impose dans l'étude du patronage politique en Amérique du Nord, celle entre les partis et la société, ou plus précisément, dans la perspective de l'analyse politique, celle entre le pouvoir interne des partis et leur pouvoir sociétal. En effet, si le patronage politique sert à rendre plus impératif à la fois le pouvoir interne et le pouvoir sociétal des partis, il le fait selon des articulations différentes qui sont plus ou moins opposées entre elles. Nous porterons donc notre attention sur ces deux transformations : celle qui sert à la suprapuissance du patron dans le parti, et celle qui sert à la suprapuissance du parti dans la société.

Plusieurs auteurs américains ont montré comment le patronage avait permis aux différents paliers de gouvernement — celui de la nation, celui de l'État, et celui de la municipalité — une centralisation informelle de « pouvoirs » autrement dispersés. Dès le début de son étude sur la machine politique, Merton écrivait : « La fonction clé du *boss* consiste à organiser, centraliser et maintenir en condition de marche « les parcelles de pouvoir disséminées » présentement dans toute notre organisation politique. » (1953, p. 152.)

Les deux articles qui ont porté sur la machine politique dans les volumes de 1933 et de 1968 de l'*Encyclopaedia of the Social Sciences* ne manquent pas de souligner cette « fonction ». Pour Sait, la machine politique vient corriger l'absence, aux différents paliers du gouvernement américain, d'un leadership efficace et responsable :

> Les bâtisseurs de la constitution [...] ont mis sur pied le système de *checks and balances* pour que, selon Woodrow Wilson, « le gouvernement se maintienne dans une espèce d'équilibre mécanique, et ce au moyen d'une compétition amicale entre ses différentes composantes ». Ils se méfiaient du pouvoir qu'ils voyaient comme contraire à la liberté ; c'est pourquoi ils l'ont dispersé en portions minces et ont élevé des barrières pour empêcher sa concentration. (1933, p. 658.)

Selon Sait, cette dispersion est encore plus prononcée au niveau des États, où les principaux fonctionnaires sont élus. On a la même dispersion au niveau local. Le patronage politique apparaît alors comme l'antidote à cette dispersion. « Le boss, écrit-il, est l'homme qui, comme le premier ministre à l'étranger, rassemble les fragments épars du pouvoir. » (p. 659.) Autrement dit, il transforme la non-suprapuissance en suprapuissance.

Trente-cinq ans plus tard, Gottfried (1968, p. 250) reprend le même thème. Les machines politiques se sont développées, en partie tout au moins, pour compenser la fragmentation de l'autorité gouvernementale établie par la constitution nationale et celles des États. La situation est la même au palier local. Au niveau étatique, il y a élection d'une longue liste de fonctionnaires, et c'est encore plus prononcé au palier des comtés et des villes. De plus, il y a confusion, recoupement et dédoublement entre les « pouvoirs » des comtés et ceux des villes, ainsi qu'entre ceux des gouvernements scolaires et des nombreux autres gouvernements spécialisés.

Nous avons vu, dans le développement portant sur les diverses relations de clientèle, qu'il pouvait exister des patrons aux différents paliers de gouvernement. Mais c'est dans les villes qu'on trouvait, au moment de l'âge d'or du patronage aux États-Unis, les *bosses* ou patrons les plus puissants.

Cette puissance tenait surtout à ce que les moyens de pouvoir leur venaient non seulement du gouvernement local, mais aussi du gouvernement de l'État, et du gouvernement national. Gosnell faisait, il y a 50 ans, l'énumération suivante des moyens d'un *boss* new-yorkais[1] :

Premièrement, domination des mécanismes de nomination et d'élection par la coopération qui le lie avec le comité de l'État; deuxièmement, influence sur la législature de l'État par ses relations avec l'oligarchie qui commande cet organisme; troisièmement, domination du patronage (entendu au sens restreint) par les diverses influences qu'il exerce sur le

---

[1] Il ne faut toutefois pas croire que la centralisation informelle des « pouvoirs » opérée par la machine politique était totale. Même une machine aussi puissante que celle de Chicago pouvait, selon Banfield (1961, pp. 238-239), être mise en échec par au moins trois forces qu'elle ne réussissait pas toujours à se soumettre : 1) les élus du parti adverse ou de son propre parti, et en particulier le gouverneur s'il est du parti adverse; 2) les juges, dont on respecte le plus souvent l'indépendance; 3) les électeurs, que ce soit au moment des élections ou à l'occasion de référendums. D'autres études insistent au contraire sur les moyens qu'auraient les patrons de venir à bout de chacune de ces trois forces d'opposition. Dans certains cas, la machine politique pouvait même se soumettre le parti d'opposition, en échange d'une relation de clientèle avec lui (Schattschneider, 1942, p. 183; Wilson, 1961, p. 369; Mansfield, 1965, p. 119). Cette modalité assez originale du patronage politique montre elle aussi la transformation qu'il opère au profit des patrons, d'un système délibératif à des processus beaucoup plus impératifs.

président, le gouverneur de l'État et sur les fonctionnaires fédéraux, étatiques ou locaux; quatrièmement, mainmise sur la caisse électorale par les relations qu'il maintient avec des dirigeants de corporations, influents dans les milieux financiers; et enfin manipulation de l'esprit des électeurs par les relations intimes qu'il a avec des éditeurs partisans et avec des hommes influents dans les milieux des affaires et de la politique. (1924, p. 348.)

En plus de permettre la centralisation plus ou moins poussée d'une sélection politique, décentralisée dans le système, le patronage politique permet, d'après les auteurs américains, de maintenir la discipline dans le parti. Traitant des « fonctions » du patronage, Sorauf (1960, p. 28) avance qu'entre les mains d'un chef habile, le patronage peut être un instrument de cohésion, ramenant ceux qui seraient tentés de manquer à la discipline du parti et soudant les différents blocs de partisans en un tout unifié. Les menaces à la suprapuissance des dirigeants sont ainsi éliminées.

Key, pour sa part, écrit que « le patronage (ou *spoils system*) sert à maintenir la discipline à l'intérieur de l'organisation, ou plutôt entre ses segments » (1964, p. 367). Les articulations de l'organisation nationale des partis américains sont lâches et le patronage permet, dans une certaine mesure, de resserrer ces articulations. Mais, ajoute Key, cette capacité du patronage est encore plus apparente au palier des villes, des États ou encore dans l'entourage d'un sénateur, d'un représentant ou d'un autre leader politique. Il faut cependant, pour cela, que le patronage soit habilement manié. On s'imagine trop facilement, dit Key, que les politiciens administrent mal les affaires publiques, mais qu'ils sont habiles comme des sorciers quand il s'agit des affaires du parti. Il peut arriver qu'on récompense des personnes qui n'ont rien apporté au parti, et il y a toujours le risque que le patronage serve à faire plus d'ennemis que d'amis. Comme on le dit souvent, si vous appuyez l'un des dix candidats à un poste donné, vous ferez neuf ennemis et un ingrat.

De façon plus systématique, Wilson (1961) a montré qu'il y avait une « économie » du patronage, et qu'elle posait des problèmes d'allocation assez délicats à un patron qui veut par là transformer la non-suprapuissance de son parti en suprapuissance. Wilson pose également que la machine politique se sert du patronage pour maintenir son organisation, ce qui peut être incompatible avec les succès électoraux. Il aborde ainsi le problème soulevé dès le début de cette étude du patronage aux États-Unis, soit l'opposition possible entre le pouvoir interne d'un parti et son pouvoir sociétal.

Soit une machine politique, dans une ville, qui dispose d'une quantité limitée de ressources pouvant être allouées par voie de patronage. La machine est dirigée par un *boss* ou grand patron, choisi par les patrons de quartier, avec qui il entretient des relations de clientèle qui prennent généralement la forme de la surpuissance, avec possibilité toutefois que les patrons de quartier arrivent à dominer un grand patron qui ne les satisfait plus.

Selon Wilson, l'utilisation du patronage par la machine remplit au moins quatre fonctions : 1) elle entraîne les patrons de quartier, clients du grand patron, à lui accorder leur appui ; 2) elle permet d'acheter l'appui des élus municipaux, qui dépendent de la machine pour leur élection ; 3) elle incite les chefs de *polls* ou de bureaux de scrutin (*precint captains*) à faire du travail électoral et à établir des relations de clientèle pour le compte de la machine ; 4) enfin, elle permet d'obtenir le vote d'un certain nombre d'électeurs. Dans tous les cas, on le voit, le patronage, quand il atteint le but visé, sert la suprapuissance du patron et de son parti.

Le grand patron doit maintenir un certain équilibre entre chacune de ces quatre fonctions et, pour cela, bien répartir entre elles les rares ressources dont il dispose. Les quatre fonctions sont nécessaires s'il veut assurer sa suprapuissance interne et la suprapuissance sociétale (au niveau local) de la machine. Or, comme le montre Wilson, la poursuite trop accentuée d'une des fonctions peut fort bien être dysfonctionnelle par rapport à une ou à plusieurs autre fonctions.

Par exemple, si le leadership du grand patron auprès des patrons de quartier est menacé, et qu'il doit investir beaucoup de moyens pour l'assurer à nouveau, le pouvoir de la machine auprès des électeurs — et par voie de conséquence sa puissance sociétale — en sera tout probablement affecté. Wilson signale plusieurs cas de ce genre qui montrent que le patronage politique aux États-Unis sert parfois à rendre plus impératif le pouvoir interne de la machine, aux dépens du pouvoir sociétal de sélection politique.

Certains quartiers de la ville peuvent être composés d'é-lecteurs qui refusent le patronage, au nom d'une définition plus « idéologique » de la politique. S'il veut s'assurer la domina-tion d'une majorité d'élus municipaux, le grand patron pourra être amené à négocier avec les élus de ces quartiers qui échap-pent à l'emprise de la machine. Des ressources seront achemi-nées vers eux aux dépens des élus ou des patrons de quartiers plus favorables aux opérations de patronage. Des menaces de rébellion pourront même poindre dans des quartiers, ce qui exigera des ressources qui seront ainsi détournées d'autres fonctions.

Pour maximiser le nombre de votes accordés aux candi-dats de la machine, le grand patron doit pouvoir dominer ses patrons de quartier, en allouant par exemple moins de ressour-ces à l'un d'entre eux qui se trouve dans un quartier où la vic-toire est assurée, et plus de ressources à un autre qui se trou-ve dans un quartier où la bataille électorale est loin d'être gagnée. Deux traits de la relation de clientèle s'opposent à ces tentatives de maximisation, ce qui ressort assez nettement des analyses de Wilson : son caractère coopératif qui empêche le grand patron d'imposer trop souvent ses choix personnels aux patrons de quartier, et son caractère de connexité incertaine qui fait que même lorsque cette domination s'exerce, il n'est pas assuré que les patrons de quartier entretiennent avec leurs chefs de bureaux de scrutin (*precint captains*) des relations conformes à la maximisation visée par le grand patron.

Cette difficulté apparaît tout particulièrement dans l'uti-lisation qui se voudrait optimale des travailleurs d'élection. Plutôt que d'assigner les meilleurs travailleurs d'élection aux territoires les plus difficiles à conquérir, il arrive bien souvent que ces travailleurs œuvrent dans des territoires faciles, que ce soit en guise de récompense pour leurs bons services passés, ou encore parce qu'on n'arrive pas à les déplacer des territoires où ils ont toujours travaillé. Ces faits, qui montrent encore une fois que le patronage des partis peut être plus efficace à assu-rer la suprapuissance à la direction du parti qu'à la sélection politique dans l'organisation sociétale, s'expliquent par la co-puissance et donc la connexité incertaine inhérente aux rela-tions de clientèle. Ce n'est pas tellement le choix public entre un patron et un client qui fait problème, mais c'est qu'un tel choix n'induit pas forcément les choix que ce client fera à titre de patron de quartier, avec ses propres clients. Il y a aussi le fait que le grand patron ne peut faire certains de ces choix sans que ses relations avec d'autres clients soient menacées, la disjonctivité des relations de clientèle étant plus difficile à administrer à l'intérieur d'une organisation partisane que parmi un ensemble épars d'électeurs.

Quoi qu'il en soit, le *boss* local peut utiliser pour fins de patronage des ressources qui lui viennent non seulement du gouvernement local, mais aussi du gouvernement de l'État et du gouvernement de Washington. L'inverse, évidemment, ne se produit pas : le président, par exemple, n'a pas à sa disposition des ressources qui tombent sous l'autorité des gouvernements étatiques ou locaux.

C'est sur ces faits que s'appuie Schattschneider (1942) pour étayer sa thèse sur la décentralisation des partis américains, dans un ouvrage classique qui présente une des vues les plus éclairantes du patronage politique aux États-Unis, à la fin de son âge d'or.

Schattschneider illustre le « localisme » des partis américains par une pyramide (p. 164) dont la partie supérieure représente le parti national, « parti fantôme » où la discipline est à peu près inexistante parce que le patronage y est pratiqué moins intensément. Le lieu du pouvoir dans cette pyramide se situe plutôt aux paliers inférieurs de l'État et surtout au niveau de la localité. La discipline y est beaucoup plus forte, parce que le patronage a plus d'intensité.

Le *boss* local ou étatique ne se reconnaît pas de supérieur dans le parti. Plus généralement, on ne peut pas parler au sens strict de pyramide de l'autorité dans le parti. Selon Schattschneider, la pyramide est « tronquée » en ce que la ligne d'autorité s'arrête aux *bosses* des machines étatiques et locales, qui sont imperméables au pouvoir qui vient d'en haut. Par contre, les *bosses* étatiques et locaux auraient de l'autorité sur leurs inférieurs (p. 163).

Cette division que fait Schattschneider entre ceux qui sont au-dessus des patrons étatiques et locaux, et ceux qui sont au-dessous nous semble excessive. Dans une organisation où les connexions verticales se font surtout par voie de patronage, plutôt que par des voies plus administratives, la disjonc-

tion existe entre tous les paliers même si elle est plus nette
entre les paliers supérieurs, pour les raisons que nous avons
indiquées. C'est pourquoi la notion de « stratarchie » proposée
par Eldersveld (1964) nous semble rendre compte, mieux que
celle de pyramide coupée par une cloison étanche, de la distribution du pouvoir dans les partis américains.

Pour Eldersveld, les caractéristiques générales d'une stratarchie résident dans la prolifération des groupes dominants
ainsi que dans la diffusion dans toute l'organisation des moyens
de pouvoir (*power prerogatives*) et de l'exercice de la puissance. Au lieu d'une centralisation au niveau de l'unité de
commandement ou, à l'inverse, d'un épanchement généralisé du
pouvoir dans toute l'organisation, on a des strates de commandement qui fonctionnent avec un degré variable, mais
important, d'indépendance (1964, p. 9).

Eldersveld arrive à cette conclusion au terme d'une étude
conduite vers la fin des années 50, dans la région de Détroit.
D'autres facteurs que le patronage politique expliquent ce caractère stratarchique de la distribution du pouvoir dans les partis américains. Mais il est sans doute significatif que cette distribution soit tout à fait cohérente avec la disjonctivité qui
spécifie d'après nous les relations de patron à client. Si on
adjoint à ce caractère stratarchique de la distribution verticale
du pouvoir dans le parti, la centralisation horizontale aux différents paliers de gouvernement que le patronage produit dans
le processus, on entrevoit toute l'importance de celui-ci dans
la structure de la gouverne aux États-Unis.

Patronage et lois structurales

Pour bien voir les effets structuraux du patronage des
partis aux États-Unis, il faut commencer par imaginer le système gouvernemental sans lui, tel qu'il est prévu dans les institutions. Si on limite les postes de gouvernants à deux, et les
postes de gouvernés à trois (afin de ne pas trop compliquer le
graphique), on obtient le système illustré au graphique 11.

Pour ne pas trop charger le graphique en liens de puissance, nous n'avons pas relié le Congrès aux unités sociales.
Dans le système idéal, les liens entre le président et les unités sociales ont la forme de la puissance réciproque, le prési-

Graphique 11 : Le système officiel des relations de puissance aux États-Unis

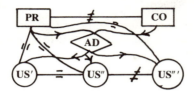

PR : président
CO : Congrès
AD : administration
US′, US″, US″′ : unités sociales

dent devant représenter l'ensemble de la nation, c'est-à-dire se fondre de façon coopérative avec toutes les unités sociales.

Les relations de l'administration avec les unités sociales ont la forme de la suprapuissance. Enfin, la séparation des « pouvoirs » entre le président et le Congrès signifie bien souvent un lien de coimpuissance entre eux.

Cette représentation sommaire du système politique américain montre le défaut principal de sa connexité. **PR** et **CO** peuvent exercer de la puissance, par transduction tout au moins, envers les autres, mais l'un des deux n'est pas assuré de le faire envers l'autre. Le graphique ne comporte donc pas d'autorité au sens où nous l'entendons, ce qui constitue une faille par rapport à la loi de connexité que nous avons posée comme exigence structurale des sociétés politiques. Pour ce qui est de la cohésion, elle peut faire problème.

Voyons maintenant ce que l'introduction des partis et de leur patronage vient modifier dans le graphique. Ajoutons deux postes **DM** et **RP**, soit le parti démocrate et le parti républicain. Supposons que le président soit du parti démocrate, et que le Congrès soit en majorité républicain. Entre les deux partis, il y a coimpuissance.

Pour montrer comment le patronage politique vient renforcer la connexité et la cohésion à la fois, on n'a qu'à supposer que le parti démocrate parvient à établir des relations de patronage avec **US″** et **US″′**, ce qui lui assure une majorité au Congrès comme à la présidence (du moins dans notre modèle réduit). Le parti républicain, quant à lui, a l'appui de **US′**

sans pouvoir exercer de patronage gouvernemental à son profit. Le système se présente alors comme dans le graphique 12 :

Graphique 12 : Relations de puissance aux États-Unis, compte tenu du patronage des partis

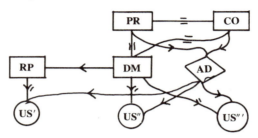

PR : président   **DM** : parti démocrate
CO : Congrès   **RP** : parti républicain
AD : administration   **US, US″, US′″** : unités sociales

Il y a maintenant une autorité centrée, soit la coalition du Congrès **CO**, du président **PR** et du parti démocrate **DM**, qui peut rejoindre tous les autres postes du graphique. Dans le processus, il peut arriver que l'autorité soit semi-acentrée.

Il y a cohésion, et seul **AD**, parce qu'il n'est coalisé ni avec (**PR, CO, DM, US″, US′″**) ni avec (**RP, US′**), empêche que la cohésion soit bipolaire. On peut expliquer ainsi la « politisation » de l'administration qui est généralement concomitante au patronage des partis. Nous avons déjà supposé que ce patronage permet aux unités sociales d'éviter la domination de l'administration. Si, comme cela se produit bien souvent dans les faits, la coopération entre **AD** et chacun des acteurs de la coalition dominante remplace l'absence de coopération entre eux, la cohésion du graphique devient bipolaire, donc plus forte. D'ailleurs, la coopération entre les partis et l'administration est en quelque sorte cumulative. À mesure que les premiers placent dans la seconde leurs partisans, les chances que la coopération se réalise augmente. Cette évolution est toutefois contraire à la logique du gouvernement qui en est une de connexité quasi forte.

Jusqu'à maintenant, notre représentation schématique de la société politique américaine s'est limitée au palier national. Si l'on remplace le président et le Congrès par le gouverneur et le congrès de l'État, ou encore par le maire et le conseil municipal, l'analyse structurale que nous venons d'esquisser demeure valable, à une différence près toutefois. Elle ne rend pas compte de ce que nous avons nommé, après Eldersveld, le caractère stratarchique de la distribution du pouvoir dans les partis américains, qui nous semble dû en bonne partie à la pratique du patronage aux différents paliers de gouvernement. Pour analyser ce phénomène, il nous faut présenter maintenant deux paliers de gouvernement au moins. Supposons que ce soit le palier étatique et le palier local.

Un graphique fort simple suffit à illustrer les notions de pyramide tronquée de Schattschneider et de stratarchie de Eldersveld. Soit un patron au palier étatique **PE** et un autre patron au palier local **PL**, qui est lui-même client du premier. Le patron local a des relations « amicales » avec le gouvernement étatique **GE** et le gouvernement local **GL** à la fois, tandis que le patron étatique n'a des relations amicales qu'avec le gouvernement de son niveau. Trois unités sociales ont des relations de patronage avec les deux patrons : **US′** avec **PE**, **US″** et **US″′** avec **PL**. Si l'on s'en tient à nouveau aux relations les plus fréquentes, on obtient le graphique 13 :

Graphique 13 : La pyramide des patrons partisans d'un palier gouvernemental à l'autre, aux États-Unis

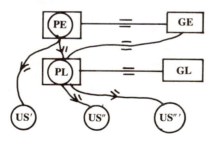

PE : patron étatique
GE : gouvernement étatique
PL : patron local
GL : gouvernement local
US′, US″, US″′ : unités sociales

Les deux gouvernements ne sont là que pour illustrer un phénomène signalé par plus d'un des auteurs que nous avons utilisés, soit l'avantage qu'a le *boss* local de pouvoir traiter non seulement avec le gouvernement de son palier, mais aussi avec les gouvernements supérieurs, l'inverse étant moins vrai. Les relations de coopération entre les patrons et les gouvernements indiquent aussi que la sélection est centralisée, aussi bien dans l'organisation sociétale que dans l'organisation partisane.

C'est le sous-ensemble des cinq autres postes qui importe surtout pour bien cerner les effets structuraux du patronage sur le pouvoir interne d'un parti. La cohésion ne pose pas de problème, puisque les relations existantes sont toutes coopératives et qu'on a ainsi un seul bloc. Mais la connexité est moins bien assurée. Pour qu'elle soit possible à partir de **PE**, il faudrait que celui-ci ait des relations de clientèle avec tous les partisans, ce qui est contraire au caractère disjonctif du patronage. Que **PE** soit le patron de **PL**, et que celui-ci soit le patron de **US″** et de **US″′** n'assure pas la connexité de **PL** à **US″** et **US″′**, car les relations pyramidales de clientèle n'ont qu'une connexité incertaine. Pour que l'autorité des choix publics soit certaine dans un parti, il faut des transductions administratives, contraires au patronage politique.

La fausse pyramide d'une organisation partisane construite sur les relations de clientèle est donc « tronquée » en ce que les patrons inférieurs ont une meilleure prise sur les gouvernements que les patrons supérieurs, et elle est stratarchique en ce que les patrons, à chaque palier, « ont » de la puissance, mais sans qu'il y ait exercice certain de cette puissance du sommet à la base. Rappelons que la stratarchie tient essentiellement à la pyramide des relations de clientèle : le chef d'un étage de la pyramide étant le client du chef de l'étage supérieur, et la relation de clientèle en étant une de surpuissance, qui s'oppose à la suprapuissance administrative, il ne peut pas y avoir connexité certaine d'un étage à l'autre.

L'étude du patronage politique au Québec va nous permettre d'explorer d'autres aspects du patronage des partis et des transformations qu'il opère dans l'organisation sociétale et l'organisation partisane à la fois.

Le Québec

Le système gouvernemental du Québec est bien différent de celui des États-Unis. Faisant partie, à titre de province, de la confédération canadienne, le Québec a un régime parlementaire plutôt que présidentiel. Le chef du gouvernement n'est pas élu directement par l'ensemble des électeurs; le poste est plutôt occupé par le chef du parti qui obtient le plus de sièges au parlement. Durant la plus grande partie de la période que nous étudierons plus spécialement ici (1944-1970), le parlement était formé de deux chambres : la Chambre haute ou Conseil législatif, et la Chambre basse ou Assemblée législative (devenue en 1968 Assemblée nationale). Mais même avant sa disparition en 1968, le Conseil législatif, formé de 24 conseillers désignés par le gouvernement, n'avait en fait qu'un pouvoir négligeable par rapport à celui de l'Assemblée législative.

Cette infériorité de la Chambre haute par rapport à la Chambre basse, jointe à la domination habituelle du parlement par le gouvernement, commune à tous les régimes parlementaires, se traduit au niveau du gouvernement provincial du Québec par une centralisation plus grande qu'aux États-Unis. Le principe de la responsabilité ministérielle, c'est-à-dire la nécessité pour le gouvernement de garder la majorité au parlement, entraîne d'ailleurs une discipline de vote des partis bien plus grande qu'en régime présidentiel. Cette discipline de vote garantit en retour la centralisation effective du pouvoir.

Au palier du gouvernement local par contre, la décentralisation de l'autorité est plus grande. Dans la plupart des municipalités, le maire est élu directement par l'ensemble des électeurs, et il n'est pas assuré qu'il trouve chez les conseillers, élus par quartiers, une majorité favorable. Officiellement, il préside l'assemblée des conseillers et se charge de l'exécution des décisions prises par cette assemblée, même si dans les faits il exerce souvent une influence plus grande que ce que prévoit la loi.

C'est surtout le patronage des partis provinciaux du Québec qui nous occupera ici. Nous ne traiterons pas du patronage des partis fédéraux, auquel il sera toutefois fait allusion, à la fin, mis en contraste avec celui des partis provinciaux. C'est dire que pour les fins de notre recherche, on ne tiendra pas compte de l'inclusion du Québec dans la confédération canadienne, et plus concrètement du patronage des partis fait au Québec dans le cadre du gouvernement fédéral. Le palier du gouvernement local ou municipal sera compris dans notre étude, mais il faut noter dès maintenant qu'il n'existe pas d'organisations partisanes à ce niveau, contrairement à ce qu'on trouve fréquemment aux États-Unis.

Si on ajoute que le patronage politique des partis provinciaux du Québec s'est surtout exercé — c'est une autre différence avec les États-Unis — dans de petites communautés rurales ou urbaines très homogènes, on voit comment notre étude du patronage au Québec se situe par rapport à celle du patronage aux États-Unis, et à quelles questions complémentaires elle tentera de répondre.

Le problème peut être formulé ainsi : quelles formes, semblables ou différentes de celles du patronage américain, prendra le patronage des partis dans une société qui, par rapport à la société américaine, présente au moins trois différences pour nous significatives : 1) une plus grande centralisation du pouvoir au palier du gouvernement provincial, comparé au gouvernement national ou étatique aux États-Unis ; 2) l'inexistence des partis au palier du gouvernement local, généralement tout aussi décentralisé que la plupart des gouvernements locaux aux États-Unis ; 3) une pratique du patronage surtout prépondérante dans de petites communautés rurales ou urbaines homogènes, à la différence de la machine politique américaine qui a trouvé sa plus grande force dans de grandes villes peu homogènes, où les immigrants étaient particulièrement nombreux.

Nos recherches personnelles sur le patronage politique au Québec ont surtout porté sur une circonscription électorale faite de plusieurs localités (Lemieux, 1962), sur une île composée de six localités (Lemieux, 1971), et plus largement sur l'ensemble des circonscriptions électorales d'une des dix régions administratives du Québec (Lemieux et Renaud, 1970)[2]. Dans ces différents milieux, la pyramide des patrons partisans comprend au moins trois étages : celui du député (qui peut être un ministre du gouvernement) ou de son équivalent, le « représentant » du parti ministériel dans la circonscription (quand le député appartient à un parti d'opposition) ; celui des « organisateurs » de comté dont le champ d'activité dépasse les limites d'une localité et peut même s'étendre à l'ensemble de la circonscription électorale ; et celui des organisateurs ou agents

---

[2] On trouvera une étude plus globale du patronage politique des partis provinciaux du Québec, de 1944 à 1972, dans Lemieux et Hudon, 1975.

locaux dont l'activité se confine à une localité précise (le maire de la localité peut agir comme organisateur pour le compte d'un parti provincial). Ce sont surtout les deux étages extrêmes qui ont une réalité solide, l'étage intermédiaire pouvant être inexistant ou diffus.

On notera l'importance de la circonscription électorale dans l'organisation de cette pyramide. Tandis qu'aux États-Unis les *bosses* célèbres ont eu comme champ d'activité une ville, au Québec les patrons (ou « patronneux ») les mieux connus furent des députés ou des représentants du parti ministériel dont le champ d'activité était défini par les frontières d'une circonscription électorale. On le verra, cette différence tient à ce qu'au Québec le patronage politique s'exerce surtout contre le ou les partis d'opposition, tandis qu'aux États-Unis il s'exerce surtout contre une décentralisation de l'autorité dont les partis, où la discipline de vote n'a pas la rigueur qu'elle a en régime parlementaire, ne sont pas les seuls responsables.

Quant aux clients des différents patrons, ce sont des électeurs ou des collectivités d'électeurs. Les électeurs sont des adhérents ou non au parti. Parmi les adhérents, on peut distinguer les organisateurs (qui, en plus d'agir comme patrons, peuvent aussi agir comme clients du patron ou du représentant du parti), les simples travailleurs d'élection et ceux qui souscrivent à la caisse du parti. Par collectivités d'électeurs, nous entendons les habitants d'un village, les membres d'une coopérative, les résidants d'une rue..., qui reçoivent d'un patron une prestation qui leur profite collectivement.

Voyons maintenant quels sont les enjeux du patronage. À titre d'exemples, voici ceux que nous avons recensés, au début des années 60, dans l'île d'Orléans (Lemieux, 1970).

Les renseignements ou connaissances ne sont que très rarement l'enjeu du lien de clientèle. Pour d'autres acteurs politiques, l'information est un moyen fort important de gouvernement, mais à l'exception des organisateurs d'élection pour qui l'information politique locale constitue une ressource importante, les patrons politiques de l'île d'Orléans ne la recherchent guère et ne peuvent d'ailleurs pas compter en recueillir une grande quantité chez leurs clients. Tout au plus le député ou le candidat et plus encore leurs agents électoraux obtiendront-ils sur les partis adverses ou sur les électeurs certains renseignements qui les aideront à ajuster leurs stratégies, de façon à obtenir un nombre de votes suffisant pour occuper un poste d'autorité gouvernementale et jouir des moyens de gouvernement qu'il assure.

Pour leur part, les clients cherchent à obtenir du patron plus que des connaissances. Il ne leur suffit pas que le patron indique la voie à suivre pour obtenir d'un ministère une certaine prestation. Ils attendent plutôt du patron qu'il fasse une démarche personnelle auprès des fonctionnaires, et souhaitent ainsi obtenir des appuis ou des biens plutôt que de simples connaissances. Bien plus, ce n'est généralement pas à l'avantage du patron de donner cette information. En indiquant la voie administrative à suivre pour obtenir une prestation, il court toujours le risque que le client se passe de lui et s'adresse directement aux administrations. Ce risque est toutefois tempéré par la recherche du prestige que comporte le lien de clientèle, et qui est absent du rapport bureaucratique.

Non seulement le patron évite de donner des informations à ses clients, mais il va parfois jusqu'à faire comme si des prestations, qui ont déjà été allouées par les administrations, étaient dues à son intervention. On nous a signalé le cas de députés qui, comme s'il s'agissait d'une faveur obtenue par leurs bons soins, allaient personnellement porter des chèques de pension à des gens qui y avaient automatiquement droit.

Plus que les connaissances, les biens matériels font l'objet du lien de clientèle. Le client s'y intéresse davantage que le patron. Dans l'île d'Orléans, le patron ne peut espérer obtenir de bien grandes ressources matérielles de ses clients, surtout s'ils sont de simples électeurs. Tout au plus les agents électoraux accepteront-ils d'utiliser aux fins du patron leur maison, leur voiture..., et ce en échange surtout d'une rémunération immédiate ou future, ou encore de l'estime du patron. Les moyens financiers qu'utilise le député ou le candidat, au cours d'une campagne électorale, lui viennent plutôt d'autres sources. D'ailleurs, quand un individu de l'île souscrit à la caisse électorale du parti, il envoie généralement la souscription à l'organisation provinciale ou régionale.

En revanche, on observe très fréquemment dans le lien de clientèle une transmission de biens du patron au client, en échange du vote de celui-ci. Il arrive souvent, à la veille des élections, que des travaux de voirie soient faits dans les différentes paroisses de l'île d'Orléans. Le contrat est généralement accordé à un agent du parti ministériel qui en profite pour distribuer des biens à ses clients ou encore à des électeurs du parti adverse qu'il espère attirer à lui. Des hommes de la paroisse sont employés à ces travaux. Dans certains cas, on ira même jusqu'à changer ces hommes toutes les semaines, ou encore à employer pour la réfection d'un bout de chemin ceux-là mêmes qui habitent le voisinage. On profitera également de ces travaux pour refaire les « passées » qui permettent aux agriculteurs, dont les terres sont coupées en deux par la route, de traverser celle-ci. On pourra aussi donner de la terre ou du gravier aux agriculteurs.

Cet exemple montre comment la réfection d'un bien indivisible comme une route peut donner lieu à toutes sortes de prestations divisibles dont un patron se sert pour rétribuer ses clients, attirer à lui des électeurs, ou encore pénaliser ses adversaires. Un organisateur du parti d'opposition nous montrait comment son adversaire du parti gouvernemental l'avait traité, en rendant presque impraticable sa « passée » sous prétexte de la restaurer.

Parmi les autres biens publics qui font l'objet du lien de patronage, on peut énumérer : les salaires obtenus pour différents travaux faits dans l'île ou dans la fonction publique ; les pensions ; diverses allocations aux agriculteurs ; le profit souvent excessif réalisé dans la vente de peinture, d'équipement... au gouvernement ; les subventions à des organismes de loisirs, aux corporations municipales ou scolaires ; les boissons enivrantes distribuées au cours de la campagne électorale. Il faut aussi ajouter les postes dans le secteur public ou dans le secteur privé.

Comme nous l'avons signalé plus haut, ces prestations sont généralement échangées contre un vote favorable. Le patron les utilise également afin de rétribuer ses organisateurs en échange des biens et appuis qu'ils mettent à sa disposition et, dans ce cas comme dans celui des relations avec les électeurs, il espère obtenir de ses clients l'estime qui constitue pour lui une ressource souvent indispensable.

Avant de traiter de cette ressource, il faut dire un mot des appuis. Le vote est le principal d'entre eux et nous venons de montrer comment ce moyen du client est acquis au patron, en échange surtout de biens ou de postes. Les prestations du patron pourront également être des appuis. Ainsi, quand un client contrevient aux lois de la circulation et se voit imposer une amende, l'intervention directe ou indirecte du député pourra lui éviter de payer cette amende. On nous a également cité le cas d'un pilote, dont le navire s'était échoué sur l'île. Grâce à l'intervention d'un député, qui était avocat, il avait pu gagner le procès qu'on lui avait intenté. Ce pilote, jusqu'alors adversaire politique du député, a toujours voté dans la suite pour le parti de son bienfaiteur.

Les prestations que le patron accorde au client, en échange de son vote, sont le plus souvent marquées de l'estime du patron, donc d'un prestige dont pourra se prévaloir le client. On nous a même signalé le cas de clients fortement attachés à leur parti qui n'exigeaient pas d'autre prestation de la part du patron. Lorsque celui-ci négligeait de passer chez eux au moment d'une élection, pour rappeler l'estime qu'il avait envers ses électeurs, il s'exposait à perdre le vote des clients.

À la limite, certaines relations de clientèle consistent en estime réciproque que se manifestent le patron et le client, quand par exemple ils se rencontrent en dehors des campagnes électorales. Le prestige a, plus généralement, cette double caractéristique de se surajouter à d'autres moyens échangés entre le patron et le client, et de constituer une espèce de garantie que le lien de patronage durera. Deux personnes qui se manifestent de l'estime réciproque signifient généralement par là qu'elles veulent maintenir ou alimenter le lien entre elles.

Les relations de clientèle sont également à l'origine d'appuis qui lient le patron et le client entre eux. Le client qui a reçu l'estime du patron, ou une faveur matérielle, se sent obligé de voter pour lui, même s'il ne l'estime pas. De même, le patron qui est assuré du travail ou du vote d'un client se sent obligé de rétribuer celui-ci, et cette obligation doit être considérée comme un appui dont dispose le client.

Ces cas, tirés de notre propre expérience de recherche dans l'île d'Orléans, appartiennent à ce qu'on décrit généralement au Québec comme du « petit » patronage, par opposition au « gros » patronage pratiqué auprès d'individus ou d'entreprises généralement plus importantes que celles qu'on peut trouver dans l'île d'Orléans.

Quinn (1963, pp. 139-145) a fait un bon résumé de ce « gros » patronage et d'un patronage plus « moyen », tels qu'ils ont été pratiqués par le gouvernement de l'Union Nationale, de 1944 à 1960. Ces pratiques existaient d'ailleurs avant cette période et plusieurs d'entre elles se sont prolongées après (Lemieux et Hudon, 1975). Sous cette rubrique du « gros » et du « moyen » patronage, on peut signaler après Quinn :

1) le patronage auprès des entreprises de presse. Les quotidiens mais aussi les hebdomadaires locaux reçoivent des contrats « payants » du gouvernement, donc des moyens matériels, et en retour ils lui apportent leur estime et leur appui ;
2) le patronage auprès de multiples entreprises industrielles ou commerciales par voie d'achats et de contrats accordés à des entrepreneurs de construction, à des vendeurs de toutes sortes. Le gouvernement accorde des biens et reçoit également en retour des biens matériels, sous forme de souscriptions versées à sa caisse électorale ;
3) le patronage auprès des détenteurs de permis de vente d'alcools. Ces permis qui comportent des pouvoirs et des biens peuvent être suspendus si le détenteur n'accepte pas de souscrire à la caisse du parti ministériel ;
4) le patronage auprès des grosses entreprises d'exploitation des ressources naturelles (mines, électricité, pâtes et papier...). Le gouvernement leur accorde des pouvoirs et, en échange, elles contribuent à la caisse du parti.

Il faut ajouter à cette liste le patronage auprès des membres des professions libérales (avocats, architectes, ingénieurs, conseillers en administration...) qui appuient le parti ou souscrivent à sa caisse en échange des biens que leur valent leurs expertises.

La disjonctivité des relations de clientèle

Les modalités de « petit », de « moyen » ou de « gros » patronage que nous venons de signaler, ainsi que d'autres cas pris dans une circonscription ou dans la région administrative de Québec manifestent bien le caractère disjonctif des relations de clientèle.

Soit le cas des travaux de réfection d'une route, dont nous avons déjà dit que, lorsque le patronage s'en mêle, un bien qui devrait être indivisible se trouve transformé en biens divisibles. En effet, les faveurs gouvernementales qui sont apportées par les travaux de réfection devraient être conjonctives, c'est-à-dire données à tous ceux qui résident le long de cette route. Il en est ainsi d'une certaine manière : si la route n'était pas couverte d'asphalte avant les travaux et qu'elle l'est, les parterres de toutes les maisons situées le long de la route s'en trouveront mieux ; la voie étant plus carossable, les automobiles des résidants auront la vie plus longue... Mais, comme on l'a vu, les travaux de réfection, quand ils sont dirigés par un patron, sont aussi l'occasion de faveurs disjonctives : on fera travailler certains résidants plutôt que d'autres (les partisans, ou encore des « neutres » de familles où l'on compte de nombreux électeurs) ; à un travailleur du parti on fera une belle « passée », tandis qu'à un organisateur du parti adverse on en fera une qui sera impraticable ; on profitera des travaux pour détourner du gravier (ou de la « gravelle », comme disent les gens) vers certains électeurs qu'on veut favoriser et qui l'utilisent à leurs fins propres, alors que les électeurs qu'on veut pénaliser seront privés de ce bien.

Il en allait de même des nombreuses allocations prévues pour les gens défavorisés, avant que ces allocations deviennent statutaires au cours des années 60. Au cours de nos recherches dans l'île d'Orléans, nous avons rencontré une veuve presque aveugle qui avait obtenu une pension aux aveugles d'un des deux partis traditionnels, l'avait perdue après la défaite de ce parti sous prétexte qu'elle voyait encore quelque peu, puis avait finalement obtenu de l'autre parti une pension aux invalides, en échange de son vote. Ce cas montre bien comment les relations de clientèle peuvent rendre disjonctives des prestations qui, autrement, seraient conjonctives pour tous les individus possédant une caractéristique commune.

Même dans des domaines où les contraintes rendent difficiles des prestations disjonctives, les patrons peuvent parvenir, en marge tout au moins, à en instaurer. Ainsi, le ministère de l'Agriculture subventionne, dans les localités agricoles, un certain nombre d'heures de travaux « mécanisés » qui sont faits au moyen de béliers mécaniques sur les terres des cultivateurs. Tous les cultivateurs qui en font la demande ont droit à ces travaux. Mais dans plusieurs localités, les travaux sont exécutés par des organisateurs du parti ministériel, qui s'en servent pour leurs opérations de patronage. Ils s'arrangent pour servir d'abord leurs clients (le moment où se situent ces travaux dans le cycle agricole peut avoir une certaine importance), ou encore pour leur accorder les heures restantes, s'il y en a. On nous a signalé des abus plus criants (travaux mal faits chez les adversaires; « soufflage » des heures faites chez les clients, ce qui a pour effet de réduire d'autant les heures pouvant être faites ailleurs, tout en accordant un salaire indu à celui qui fait les travaux). Le caractère disjonctif de ces travaux est évidemment d'autant plus significatif que les contraintes qui s'y opposent sont grandes.

Les prestations allouées par voie de patronage sont aussi disjonctives d'un client à l'autre d'un même patron. Il n'est pas nécessaire d'insister sur ce point, qui se dégage suffisamment de ce que nous avons déjà dit. Dans l'allocation des biens qui se fait à l'occasion de la réfection d'une route, par l'octroi d'une aide aux personnes défavorisées, au moyen des travaux mécanisés sur les terres des cultivateurs, le patron a toujours la capacité de donner un peu plus à l'un qu'à l'autre et plus généralement de disjoindre les prestations accordées à l'un de celles qu'il accordera à l'autre, même lorsque les prestations sont communes d'un client à l'autre[3].

---

[3] Étant donné le caractère disjonctif des relations de clientèle, si on doit choisir entre deux clients possibles, on optera pour celui dont le poids électoral est le plus fort. Par exemple, si une organisation partisane a les connexions nécessaires pour commander l'entretien des différentes routes dans une localité, elle soignera d'abord tout particulièrement celle où le député passe souvent pour se rendre au terrain de golf. Si du calcium n'est pas posé fréquemment sur cette route, le député soulèvera de la poussière dont se plaindront les nombreux résidants. Par contre, les plaintes d'une famille habitant près d'une autre route ne seront pas entendues, parce qu'elle est la seule à subir les inconvénients d'un manque de calcium. Dans l'île d'Orléans, on nous a fait remarquer bien souvent l'importance de cette « économie » du patronage, qui ne manque pas de poser des problèmes délicats d'allocation, assimilables à ceux dont a traité Wilson (1961). Si on dispose d'une quantité limitée de prestations, on commencera par favoriser un seul individu, du plus grand nombre de familles possible. À choisir

Ajoutons que cette disjonctivité se manifeste aussi dans la résistance qu'opposent les organisations partisanes, qui valorisent la pratique du patronage, à se former en une association officielle, avec des règlements qui ont, entre autres, pour effet d'imposer la conjonctivité des relations de supérieur à inférieur. Sous les raisons qu'on donne généralement pour expliquer son opposition à cette formule (les postes officiels sont sources d'ambitions et de jalousies ; il y a danger que certains secteurs de la circonscription soient surreprésentés et d'autres sousreprésentés), on peut lire la résistance à des relations verticales ouvertes à toutes les « ambitions » et à tous les contingentements, sans qu'on puisse, officiellement tout au moins, dissocier ce qui se passe dans une de ces relations de ce qui se passe dans une autre (à ce sujet, voir Lemieux et Renaud, 1970, pp. 146-149).

La transformation de l'infrapuissance en souspuissance

Au cours de nos recherches, des clients ont rapporté comment il leur était facile d'avoir accès à des patrons pourtant prestigieux et de « délibérer » avec eux des prestations à échanger. De ce point de vue, l'île d'Orléans fait partie d'une circonscription électorale (Montmorency) choyée, puisqu'elle a été

---

entre deux familles, on optera pour celle où l'on compte le plus d'électeurs. Mais des conflits risquent toujours d'apparaître qui menacent l'efficacité du patronage, c'est-à-dire son aptitude à transformer au profit du parti qui le pratique la non-suprapuissance en suprapuissance. Faut-il, si on refait une route, employer des hommes qui demeurent dans le voisinage, et les changer d'un village à l'autre, ou même d'une subdivision à l'autre, ou faut-il employer une équipe stable dont les travaux donneront plus de satisfaction aux usagers de la route ? Vaut-il mieux qu'un organisateur d'élection dirige lui-même ces travaux, ce qui lui assure une plus grande maîtrise des prestations de patronage, mais ce qui l'expose aussi à être accusé de faire de l'argent avec la politique — ce qui est très mauvais pour sa rentabilité électorale —, ou vaut-il mieux qu'il tente de s'entendre avec ceux qui dirigent les travaux ? Est-il préférable qu'un candidat maintienne au poste d'organisateurs de vieux partisans moins efficaces que d'autres, mais qui commandent encore le vote de nombreux parents, ou qu'il s'entoure d'organisateurs plus jeunes qui apportent d'autres appuis ? Faut-il se servir du patronage avant tout pour récompenser les travailleurs et les fidèles partisans, ou pour gagner des « sans parti » ou même des électeurs attachés au parti adverse ?

représentée de 1900 à 1936 par Louis-Alexandre Taschereau, du parti libéral, qui fut ministre, puis premier ministre du Québec de 1920 à 1936, et de 1948 à 1962 par un ministre influent du gouvernement de l'Union Nationale.

Les habitants de l'île ont gardé de Taschereau un souvenir très vivant, et souvent empreint d'une certaine mélancolie. Nous avons entendu plus d'une fois nos informateurs dire : « Un homme comme lui, il n'y en aura plus. » Et ce n'est pas sans émotion qu'un vieux partisan de Sainte-Famille dit un jour à un de nos assistants : « Je suis assis à sa place, quand il venait manger ici. »

Cet attachement à Taschereau repose sur la gratitude envers un homme, pourtant un aristocrate et un gouvernant très puissant, qui n'en demeurait pas moins quelqu'un qu'on pouvait rencontrer facilement et qui était toujours attentif aux demandes venant de ses électeurs.

Un vieil informateur de l'île nous racontait à propos de Taschereau ce fait qui illustre bien comment on pouvait « délibérer » avec lui :

En 1917, mon frère a été conscrit. Il s'est rapporté avec 21 jours de retard. Il a été classé A, et jeté au cachot à cause du retard. Comment s'y prendre pour le faire sortir de là ? Un abbé, qui est passé ces jours-là chez mon père, lui a dit qu'à l'exception de prêter un faux serment, il pouvait prendre tous les moyens pour le faire sortir. Si, en particulier, il connaissait quelqu'un de « pesant », il devait s'en servir. Mon père m'a alors chargé de faire des démarches. Je suis allé voir Taschereau. Ah ! il n'y a plus d'homme comme cela. Le midi, quand il faisait sa marche sur la rue Saint-Pierre (à Québec), près de la traverse de Lévis, il nous saluait toujours quand il nous rencontrait. Le marché se trouvait près de la traverse, et nous y allions souvent pour vendre nos produits. Toujours est-il que Taschereau me dit : « Il y a mon fils qui est dans le même cas que votre frère et je ne peux rien pour lui... Allez quand même voir votre cousin. » Il était secrétaire de Taschereau au ministère des Travaux publics. Je vais voir mon cousin, et ensemble nous nous rendons à la caserne. Deux cents personnes attendaient là, mais quand mon cousin se présente, on le fait passer avant tout ce monde-là. Finalement, mon frère a été libéré pour trois mois, avec l'obligation de se rapporter à intervalles réguliers. L'hiver suivant, on l'a « déshabillé » ; la guerre était finie.

Un autre habitant de l'île nous a raconté l'anecdote suivante, qui ne manque pas de saveur :

Une année que j'étais conseiller municipal, un ouragan a ravagé des champs d'avoine dans la localité. Au conseil, on a décidé que deux ou

> trois d'entre nous iraient voir Taschereau pour obtenir une compensa-
> tion. Le maire (qui était un pilote) décide de monter la veille, et il passe
> toute la nuit à boire. Le lendemain, il arrive « plein comme une botte »
> au bureau de Taschereau. Il s'asseoit autour de la table, près de Tasche-
> reau. C'est moi qui commence à exposer notre demande, quand soudain
> le maire se lève, le poing en l'air, et dit : « Alexandre, mon baptême[4],
> tu vas nous donner de l'argent ! » Taschereau, sans s'énerver, lui ré-
> pond : « C'est bien, Arthur, assieds-toi ! » Je n'ai jamais eu si honte de
> ma vie. Finalement, chaque cultivateur a reçu $18 grâce à Taschereau.

Si l'ancien ministre de l'Union Nationale ne fait pas dans l'île la quasi-unanimité qui se fait autour du souvenir de Taschereau, ce qui peut être dû en partie à son caractère plus contemporain, donc plus controversé, il n'en est pas moins reconnu comme un grand patron, lui aussi, avec qui on pouvait délibérer des faveurs qu'il accordait. C'était le sentiment d'un cultivateur qui nous disait :

> Du temps de P., quand j'étais président de la commission scolaire, nous
> n'avions pas de déficit. J'allais le voir chaque année et il comblait notre
> déficit par une subvention. Encore, à quelques jours des élections de
> 1960, il nous a donné $8 000 pour « boucler » notre budget... On avait
> tout ce qu'on voulait avec P. Il nous faisait des faveurs, et quand quel-
> qu'un nous fait des faveurs, c'est difficile de voter contre lui.

Cette insistance sur le caractère délibératif des relations que le patron établit avec ses clients et sur la transformation que ces relations permettent de l'infrapuissance à la souspuissance se retrouve également dans la propagande électorale des partis. Dans une étude sur la campagne électorale de 1956 dans une circonscription de la région de Québec, nous avons recensé un certain nombre de propositions employées pour définir les candidats (Lemieux, 1962). Ces propositions viennent des candidats eux-mêmes, ou encore des membres de leur organisation. Le candidat du parti de l'Union Nationale se trouvait alors être un ancien député de la circonscription, défait à l'élection précédente, mais qui avait continué d'agir comme « représentant effectif » de la circonscription auprès du gouvernement de l'Union Nationale.

Un grand nombre de prédicats qui sont employés pour définir le candidat indiquent bien qu'il a pour rôle de transformer

---

4   L'expression « mon baptême » est un juron courant au Québec.

l'infrapuissance des électeurs envers l'administration provinciale en une souspuissance grâce à laquelle la transduction administrative, ou bien est influencée indirectement par le client, ou bien cède sa place à une connexion dont se charge lui-même le patron.

Cette transformation de l'infrapuissance en souspuissance se dégage de la publicité qui décrit l'activité du candidat. C'est le candidat lui-même qui parle :

> Comme toujours, dit K., je ne fais pas de promesse autre que celle de faire mon possible et de travailler dans l'intérêt de tous. Je crois [...] que mon passé est garant de l'avenir, et que j'ai amplement prouvé que même si je ne fais pas d'éloquents discours à la chambre, je suis un excellent solliciteur pour vous.

K. dit encore qu'il n'a pas ménagé son temps ni ses efforts pour répondre aux nombreuses demandes des électeurs du comté, sans s'occuper de leur « couleur » politique :

> À mes trois bureaux, et chez moi jusqu'aux petites heures, bien souvent le dimanche, je me suis efforcé de recevoir tous ceux qui sont venus, et j'ai essayé de donner satisfaction à tous. Naturellement, quand il n'était pas possible d'obtenir ce qui était demandé, je ne pouvais faire l'impossible.

Le même candidat déclare en une autre occasion, devant ses travailleurs d'élection et des sympathisants :

> Je me suis dévoué autant que si j'étais votre député, parce qu'il fallait quelqu'un pour s'occuper de vous. Je n'ai pas regardé mon temps parce que plusieurs en auraient souffert. J'ai insisté chaque fois auprès des autorités pour vous venir en aide.
> Jamais je n'ai demandé à quelqu'un s'il avait voté pour ou contre moi. Je n'ai jamais fait de reproche à qui que ce soit. Je veux toujours vous aider, et lorsque je serai député, je travaillerai avec encore plus d'ardeur pour donner plus de satisfaction à la population du comté de...

On note, surtout dans les deux derniers extraits, la volonté de pratiquer un patronage le plus étendu possible, où l'on ne tienne pas compte de la couleur politique des clients. On en verra, lors de l'analyse structurale du patronage au Québec, les conséquences sur la coordination politique.

La transformation de la non-suprapuissance en suprapuissance

En échange des faveurs de toutes sortes qu'il achemine vers ses électeurs, le député ou le « représentant effectif » du parti ministériel dans une circonscription électorale demande qu'on lui accorde des votes ou du travail d'élection. Ainsi le candidat K. déclare :

> J'espère que tous ceux qui ont de petites difficultés entre eux les mettront de côté pour former un bloc qui travaillera pour le plus grand chef que l'on n'a jamais eu dans la province de Québec. Tout ce que j'ai fait durant les dernières années, c'est pour vous et je demande maintenant de travailler au moins un mois pour moi.

Ses partisans disent aux électeurs de la circonscription : « Il faut lui donner une petite récompense, en étant humains. » Et, à la veille du jour de l'élection, le candidat laisse clairement entendre dans un feuillet publicitaire que s'il n'obtient pas cette récompense, sous forme d'un vote majoritaire de la part des électeurs, les rétributions de sa part et de la part du gouvernement risquent de cesser. Après avoir signalé que de 1952 à 1956, il était considéré par ses chefs comme le représentant effectif de la circonscription auprès du gouvernement — et ce malgré sa défaite électorale de 1952 —, il enchaîne :

> Je crois que nous devons en toute sincérité admettre la réélection du gouvernement de l'honorable Maurice Duplessis. Qu'adviendrait-il du comté de X., si notre vote le replongeait dans l'opposition pour le prochain terme (sic).
> L'attitude logique pour le gouvernement serait de penser que le comté de X. désapprouve sa politique. Il lui faudrait penser que définitivement, les électeurs n'approuvent pas le travail que j'ai fait pour eux depuis les quatre dernières années [...]
> Je n'aurais certes plus alors la même considération que j'ai actuellement auprès des différents ministères.
> Je crois fermement que pour toutes ces considérations, la nécessité est impérieuse. Il faut que le comté de X. cesse d'être dans l'opposition. La majorité considérable que vous me donnerez le 20 juin sera, soyez-en assurés, un aiguillon qui me stimulera pour l'avenir.
> Je serai toujours à votre entier service.

Quinn, pour sa part, rapporte ce que le chef du parti de l'Union Nationale aurait dit durant la campagne électorale de

1952 dans une circonscription qui avait élu, en 1948, un député du parti adverse :

> Je vous avais avertis, en 1948, de ne pas élire le candidat libéral. Vous ne m'avez pas écouté. Malheureusement, votre comté n'a pas obtenu les subventions, les octrois qui auraient pu le rendre plus heureux. J'espère que la leçon aura servi et que vous voterez contre le candidat libéral cette fois-ci. (1963, p. 137.)

Dans l'île d'Orléans, on nous a dit plus d'une fois que si le pont reliant l'île à la rive nord n'avait été construit qu'au début des années 30, même si Taschereau le promettait depuis longtemps, c'est parce qu'il exigeait que toutes les six localités de l'île lui donnent une majorité de votes. Abstraction faite des élections où il fut élu par acclamation, cet événement ne se produisit qu'en 1931, alors qu'il obtint enfin une majorité de deux votes dans la localité très conservatrice de Saint-Pierre. La construction du pont commença après cette élection.

Ces faits indiquent on ne peut mieux que si le patron accepte de transformer au profit du client l'infrapuissance en souspuissance, c'est pour qu'en retour, celui-ci lui fournisse les moyens de transformer, par une victoire électorale, la non-suprapuissance en suprapuissance.

Cette stratégie se laisse voir dans la pratique même du patronage, où le patron s'arrangera généralement pour rétribuer ceux qui sont les plus susceptibles de lui apporter un grand nombre de votes.

C'est la raison de ce que Quinn (1963, pp. 133-134) appelle le patronage collectif, par opposition au patronage individuel. Il entend par là les opérations de patronage qui ont pour clients des individus influents dans une localité. Une fois gagnés à la cause du parti, ces individus peuvent, par le leadership d'opinion qu'ils exercent, gagner à leur tour d'autres électeurs de la localité, si bien que le patronage fait alors boule de neige et a une plus forte probabilité de transformer au profit du patron la non-suprapuissance en suprapuissance.

Parmi ces leaders d'opinion, Quinn énumère les médecins, les notaires et les avocats, les leaders syndicaux, les vendeurs et les commerçants, les maires et les conseillers municipaux, les membres de la commission scolaire, ainsi que les leaders des mouvements coopératifs, des unions de cultivateurs et des associations patriotiques. Il aurait pu ajouter les curés et les marguilliers.

Ceux de ces leaders qui dirigeaient les organisations locales importantes : organisation municipale, organisation scolaire, organisation de la fabrique, et dans certains cas coopérative agricole locale, se trouvaient être des clients dont les effets multiplicateurs auprès des électeurs étaient tout particulièrement recherchés. Il suffisait, avant une élection, de verser à grand renfort de publicité des subventions à ces organisations pour s'assurer d'une majorité de votes dans la localité.

D'ailleurs, ces organisations jouaient si bien le jeu qu'il était courant dans les petites municipalités du Québec qu'un changement de gouvernement provincial entraîne de façon quasi automatique un changement de « couleur » du gouvernement municipal. On nous a souvent dit, au cours de nos recherches dans l'île d'Orléans, qu'à l'élection municipale qui suivait un changement de gouvernement à Québec, le maire et l'équipe en place « n'avaient plus d'affaire » à être maintenus s'ils étaient du parti de l'ancien gouvernement. Il arrivait que ces partisans d'un gouvernement défait sur le plan provincial démissionnent d'eux-mêmes ou ne présentent pas leur candidature à l'élection suivante (Lemieux, 1971, p. 69).

La stratégie des patrons pour faire en sorte que la compétition entre les partis tourne à leur avantage grâce au patronage prend parfois des formes très raffinées. On nous a raconté cette anecdote à propos d'un ancien député et ministre :

> Un organisateur libéral de l'île était en difficulté financière. Il va voir P., accompagné du « chef » des Nationaux dans Saint-Jean. P. place la fille de cet organisateur au parlement, à condition que celui-ci travaille aussi fort contre l'Union Nationale qu'il l'avait fait jusqu'alors. L'organisateur libéral le promet, mais avant l'élection suivante retourne voir P. et lui demande une autre faveur. P. promet de lui accorder avant même de savoir de quoi il s'agit. L'organisateur libéral lui dit alors qu'il veut être relevé de sa promesse de continuer de travailler contre P. et l'Union Nationale. P. n'est pas très heureux mais, étant donné qu'il s'est engagé à accorder la nouvelle faveur, il consent, obtenant au moins de l'organisateur qu'il ne travaille pas pour lui, mais reste tranquille à la maison durant la campagne électorale.

Le résultat concret de ces manœuvres stratégiques, c'est qu'un organisateur du parti adverse est neutralisé grâce au patronage. On peut penser que le patron prévoyait ce résultat dès son attribution d'un poste à l'organisateur libéral. Ou du moins il prévoyait qu'il retirerait de son geste un prestige qui ne pourrait que le servir auprès de son client, d'autant plus qu'il présentait ce geste comme désintéressé.

Patronage et lois structurales

Ici encore, nous pouvons partir d'un modèle simple des relations de puissance entre les principaux postes du système politique provincial du Québec. Étant donné qu'il n'y a pas, comme aux États-Unis, division des gouvernants, on peut se limiter à cinq postes : un poste de gouvernant, un poste de fonctionnaire, et trois postes de gouvernés ou d'effecteurs sociaux. Entre ces postes, les liens de puissance sont les mêmes que dans le système américain : domination (ou suprapuissance) des fonctionnaires par les gouvernants, domination des gouvernés par les fonctionnaires, et puissance réciproque entre gouvernés et gouvernants (graphique 14).

Graphique 14 : Le système officiel des relations de puissance au Québec

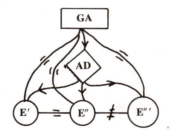

GA : gouvernants
AD : administration
E′, E″, E‴ : effecteurs sociaux

Ce graphique, qui encore une fois représente le système officiel et non les processus ou encore les liens non officiels, comporte une autorité centrée qui est certaine, et une autorité acentrée incertaine. Il est, de plus, cohésif, **AD** formant un bloc contre tous les autres pris ensemble.

Posons maintenant de façon plus réaliste deux partis, le parti gouvernemental **PG**, et le parti d'opposition **PO**, et voyons comme aux États-Unis quelles sont les relations de puissance les plus fréquentes, si on tient compte du patronage des partis. Ces relations sont illustrées dans le graphique 15.

Au parlement, **PG** domine généralement **PO**, qui n'a pas de relation avec les administrations. De son côté, **PG** domine ces administrations, comme le prévoit le système. Les administrations dominent les effecteurs que nous distinguerons en **EG**, partisan de **PG, EO**, partisan de **PO**, et **EN** qui est « neutre » ou « sans parti ».

Supposons maintenant que **PG** devienne le patron de **EG** et de **EN** et que **PO** ait l'appui de **EO**, sans opérer de patronage gouvernemental, étant dans l'opposition.

Dans notre modèle réduit, cette clientèle de **PG** lui assure une majorité envers **PO**, et en ce sens elle lui fournit les moyens de transformer la non-suprapuissance en suprapuissance ; ou si l'on préfère, elle empêche que la suprapuissance de **PG** soit renversée au profit de **PO**. Il y a toujours autorité centrée dans le graphique. Les relations de clientèle assurent aussi la cohésion du graphique, qui se trouve formé en trois blocs **(PG, EG, EN)**, **(PO, ED)** et **(AD)**. De plus, comme nous l'avons noté à propos des États-Unis, le fait que des partisans occupent des postes de fonctionnaires finit par identifier l'administration au parti gouvernemental et à ses unités partisanes, si

Graphique 15 : Relations de puissance au Québec, compte tenu du patronage des partis

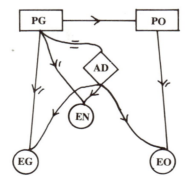

PG : parti gouvernemental
PO : parti d'opposition
AD : administration

EN : effecteurs neutres
EG : effecteurs partisans de PG
EO : effecteurs partisans de PO

bien qu'à la limite, on peut arriver à une bipolarisation entre (**PG, AD, EG, EN**) d'une part, et (**PO, EO**) d'autre part.

Mais dans les localités très solidaires, où les unités sociales sont liées par des relations de coopération, le patronage du parti ministériel auprès de quelques-unes d'entre elles seulement est source de non-cohésion. Si, en effet, les relations entre **EN** et **EO** d'une part, **EG** et **EO** d'autre part sont coopératives, le graphique devient non cohésif. Des clients de partis adverses sont amis entre eux. Une solution à ce problème consiste dans la généralisation des relations de clientèle du parti gouvernemental, ce qui a pour effet d'éliminer le parti d'opposition. Si **PG** établit une relation de clientèle avec **EO**, **PO** disparaît en pratique dans la localité, et toutes les relations de puissance sont coopératives.

Quand il provoque l'élimination de l'opposition dans une communauté locale, le patronage crée une situation où les lois de connexité et de cohésion sont observées à un haut degré. Il n'est pas étonnant de constater que les habitants de l'île approuvent cette forme de patronage qu'on définit comme du « bon » patronage, par opposition au « mauvais » patronage[5].

Par rapport au schéma officiel du système politique, le patronage « bon » ou « mauvais » représente une anomalie, contre laquelle se sont élevés, vers la fin des années 50, des penseurs et des hommes politiques du parti libéral. Selon eux, le patronage était non seulement immoral parce qu'il distribuait de façon irrégulière les prestations publiques, mais aussi injuste pour le parti d'opposition dont il amenuisait les moyens et qu'il condamnait à une lutte inégale au moment des élections.

Pour ces raisons, et dans une intention générale de réforme politique, le parti libéral, après sa victoire de 1960 sur l'U-

---

[5]   Ce patronage quasi universel a marqué pendant plus de dix ans la vie politique de Saint-Pierre, paroisse de l'île où la solidarité sociale est la plus forte. Sous le gouvernement de l'Union Nationale, cette paroisse, traditionnellement la plus favorable à ce parti, a joui d'un traitement de faveur de la part du député et ministre qui a représenté la circonscription de Montmorency, de 1948 à 1962. Seuls quelques rares partisans et agents du parti libéral ont été exclus d'un patronage qui se voulait le plus large possible. On donne encore, dans l'île, l'exemple des organisateurs unionistes de Saint-Pierre qui « en donnaient aux rouges comme aux bleus », c'est-à-dire aux partisans du parti libéral comme à ceux de l'Union Nationale.

nion Nationale, a pris des mesures qui ont modifié les relations de puissance dans le système politique du Québec. Certaines de ces mesures s'attaquaient directement au patronage politique. C'est ainsi que la loi électorale et la loi de la fonction publique ont été modifiées de façon à tarir la source des prestations publiques pouvant être allouées par voie de patronage, ou encore à rendre illégales ces pratiques. De même, au ministère de la Voirie, le nombre des contrats pouvant être alloués sans soumission a été réduit. De façon plus indirecte, une augmentation importante de l'allocation par l'État de prestations indivisibles et le renforcement de la fonction publique ont rendu les administrations plus imperméables aux patrons politiques et plus actives auprès des unités sociales. La syndicalisation de la fonction publique a, de plus, constitué un frein puissant aux tentatives de patronage politique : les syndicats n'ont pas manqué de dénoncer avec force, et à grand renfort de publicité, les cas de patronage portés à leur connaissance.

De la part des effecteurs à la base, cette situation nouvelle, où le patronage politique se trouvait restreint, a provoqué des représentations, plus ou moins conformes aux faits, qui n'en ont pas moins eu des effets sur le sort électoral des partis. Ainsi, on s'est mis à expliquer la diminution du patronage par une domination du parti d'opposition, l'Union Nationale, sur l'administration. Nous avons souvent entendu des partisans libéraux reprocher aux dirigeants de leur parti de n'avoir pas mis à la porte tous les fonctionnaires « placés » par le gouvernement précédent. On avait là, selon eux, l'explication du peu d'attention que portait l'administration aux pressions des libéraux.

Cette situation, y compris les représentations qu'elle a provoquées, est illustrée par le graphique 16 où, par rapport au graphique 15, nous avons supprimé la relation de clientèle de **PG** à **EN** pour marquer la diminution du patronage, et où nous avons ajouté une relation de suprapuissance de **PO** à **AD**, pour indiquer la domination du parti d'opposition sur l'administration.

Il n'y a plus d'autorité centrée dans le système, ce qui rend compte des frustrations des partisans du parti gouvernemental. Il y a plutôt autorité semi-acentrée, avec possibilité pour **PO** de rejoindre tous les autres postes du système. Cette situation rend compte également du fait que, dans des milieux comme l'île d'Orléans, il y ait eu un retour vers l'Union Natio-

Graphique 16 : Relations de puissance au Québec, après 1960, compte tenu des transmutations du patronage des partis

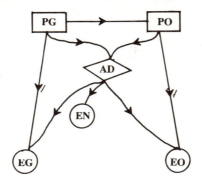

PG : parti gouvernemental
PO : parti d'opposition
AD : administration

EN : effecteurs neutres
EG : effecteurs partisans de PG
EO : effecteurs partisans de PO

nale, le parti d'opposition, dès l'élection de 1962. Notre effecteur « neutre », **EN**, étant privé du patronage du parti libéral, a de bonnes raisons de se tourner vers **PO**, l'Union Nationale, manifestement plus favorable au patronage politique.

Québec et États-Unis

Au Québec, le patronage politique sert à la lutte entre les partis. L'autorité gouvernementale étant centralisée dans le système, la plus grande puissance de la part de certains acteurs ne vise pas tellement à rassembler des parcelles de pouvoir, mais plutôt à conquérir ou à conserver les postes d'autorité gouvernementale. On a vu que, dans certaines localités, cette transformation opérée par le patronage politique pouvait aller jusqu'à l'élimination du parti d'opposition. Aux États-Unis, le parti le plus fort achète plutôt la neutralité du parti d'opposition, ce qui manifeste bien la différence entre les deux systèmes de gouvernement. Alors qu'aux États-Unis, c'est avant tout l'absence d'autorité qui est gênante, au Québec c'est plutôt le parti d'opposition qui est gênant, l'autorité étant assurée au profit du parti le plus fort.

Parce que nous nous sommes situé au palier du gouvernement provincial, dans notre étude du Québec, nous ne pouvons pas comparer vraiment le pouvoir interne des partis québécois avec celui des partis américains, dont nous avons vu qu'il avait un caractère stratarchique. Notons toutefois trois facteurs au moins qui produisent une articulation plus forte dans les partis du Québec que dans les partis américains considérés au palier de l'État, celui qui correspond au palier provincial au Canada. Il y a d'abord l'absence de liens officiels, grandissante depuis 1936, entre les partis fédéraux et les partis provinciaux. C'est dire que le problème de l'articulation ne se pose presque plus, et que les partis provinciaux du Québec n'ont pas à composer leur pouvoir interne propre avec celui des partis fédéraux. Ensuite, le régime parlementaire lui-même constitue un facteur d'articulation du palier provincial à celui des circonscriptions. Comme la formation du gouvernement par un parti dépend du nombre de députés qu'il fait élire dans les circonscriptions, la direction du parti ne peut être indifférente au choix des candidats, et plus généralement au fonctionnement des organisations à ce palier. Le seul patronage étant incapable, à cause de sa disjonctivité, d'assurer qu'un ordre soit transmis d'un palier supérieur à un palier inférieur, si l'on doit passer par un palier intermédiaire, la direction provinciale des partis doit s'assurer par d'autres moyens que le parti fonctionne bien au palier des localités. Dans les partis où les députés ou candidats étaient avant tout des clients ou des relayeurs politiques envers des instances dominées par la direction provinciale du parti, la menace de perdre, suite à une ou deux défaites électorales, ce poste privilégié pouvait constituer pour ces députés ou candidats un aiguillon suffisant à assurer la bonne marche du parti dans leur circonscription. Le cas que nous avons étudié du « médiateur » dans une circonscription de la région de Québec illustre ce phénomène.

En résumé, l'autonomie des directions provinciales par rapport aux partis fédéraux, la non-nécessité qui s'ensuit d'articuler ces deux paliers et certains effets intégrateurs du régime parlementaire sont contraires au pouvoir stratarchique dans les partis du Québec.

L'absence de partis au niveau du gouvernement local va dans le même sens. Non seulement les partis provinciaux n'ont pas à intégrer ce palier, mais traditionnellement le parti gouvernemental à Québec pouvait compter sur la complicité, sinon sur l'alignement partisan, de la plupart des leaders municipaux, selon les mécanismes que nous avons décrits. Il arrivait fréquemment que le maire soit ou bien le patron du parti dans la localité, ou bien en compétition avec lui, mais contrairement à la situation américaine, analysée par Schattschneider (1942), le patron local ne tenait son pouvoir que de sa connexion avec le député ou avec le représentant effectif du parti gouvernemental dans la circonscription.

Enfin, la pratique du patronage politique au Québec diffère de celle des États-Unis en ce qu'elle se produit généralement dans des collectivités locales assez homogènes, où la solidarité des unités sociales peut même entraîner une généralisation quasi universelle des relations de patronage.

Le patronage politique en Amérique du Nord

Comme dans l'aire méditerranéenne, le patronage politique en Amérique du Nord s'oppose d'abord au système de la transduction. Il transforme en clients des effecteurs soumis à la transduction, ou encore que celle-ci ne parvient pas à atteindre. Aux déficiences du système officiel de la transduction, le patronage oppose le système non officiel de la clientèle.

La deuxième transformation a aussi en Amérique du Nord le même but qu'un peu partout dans l'aire méditerranéenne. Il s'agit pour le patron de faire jouer à son avantage, dans le processus, un système officiel qui prévoit la compétition entre les instances gouvernementales (aux États-Unis) ou entre les partis (aux États-Unis et au Québec).

Encore une fois, ce jeu est caractéristique du patronage politique dans l'aire nord-américaine. Dans le bassin de la Méditerranée, nous avons bien vu les partis à l'œuvre, mais au niveau d'analyse où nous nous sommes situé, la compétition politique n'était pas toujours organisée autour d'eux. En Amérique du Nord, et surtout aux États-Unis, ils sont généralement présents d'une façon ou d'une autre à tous les paliers de gouvernement. Ou, tout au moins, les auteurs qui ont étudié le patronage politique — généralement des politistes — leur ont-ils prêté plus d'attention que les anthropologues et sociologues dont nous nous sommes inspiré pour l'étude des sociétés méditerranéennes.

Le patronage des partis comporte quatre enseignements généraux pour notre recherche des traits universels ou invariants du patronage politique.

Premièrement, si les partis sont des opérateurs par excellence du patronage politique dans les sociétés politiques modernes, c'est que, par définition, ils sont des connecteurs entre le sélecteur et l'effecteur. Le patronage, dans le premier moment de son opération, se définissant contre — ou en suppléance de — la transduction administrative entre le sélecteur et l'effecteur, il n'est pas étonnant qu'il emprunte cette voie ouverte.

D'autant plus, et c'est le deuxième point, que les partis, en tant que connecteurs, sont les instruments privilégiés de la compétition pour la sélection politique dans nos démocraties « représentatives » (la représentation en question étant une façon de faire la connexion entre l'effecteur et le sélecteur). Ce trait des partis, ajouté au premier, les désigne encore plus précisément pour diriger l'opération de patronage politique.

Troisièmement, parce qu'ils sont des connecteurs entre effecteur et sélecteur, les partis fournissent les relais nécessaires pour que le client se trouve un patron (ou vice versa), ou encore pour que le patron rejoigne la source de l'enjeu recherché par ou pour le client. On a vu que, dans les sociétés méditerranéennes, de tels relais étaient fréquemment utilisés et qu'ils n'étaient pas toujours partisans. L'étude de l'Amérique du Nord nous a révélé que l'organisation interne des partis, aux États-Unis comme au Québec, fournissait généralement ces relais.

Aussi, les partis peuvent être vus eux-mêmes comme le siège du patronage politique et de sa double transformation. Aux États-Unis, l'opération du patronage politique interne aux partis rend compte de leur caractère stratarchique ou de pyramide tronquée. L'étude du patronage des partis éclaire notre connaissance à la fois de l'organisation sociétale et de l'organisation partisane.

TROISIÈME PARTIE

VERS UNE THÉORIE DU PATRONAGE POLITIQUE

CHAPITRE 7

LES CONDITIONS DU PATRONAGE POLITIQUE

En abordant nos conclusions générales par l'étude des conditions du patronage, nous sommes fidèle à un précepte posé dès le début, soit la nécessité pour comprendre le patronage politique de le situer dans le contexte des sociétés où il s'exerce. La notion même de condition manifeste bien ce parti pris.

Les conditions du patronage politique consistent dans des traits sociétaux qui rendent possible l'opération de patronage. Quand certains de ces traits sont absents ou se transmutent, on devrait observer, de façon concomitante, des variations dans la pratique du patronage.

Nous utiliserons ici surtout des données déjà mises en place. Toutefois, l'étude de la disparition ou de la transmutation des traits nous entraînera parfois hors des espaces ou des époques que nous avons isolés dans nos aires culturelles. Cet exercice indiquera comment notre analyse comparative pourrait déborder le cadre relativement restreint que nous lui avons fixé.

Les conditions du patronage politique peuvent être regroupées, nous semble-t-il, dans quatre grandes catégories. Les deux premières, que nous nommerions *administratives* et *politiques,* se rapportent directement aux deux transformations de l'opération de patronage. Pour que le patron puisse transformer la relation d'infrapuissance du client en une relation de souspuissance, il faut généralement que certaines conditions administratives soient remplies, qui permettent cette transformation ou l'appellent. Ensuite, pour que le patron transforme ses relations de rivalité, de la ·non-suprapuissance en suprapuissance, il faut également que certaines conditions, politiques celles-là, soient remplies, qui là encore appellent ou permettent cette transformation.

Les deux autres catégories de conditions sont plus générales. Elles touchent à la disjonctivité des relations de clientèle, mais également aux deux transformations de l'opération de patronage. Nous les nommerions *sociales* et *culturelles*. À la différence des deux premières qui tiennent plutôt au gouvernement, elles tiennent davantage à la communauté. Par conditions sociales, nous entendons à la fois les relations entre les hommes, et les rapports de ceux-ci aux choses. Par conditions culturelles, nous entendons les représentations qui ont cours, et qui sont plus ou moins fonctionnelles avec des pratiques, dont celles du patronage.

Nous aborderons donc les conditions politiques d'abord, les plus sensibles au patron, pour passer ensuite aux conditions administratives, puis aux conditions plus générales, sociales et culturelles. Nous allons ainsi du plus conscient au moins conscient, chez l'opérateur du patronage, ce qui semble une bonne voie pour parvenir à la signification sociétale du patronage politique.

Les conditions politiques

Pour que les « gouverneurs » ou ceux qui leur sont associés pratiquent le patronage, il faut d'abord qu'existe une rivalité politique telle qu'aucun acteur sociétal ne dispose du monopole de la puissance publique. Si ce monopole existe, la politique devient administration, pour reprendre la distinction fondamentale de M. G. Smith (1960), et la possibilité du patronage politique n'existe pas. À l'autre extrémité des phénomènes de distribution du pouvoir, le patronage politique a peu de chances d'apparaître s'il règne une « démocratie » très poussée dans la société, de façon à ce qu'un grand nombre d'acteurs disposent de puissance publique. C'est pourquoi van Kleveren faisait observer avec raison que la corruption est absente en monarchie absolue, mais aussi en démocratie absolue (1970, p. 67).

Les conditions politiques favorables au patronage résideraient donc dans la compétition pour la gouverne d'au moins deux acteurs sociétaux, individuels ou collectifs, à l'exclusion des situations de monopole de la puissance gouvernementale, et des situations de compétition où un grand nombre d'acteurs exercent de la puissance publique ; la puissance est dans ce dernier cas trop divisée pour qu'un patron puisse espérer transformer sa non-suprapuissance en suprapuissance.

Cette condition vaut également pour le patronage politique à l'intérieur des organisations partisanes. Le patronage n'y est pas nécessaire quand un dirigeant dispose du monopole du pouvoir, et il est impossible quand une démocratie « excessive » règne dans le parti.

Rappelons, à ce propos, que dans l'organisation partisane comme dans l'organisation sociétale, un dirigeant ou un associé peut quand même opérer la première transformation au profit d'un client, sans que sa motivation consiste dans l'acquisition ou le maintien de sa suprapuissance, de toute façon assurée. Mais il a été convenu de parler de protection plutôt que de patronage politique dans ces cas-là.

Si nous revenons maintenant aux aires culturelles étudiées précédemment, nous pouvons constater que partout se retrouvent les conditions politiques du patronage.

L'étude des relations de vassalité dans l'Europe du Moyen Âge a montré qu'au palier des gouvernements centraux, comme à celui des gouvernements locaux, la compétition politique entre des rivaux a motivé les opérations de patronage politique. Les seigneurs utilisent leurs vassaux dans la compétition guerrière avec leurs rivaux ; le roi se donne des vassaux pour les mêmes fins, dans sa politique extérieure, mais aussi pour mieux asseoir sa souveraineté menacée par l'indépendance des seigneurs et même des fonctionnaires de son royaume. Aux deux paliers, c'est donc la compétition politique entre des « élites » (sans qu'elle soit étendue à un grand nombre d'acteurs) qui conditionne les opérations de patronage.

Dans l'Afrique de l'Est d'avant la colonisation se retrouvent également ces conditions politiques de compétition entre quelques acteurs sociétaux. Chez les Mandari, le client spécial du chef a pour fonction manifeste d'assurer l'exécution de décisions impopulaires auprès des têtes de lignage qui gouvernent avec le chef. Celui-ci affirme ainsi, quand il le faut, sa supériorité sur ses associés qui sont aussi, à certains moments, ses compétiteurs.

Les conditions politiques du patronage sont peut-être plus nettes encore chez les Basoga, où le roi utilise ses clients pour surnager dans la compétition politique très ouverte avec des parents qui sont ses rivaux parce qu'ils peuvent toujours le déposer et s'emparer de son poste.

En Ankole, comme dans l'Europe féodale, le roi se fait des clients pour se trouver en position de force dans la compétition (pour le bétail surtout) avec des voisins. Les relations de clientèle lui permettent aussi de maintenir sa position de supériorité envers les chefs bahima, toujours tentés de se détacher de lui ; il leur fournit au besoin des prestations spéciales qui font échec à leur velléité de compétition avec lui. Enfin, c'est aussi la rivalité potentielle des Bairou conquis qui l'entraîne, en limitant par la clientèle les privilèges des Bahima sur les Bairou, à se ménager ceux-ci. Dans ce dernier cas, le patronage n'agit toutefois qu'indirectement, comme nous l'avons signalé plus haut. Il n'en semble pas moins fondé sur des conditions politiques de compétition entre des rivaux, réels ou potentiels.

Par contre, quand la position du roi est mieux assurée, son patronage politique ne se produit pas ou se limite à quelques acteurs spéciaux. Ces situations sont illustrées par les cas du Bunyoro et du Buganda. Dans le premier cas, le roi n'est pas conçu comme un père de son peuple, mais comme un gouvernant, ou un souverain (*ruler*). Une fois en place, il n'est pas menacé de déposition ou de révolte, comme au Busoga ou même en Ankole. De façon concomitante, le patronage politique semble absent de cette société. Au Buganda, le roi est aussi en position de force, car les territoires du royaume ne sont pas gouvernés par des parents, compétiteurs éventuels, mais par des « hommes du peuple » nommés par lui. Seuls des chefs inférieurs, chargés surtout d'espionner les chefs territoriaux, tombent sous le patronage du roi.

Au Burundi et au Rwanda, où le roi domine une hiérarchie de chefs, ceux-ci aux différents paliers se livrent à un jeu très ouvert (surtout au Rwanda) de recherche de la puissance. Les relations de clientèle, qui ne respectent pas toujours les hiérarchies officielles, peuvent s'établir d'un territoire ou d'un groupe ethnique à l'autre. Elles sont manifestement fondées sur la compétition très active entre les chefs, y compris le roi. Les multiples opérations de patronage, animées par des rivaux, font là aussi la preuve des conditions politiques de ce phénomène.

Dans le cas du Rwanda, où tous les chefs étaient patrons, nous avons toutefois noté qu'ils réalisaient la deuxième transformation, de la non-suprapuissance à la suprapuissance, les uns aux dépens des autres. Ce qui signifie que, pour plusieurs d'entre eux, cette deuxième transformation n'était que virtuelle. Cette limite s'explique par les conditions déjà posées. S'il y a trop de rivaux, le patronage politique ne peut guère s'accomplir, surtout si tous les rivaux font du patronage ! Mais la perspective change quand on considère que les clients étaient des rivaux potentiels pour les patrons. Le patronage envers ces clients permet de maintenir le caractère inégalitaire de la société.

Dans les collectivités européennes du bassin de la Méditerranée, les conditions politiques du patronage sont généralement des conditions partisanes. Des partis plus ou moins officiels existent dans la collectivité grecque de Sarakatsans étudiée par Campbell, dans la petite ville espagnole étudiée par Pitt-Rivers, ainsi que dans la plupart des cas italiens retenus. La compétition entre ces partis entraîne des gouvernants ou des aspirants gouvernants à établir des relations de clientèle qui leur permettent de maintenir ou d'augmenter leurs appuis électoraux[1].

En Amérique du Nord, les conditions politiques du patronage sont plus nettement encore des conditions partisanes mais, aux États-Unis tout au moins, elles résident plus fondamentalement dans un régime politique de séparation des pouvoirs, au palier national et au palier étatique, et bien souvent au palier local. Il est inutile de revenir sur cette condition politique fondamentale sur laquelle nous avons insisté, à la suite d'un grand nombre d'auteurs américains. Rappelons seulement que cette séparation officielle des pouvoirs appelle en quelque sorte leur intégration officieuse et que les opérations de patronage politique, à tous les paliers, remplissent manifestement cette fonc-

---

[1] Ajoutons que, chez les Sarakatsans tout au moins, les opérations de patronage politique ont pour effet de renforcer les conditions politiques, ou plus proprement partisanes qui les fondent. En « atomisant » les oppositions potentielles qui pourraient surgir de la population des gouvernés, le patronage des partis permet de maintenir la compétition entre quelques groupes d'élite, assurant par là les conditions politiques mêmes du patronage.

tion. Il y a compétition entre deux partis pour cette intégration officieuse, ce qui renforce d'autant plus les conditions politiques du patronage. On ne saurait s'étonner qu'avec des conditions politiques aussi fortes, le patronage ait été tellement pratiqué aux États-Unis.

Nous avons vu également qu'à l'intérieur des partis, des conditions politiques de non-intégration, verticale cette fois, pouvaient expliquer la pratique du patronage. L'intégration officielle est faible entre les paliers national, étatique et local, et le patronage permet une intégration officieuse un peu plus grande. Les États-Unis présentent donc un cas particulièrement intéressant de conditions politiques, « horizontales » et « verticales » à la fois, qui fondent la pratique du patronage dans ces ensembles sociaux inclusifs l'un de l'autre que sont les organisations sociétales et les organisations partisanes.

Au Québec, les conditions politiques autres que celles qui tiennent à la compétition entre les partis n'existent pas, pour des raisons que nous avons signalées : intégration des pouvoirs dans le régime politique et absence de nécessité d'une intégration verticale à l'intérieur des partis. Tout compte fait, les conditions politiques du patronage ressemblent davantage à celles des collectivités européennes du bassin de la Méditerranée qu'à celles de la société américaine. Rappelons seulement que nous avons pu observer une situation contraire à celle des Sarakatsans, mais tout aussi instructive, des conditions politiques du patronage. Dans une localité de l'île d'Orléans, la domination, grâce au patronage d'un parti sur l'autre, devient à ce point importante qu'on passe ou presque à une situation de parti unique, c'est-à-dire à des conditions contraires au patronage politique. Sans tenir compte pour le moment des autres conditions du patronage, remarquons que celui-ci subit alors une mutation où il s'universalise en quelque sorte, perdant pour une large part son caractère distinctif de disjonctivité. Nous reviendrons plus loin sur ce cas très spécial. Retenons pour le moment que l'effacement presque total des conditions politiques, ou plus exactement partisanes, du patronage, entraîne une mutation importante chez celui-ci — ce qui fait la preuve de l'importance de ces conditions.

Nous nous trouvons à aborder ainsi le deuxième temps de notre réflexion sur les conditions du patronage politique, soit examiner ce qui se produit quand les conditions changent ou, plus radicalement, disparaissent.

La féodo-vassalité européenne nous fournit un premier cas de transmutation et de changement concomitant dans la pratique du patronage politique. Au palier du gouvernement central, le renforcement de la royauté, d'abord grâce à ses vassaux, finit par entraîner la disparition presque complète des liens de vassalité. Bertrand de Jouvenel a montré quel était le terme de cette évolution dans son livre sur le pouvoir :

> Où est le terme ? C'est la destruction de tout commandement au profit du seul commandement étatique. C'est la pleine liberté de chacun à l'égard de toutes autorités familiales et sociales, payée d'une entière soumission à l'État. C'est la parfaite égalité de tous les citoyens entre eux, au prix de leur égal anéantissement devant la puissance étatique, leur maîtresse absolue. C'est la disparition de toute force qui ne vienne de l'État, la négation de toute supériorité qui ne soit consacrée par l'État. C'est, en un mot, l'atomisation sociale, la rupture de tous liens particuliers entre les hommes qui ne sont plus tenus ensemble que par leur commun servage envers l'État. (1972a, p. 208.)

Notons, avec Jouvenel, que la conjonctivité opérée par l'État peut produire, elle aussi, à son terme, l'atomisation sociale. Quoi qu'il en soit, Coulborn note lui aussi comment l'affermissement de la souveraineté du roi, rendu possible par son patronage politique, finit par substituer le lien de monarque à sujet au lien entre seigneur et vassal (1956, p. 273). Quand le roi finit par se soustraire à la compétition politique, son patronage politique devient inutile, sa protection pouvant demeurer ou non.

L'Afrique de l'Est, et plus généralement l'ensemble de l'Afrique noire au sud du Sahara, a l'avantage de présenter une double transmutation des conditions politiques du patronage : celle produite par la colonisation européenne et celle produite par l'accession à l'indépendance.

La colonisation européenne supprimait de façon radicale les conditions politiques du patronage, puisqu'elle ne tolérait pas la compétition autour d'un même poste d'autorité. Cette autorité, chez les autochtones, devenait administrative plutôt que politique. De façon concomitante, le patronage politique disparaît, ou s'il se maintient, en plus de devoir se voiler, il se réduit à la protection, puisqu'il ne peut plus servir à la volonté de puissance dans les rivalités politiques.

Ces deux cas sont illustrés, dans les collectivités que nous avons étudiées, par les Mandari et les Basoga respectivement. Les Mandari disent à leur ethnologue Buxton que, durant la colonisation, il n'y a plus de chefs parce qu'il n'y a plus de clients (1963, p. 110). La proposition peut être inversée, ce que montre bien la suite de l'explication. Les Mandari ajoutent en effet que « c'est le gouvernement (l'administration coloniale) et non plus le peuple qui possède les chefs ». Nous avons vu que la « possession » par le peuple signifiait la participation des têtes de lignage à la sélection, et donc une possibilité de rivalité. La possession par le gouvernement signifie au contraire un monopole de l'autorité qui efface les conditions politiques du patronage.

Chez les Basoga également, l'administration coloniale supprime les conditions politiques du patronage. Comme d'autres conditions demeurent, les chefs sont soumis à des pressions de la part de leurs parents et alliés pour qu'ils établissent avec eux des relations de clientèle. Mais l'administration britannique ne tolère pas le népotisme (plus « visible » s'il s'agit de parents, les liens d'alliance étant moins facilement repérés), et de toute façon les chefs n'ont pas d'avantages politiques à retirer de la protection accordée. C'est pourquoi ils demandent souvent à être transférés dans un autre district. Fallers (1965, p. 200) ajoute cependant que le Busoga étant un petit pays, un chef y a des parents un peu partout et que, pour cette raison, il ne parvient jamais à échapper tout à fait à ces demandes de protection, qui lui sont politiquement inutiles.

La situation change avec l'accession à l'indépendance qui rétablit dans presque tous les pays d'Afrique noire une certaine compétition politique, de nature partisane. Mais, très vite, le système de partis évolue vers le parti unique, ou tout au moins dominant. Les opérations de patronage politique ne sont pas étrangères à cette évolution. Coleman et Rosberg, parmi d'autres, ont bien dégagé cette relation[2] :

---

[2] Les deux auteurs ajoutent que cette utilisation du patronage, conditionnée par le caractère compétitif de la politique partisane, a pour résultat l'impuissance quasi totale de l'opposition, selon ce que prédit la deuxième transformation de l'opération de patronage politique : « Dans plusieurs États, le phénomène du « déclin de l'opposition » (*vanishing opposition*) s'explique dans une large mesure par la pression mise sur les leaders de l'oppo-

Une large variété de techniques de consolidation ont servi aux élites du parti gouvernemental, à la fois pour neutraliser l'opposition existante, et pour empêcher l'émergence d'une opposition potentielle [...]
L'utilisation sélective du patronage pour assimiler l'opposition politique ou pour la dominer, ou encore pour s'assurer de l'appui d'éléments qui auraient pu être dissidents, a constitué une arme extrêmement puissante [...] (1964, pp. 665-667.)

Des conditions politiques analogues à celles qui régnaient avant la colonisation, dans certaines sociétés politiques africaines, dont celles que nous avons étudiées au chapitre 4, motivent en quelque sorte l'opération de patronage politique, ou du moins la deuxième transformation qu'elle comporte.

Dans le bassin européen de la Méditerranée et en Amérique du Nord, les transmutations du patronage politique s'expliquent davantage par les conditions autres que politiques, même si les auteurs américains, pour leur part, n'ont pas manqué de souligner qu'une plus grande intégration des pouvoirs, sur le plan local particulièrement (par exemple, Banfield et Wilson, 1963, p. 126) ou encore dans les partis (par exemple, Schattschneider, 1942, p. 186), avait — ou aurait — pour effet de restreindre la pratique du patronage politique.

Les conditions administratives

On dit souvent que le patronage est rendu possible par la faiblesse de l'administration. Poser les conditions administratives du patronage politique, c'est accepter de façon générale ce jugement. Mais les essais monographiques qui précèdent ont montré que les conditions administratives étaient diverses. Par exemple, celles de l'Afrique de l'Est avant la colonisation ne peuvent pas être assimilées à celles des États-Unis.

À l'examen, il nous semble que les conditions administratives peuvent être distinguées en trois catégories, évidemment reliées entre elles. Replaçons-nous dans le schéma cybernétique de notre partie introductive. Une condition administrative, sans doute la plus fondamentale, du patronage politique tient d'a-

---

sition de la part de leurs électeurs pour qu'ils se joignent au parti gouvernemental et jouissent du traitement préférentiel accordé par lui. Tout de suite après les élections, il arrive fréquemment que les élus d'un parti minoritaire ou des indépendants se déplacent massivement en direction du parti gouvernemental... » (1964, p. 666.)

bord à ce que nous nommerions le manque de fonctionnalité de la transduction. Les commandements transmis d'en haut ou bien sont insuffisants ou bien parviennent mal aux effecteurs; inversement, les suggestions venant d'en bas ou bien ne sont pas formulées ou bien parviennent mal aux sélecteurs. Le patronage, par les liens de clientèle qu'il comporte, ou encore par les autres connexions qu'il établit pour se réaliser, peut alors servir de substitut fonctionnel à la transduction administrative.

Au lieu de suppléer à la transduction, on peut aussi l'utiliser. Nous avons vu cette possibilité, en particulier dans l'étude des cas italiens. Le patronage politique suppose alors une certaine perméabilité de l'administration, ou si l'on préfère un manque d'imperméabilité, que ce soit dans les connexions entre sélecteurs et transducteurs, ou dans les connexions entre effecteurs et transducteurs. Dans ce dernier cas, les effecteurs, contrairement à ce que prévoit le système officiel, participent efficacement aux choix publics tandis que, dans le cas des connexions sélecteurs-transducteurs, ce n'est pas la suprapuissance, de toute façon officielle, du sélecteur qui est caractéristique mais plutôt son exercice sur des décisions très particulières, laissées ailleurs à l'administration, ainsi que la partialité de la décision prise.

Cet aspect nous renvoie à une troisième carence de l'administration, qui peut fonder la possibilité du patronage politique, soit son manque de disjonctivité. Cette faiblesse se rencontre généralement lorsque la transduction est très bureaucratisée. La disjonctivité étant une des caractéristiques du patronage, dans son aspect des relations de clientèle, une trop grande conjonctivité de la transduction l'appelle en quelque sorte.

Donc les conditions administratives du patronage politique résideraient dans la *non-fonctionnalité,* dans la *perméabilité* et dans la *conjonctivité* de la transduction. La première carence a trait aux connexions elles-mêmes, indépendamment de leur forme et de leur distribution; la deuxième a trait à la forme (en termes de puissance) des relations, et la troisième à leur distribution auprès des effecteurs. Les carences vont ainsi, d'un certain point de vue, de la plus générale à la plus spécifique.

Dans l'Europe féodale comme en Afrique de l'Est, le manque de fonctionnalité de la transduction définit les conditions administratives du patronage politique. Nous l'avons déjà noté à propos des relations de vassalité. Ajoutons seulement ce passage de Bloch, tout à fait significatif de notre point de vue. De la vassalité carolingienne, il écrit, ce qui peut d'ailleurs être généralisé à d'autres variantes historiques de la vassalité européenne :

> La monarchie ne disposait que d'un petit nombre d'agents, d'ailleurs peu sûrs et — quelques hommes d'Église mis à part — dépourvus de tradition et de culture professionnelles. Aussi bien les conditions économiques interdisaient-elles l'institution d'un vaste système de fonctionnariat salarié. Les communications étaient longues, mal commodes, incertaines. La principale difficulté que rencontrait donc l'administration centrale était d'atteindre les individus pour en exiger les services dus et exercer sur eux les sanctions nécessaires. D'où l'idée d'utiliser aux fins du gouvernement le réseau des rapports de subordination déjà si fortement constitué ; le seigneur, à tous les degrés de la hiérarchie, devenant le répondant de son « homme », serait chargé de le maintenir dans le devoir. (1939, p. 242.)

Les spécialistes de l'Afrique de l'Est notent eux aussi ce manque de fonctionnalité de la transduction, dû surtout à la difficulté des communications et plus généralement à une technologie insuffisante (par exemple, Beattie, 1964, p. 27). La délégation d'autorité à des chefs territoriaux est un des moyens de surmonter ces carences, mais des rivaux potentiels sont ainsi établis surtout si, comme au Busoga, les princes, parents du roi, peuvent accéder à ces postes. Des relations de clientèle avec certains des chefs territoriaux, ou encore avec d'autres acteurs, permettent au roi de mieux assurer sa suprapuissance auprès de ses rivaux, tout en fournissant un substitut au manque de fonctionnalité de la transduction.

Dans ce contexte, la perméabilité et la conjonctivité de la transduction ne sont guère pertinentes. Les conditions technologiques qui font que la fonctionnalité est réduite entraînent aussi une certaine imperméabilité par usage réduit de la transduction. Quant à la conjonctivité, elle n'est jamais excessive dans ces sociétés où les relations sont très personnalisées.

Dans le bassin européen de la Méditerranée, on trouve déjà des conditions administratives plus complexes. Le patronage politique se fonde sur le manque de fonctionnalité de la transduction, mais il lui arrive aussi de se fonder sur sa perméabilité et sur sa conjonctivité excessives.

Les auteurs utilisés pour l'étude de cette aire culturelle ont d'ailleurs reconnu ces conditions. Pour Campbell, les élus du village sont le dernier chaînon d'une administration centrale, dont la fonctionnalité et la disjonctivité sont imparfaites du point de vue du village. Le patronage des élus supplée à ces carences (1964, p. 18 et p. 260). Pitt-Rivers expose la même idée quand il voit le patronage comme une médiation entre la communauté et l'État, par laquelle celui-ci s'adapte à celle-là (1961, p. 155). Weingrod, après bien d'autres, note les carences de la transduction dans l'Italie du Midi et des Îles (1968, p. 383). De façon plus précise, on peut retrouver dans cette aire chacune des trois carences de la transduction, qui conditionnent la pratique du patronage politique.

Dans les petites localités éloignées des centres administratifs, étudiées par Campbell et par Pitt-Rivers ainsi que par certains spécialistes de l'Italie, la transduction ne parvient pas à être parfaitement fonctionnelle, du moins celle du gouvernement central. Des acteurs sociétaux, par exemple les avocats chez les Sarakatsans, se chargent d'établir des « connexions », hors de la transduction officielle, qui permettent aux effecteurs d'obtenir les enjeux recherchés. Ces connexions sont également fréquentes dans l'Italie du Midi et des Îles, où nous avons vu qu'elles mettent parfois en jeu plusieurs acteurs en plus du patron.

Pour être efficaces, ces connexions supposent la perméabilité des transducteurs dans leurs relations avec les sélecteurs. Là encore, les trois milieux méditerranéens que nous avons examinés donnent des exemples nombreux de sélecteurs qui obtiennent par leur puissance auprès des transducteurs des enjeux qui, normalement, devraient être décidés par les seuls transducteurs. Il arrive même que les transducteurs consentent à de la perméabilité dans leurs relations avec des effecteurs. C'est, par exemple, l'inspecteur des eaux, dont parle Pitt-Rivers, qui accepte de ne pas appliquer les règlements de façon stricte auprès des propriétaires de moulin, pour ne pas les ruiner et surtout pour ménager un pouvoir dont il se servira dans d'autres circonstances. La perméabilité consiste en ce que l'inspecteur agit comme patron, transformant alors sa suprapuissance dans le système en copuissance dans certains processus.

Le patronage de ces transducteurs, celui où les transducteurs sont utilisés dans des connexions complexes, ou encore celui où ils sont ignorés par les sélecteurs et les effecteurs, peut toujours avoir pour motivation, dans les collectivités méditerranéennes, d'assouplir une trop grande conjonctivité des décisions gouvernementales. Les familles de Sarakatsans, en vive compétition entre elles, tiennent beaucoup à la reconnaissance « disjonctive » qui leur est donnée par le patronage, différent en cela de voies plus administratives. À Alcalá le patronage permet également d'allouer des faveurs disjonctives aux protégés d'un patron, contre la transduction administrative qui ne fait pas normalement cette discrimination. Dans l'Italie du Midi et des Îles, le patronage s'oppose manifestement à une transduction trop conjonctive.

Les trois conditions administratives du patronage politique peuvent être observées aux États-Unis et au Québec également. Dans ces sociétés, contrairement à celles de l'Europe féodale et de l'Afrique de l'Est avant la colonisation, les conditions administratives du patronage politique résident tout autant dans la perméabilité et la conjonctivité de la transduction que dans sa non-fonctionnalité. Ainsi, les patrons se substituent de moins en moins aux transducteurs pour allouer eux-mêmes les prestations recherchées par les clients. Ils font plutôt pression sur les transducteurs, directement ou indirectement.

C'est toutefois là une évolution récente. De nombreux exemples que nous avons donnés du patronage au Québec avant les années 60 nous montrent plutôt des patrons qui achèvent la transduction, dans le prolongement des fonctionnaires. C'est le cas, par exemple, des travaux de voirie ou des travaux agricoles mécanisés qui sont confiés à des partisans. C'est aussi le cas des subventions qui peuvent facilement être accordées par des fonctionnaires, mais que le député remet en main propre. De même, le patronage des postes publics, si fréquent aux États-Unis, était et demeure exercé bien souvent par des hommes politiques, substituts en cela de fonctionnaires qui pourraient tout aussi bien allouer ces postes. Ces exemples montrent que le manque de fonctionnalité de la transduction peut être voulu par les hommes politiques, alors même que les conditions technologiques qui permettraient plus de fonctionnalité existent. Ce qui nous justifiera, remarquons-le dès maintenant, de considérer les conditions politiques comme plus fondamentales que les conditions administratives.

Cette opposition politique à une plus grande fonctionnalité de la transduction entraîne la perméabilité de celle-ci. Mais la perméabilité peut exister aussi quand la fonctionnalité est plus grande. Ainsi, des postes dans la fonction publique, autrefois distribués par les députés, le sont dorénavant par les fonctionnaires, mais, à compétence égale ou autrement, c'est le député qui décide à qui le poste sera alloué, par voie de transduction (Lemieux et Hudon, 1975, p. 45).

Nous sommes ainsi amené à l'étude de la transmutation des conditions administratives du patronage politique. Dans toutes les sociétés que nous avons étudiées, ces transmutations vont, à travers l'histoire, dans le sens d'une plus grande fonctionnalité de la transduction, par le développement des politiques publiques et de l'appareil administratif qui en prend charge. Ce développement rend moins propices les conditions administratives du patronage politique. C'est ainsi que les spécialistes du bassin européen de la Méditerranée et de l'Amérique du Nord sont unanimes à noter que le développement du welfare state est généralement contraire à la pratique du patronage politique.

Il l'est d'autant plus que l'appareil administratif devient plus imperméable aux instigations politiques. On a vu, par exemple, qu'au Québec, certaines mesures sociales, comme la pension aux aveugles, pouvaient être utilisées dans des opérations de patronage quand les transducteurs demeurent perméables aux volontés des sélecteurs et de leurs associés. Mais quand, au début des années 60, le gouvernement modifie la loi de la fonction publique et permet la syndicalisation des fonctionnaires, l'imperméabilité devient plus grande, pour l'attribution des postes tout particulièrement. Les possibilités de patronage politique sont restreintes, à quelques exceptions près, aux postes très supérieurs ou très inférieurs de la fonction publique, avec en plus des postes temporaires dont l'attribution n'est pas régie par la loi. Des hommes politiques déçus disent que le patronage des fonctionnaires remplace celui des politiciens (Lemieux et Hudon, 1975, p. 150).

Les gains en fonctionnalité et en imperméabilité, dans la mesure où ils sont concomitants à une plus grande bureaucratisation des appareils administratifs, ne se passent pas de conséquences paradoxales. La bureaucratisation, on l'a vu, entraîne généralement une plus grande conjonctivité de la transduction et, par là, provoque chez les gouvernés la recherche de relations plus personnelles, et donc plus disjonctives, qu'ils trouvent dans la clientèle. Cette recherche d'une plus grande humanisation a été bien montrée par Merton, en particulier.

Il faut ajouter que la bureaucratisation peut aussi se retourner contre la fonctionnalité elle-même, indépendamment de la conjonctivité ou non de ses applications aux gouvernés. Nous faisons allusion à la lenteur des processus administratifs dans une bureaucratie, aux décisions qu'on hésite à prendre, au décalage entre les décisions une fois prises et les problèmes à régler qui ont évolué de façon telle que les décisions ne sont plus appropriées.

Les Tolchin (1971, pp. 211 ss) signalent que les politiciens américains donnent le plus souvent cette raison pour justifier leurs interventions dans la transduction. Leurs chances de succès dépendent de la plus ou moins grande perméabilité de la transduction, qui devient un trait critique à ce point de l'évolution bureaucratique. Plus généralement, la résistance du patronage politique dépend alors des conditions autres qu'administratives qui le fondent. Il faut donc continuer l'examen des conditions avant de risquer une explication générale qui tente de les tenir ensemble.

Les conditions sociales

La première transformation, de l'infrapuissance à la souspuissance, qui définit selon nous le patronage, dans son aspect clientèle, indique qu'au départ le client se trouve dans une certaine indigence face à l'appareil gouvernemental. Les pouvoirs lui manquent pour que les choix publics correspondent à ses choix personnels. Ce qui se traduit le plus souvent par un manque à obtenir ou à conserver des moyens d'action valorisés. On peut voir dans cette indigence la condition sociale du patronage politique, ou plus exactement du clientélisme. L'indigence en question peut tenir également au manque de biens matériels, de connaissances, de prestige ou d'appuis — pour employer une catégorisation des moyens dont nous nous sommes déjà servi dans l'étude du patronage au Québec. Nous

nous attacherons à montrer comment, dans nos aires culturelles, les clients entrent dans des opérations de patronage pour
obtenir du patron ces moyens d'action.

Dans les premières sociétés étudiées, ce sont les appuis
qui manquent avant tout. Le vassal est celui qui a d'abord
besoin d'appui de la part de son seigneur. C'est l'absence de
cette ressource dans un monde menaçant qui le pousse à devenir l'homme de son seigneur. Dans les époques ou lieux plus
paisibles, les biens ont pu constituer la motivation principale.
De toute façon, le lien de vassalité comportait pour le client
des biens, de même qu'un certain prestige, quand le seigneur
avait de la réputation.

Chez les Mandari également, les clients de même que le
client spécial ont d'abord besoin d'appuis. Ce sont des hommes
« venus de la brousse », qui ne sont pas apparentés aux gens
qui les recueillent, et qui trouvent dans les relations de clientèle
un substitut à ces liens sociaux. Là aussi, les biens et les prestiges, acquis à travers ces liens, semblent secondaires par rapport à ce besoin premier.

La situation est différente chez les Basoga. Les chefs territoriaux, clients du roi, sont généralement des hommes qui lui
sont liés depuis longtemps, à titre d'anciens pages ou de protégés. On peut penser qu'outre la motivation proprement politique d'exercice du pouvoir en tant que chefs, ces clients sont
surtout sensibles aux biens (par exemple, la rétention d'une
part de l'impôt) et au prestige que comporte le poste de chef-
client.

En Ankole, les chefs bahima, clients du roi, nous sont
montrés sensibles aux biens acquis grâce à la relation de clientèle. Cette relation leur permet d'accroître leurs troupeaux, ou
encore de compenser les pertes subies. Comme au Busoga, cet
avantage prime celui de l'appui du roi, qui est en quelque sorte
déjà assuré par l'affinité de race, ainsi que par le statut de chef.

Au Burundi et surtout au Rwanda, la multiplicité des relations de clientèle, qui se produisent à différents paliers du gouvernement et entre différents groupes sociaux, rend difficile la
détermination d'une condition prédominante. Il semble toutefois que la recherche d'appuis soit première, et que secondairement, une fois cet appui trouvé chez un patron, les biens
et les prestiges accordés soient valorisés. On aurait ainsi la

même priorité que chez les Mandari et en Ankole, ce qui peut s'expliquer par les traits raciaux ou ethniques de ces sociétés. Là où la clientèle sert à franchir des barrières ethniques, les appuis seraient plus importants ou du moins plus primordiaux pour les clients que les autres moyens, ensuite acquis par le canal des appuis.

Les sociétés européennes de la Méditerranée illustrent, quant à elles, le cas où la recherche du prestige par les clients est omniprésente. Plusieurs spécialistes de cette aire culturelle, dont Pitt-Rivers lui-même, ont bien montré comment cette ressource y était valorisée par-dessus tout. Ce trait culturel se retrouve dans les relations de clientèle, du côté du client, mais aussi d'ailleurs du côté du patron (Pitt-Rivers, 1958).

Chez les Sarakatsans, il est prestigieux pour une famille d'avoir les faveurs du président du village, à condition que ces faveurs ne soient pas partagées avec une famille adverse, ce qui, rappelons-le, encourage la disjonctivité des relations de clientèle. La recherche d'autres ressources n'est jamais absente de ces entreprises, tant il est vrai que notre distinction entre elles est analytique, et que, de toute façon, les acteurs s'arrangent, quand c'est possible, pour retirer plusieurs « valeurs » du patronage. Par exemple, les relations établies avec des avocats, pour profiter du patronage du gouvernement central, ont pour but d'obtenir des appuis et, par là, des biens. Mais la recherche du prestige n'est jamais absente du clientélisme dans cette collectivité grecque.

Il en va de même à Alcalá. Les clients cherchent à obtenir des biens, c'est-à-dire de la richesse, mais le prestige est davantage valorisé. Les familles qui manquent de biens matériels peuvent avoir quand même du prestige. Comme l'écrit Pitt-Rivers, c'est seulement quand l'infériorité économique se traduit en infériorité morale qu'il y a perte de prestige (1961, p. 60). Plus généralement, on peut dire de ces sociétés, contrairement à d'autres sociétés d'Occident, dont l'américaine, que le prestige importe autant sinon plus que la richesse matérielle, et que ce trait se retrouve dans les relations de clientèle. La querelle entre Fernando, Juanito et Curro, le premier étant le patron des deux autres, nous montre des acteurs soucieux d'acquérir des biens matériels, mais plus encore le prestige attaché à celui qui maintient des liens de bon voisinage et qui ne tolère pas de perdre la face.

Les exemples italiens vont dans le même sens. Les longues chaînes de « recommandations » qui caractérisent plusieurs des cas étudiés fournissent des appuis utiles à obtenir des biens, mais le prestige dont on se pare à user de ces recommandations n'est pas moins valorisé. Au point de se demander si plusieurs clients ne préfèrent pas cette façon de procéder, indépendamment des résultats obtenus, à une voie administrative plus efficace, mais qui ne paie pas en prestige.

Ce trait rapproche le Québec des sociétés méditerranéennes. Du moins la société « traditionnelle » au Québec. Dans l'étude que nous avons faite du patronage dans l'île d'Orléans, nous avons vu que, de la part du client, les prestiges étaient presque autant recherchés que les biens. Toutefois, dans des milieux plus urbanisés ou encore chez des clients de statut supérieur (entrepreneurs, membres des professions libérales, financiers), les biens importent plus que les prestiges.

La situation est un peu la même aux États-Unis, chez des clients de semblable statut. Quant aux postes dans la fonction publique, caractéristiques de la pratique du patronage politique en ce pays, ils sont recherchés pour les biens qu'ils procurent. Mais les immigrants, Irlandais, Italiens et autres qui ont été longtemps les clients par excellence aux États-Unis, cherchaient surtout des appuis auprès des patrons. Nous avons déjà noté que ces ressources étaient primordiales pour les clients qui appartiennent à des groupes ethniques en état d'infériorité. À l'intérieur des partis, les clients d'un patron puissant recherchent surtout des biens matériels, comme il apparaît dans l'étude de James Q. Wilson (1961) sur l'économie du patronage. Plus généralement, la pauvreté en biens matériels est sans aucun doute une condition nécessaire des machines politiques américaines (Scott, 1969, p. 1 150). Les clients ont cherché des appuis chez les patrons pour échapper à cette pauvreté, ou tout au moins pour ne pas l'aggraver.

Ceci dit, on peut se demander s'il n'y a pas des conditions plus fondamentales, constantes sous la diversité que nous venons de recenser. En conclusion de quelques-uns des chapitres sur les aires culturelles, nous avions indiqué l'importance de la parenté dans le patronage. À l'examen, on retrouve cette condition un peu partout.

Marc Bloch a montré comment la féodo-vassalité s'est édifiée dans des sociétés à parentèles, où celles-ci ne suffisaient plus à assurer la sécurité des hommes :

> À l'individu, menacé par les multiples dangers d'une atmosphère de violence, la parenté, même durant le premier âge féodal, ne présentait pas un abri qui parut suffisant. Elle était pour cela, sans doute, sous la forme où elle se présentait alors, trop vague et trop variable dans ses contours, trop profondément minée, intérieurement, par la dualité des descendances, masculine et féminine. C'est pourquoi les hommes durent chercher ou subir d'autres liens. Là-dessus, nous avons une expérience décisive : les seules régions où subsistèrent de puissants groupes agnatiques — terres allemandes riveraines de la mer du Nord, pays celtes des îles — ignorèrent, du même coup, la vassalité, le fief et la seigneurie rurale. La force du lignage fut un des éléments essentiels de la société féodale ; sa faiblesse relative explique qu'il y ait eu féodalité. (1939, p. 221.)

Ce texte éclaire d'emblée les conditions parentales du patronage. Celui-ci se produit là où des relations de parenté fortement valorisées fournissent un modèle aux relations de clientèle, tout en ne réussissant pas à assurer la coordination sociétale.

Ces conditions parentales peuvent être observées dans toutes les aires culturelles étudiées. Elles sont évidentes chez les Mandari où le clientélisme se substitue à une parenté impossible entre les Mandari et les hommes venus à eux d'autres collectivités. Pour le chef, le client spécial sert, en contrepartie, à dominer au besoin des lignages apparentés. Chez les Basoga, le clientélisme s'élève contre des relations de parenté menaçantes pour le roi. Plus généralement, dans les sociétés de l'Afrique de l'Est, les relations de clientèle servent, selon notre formule, à rapprocher des éloignés pour éloigner des proches. Les gouvernants, pour s'imposer, doivent prendre leurs distances vis-à-vis des parents ou des apparentés, et les relations de clientèle servent justement à cela. Donc, comme dans l'Europe féodale, le patronage s'élève sur le modèle de la parenté, mais pour y suppléer ou même se retourner contre elle, parce qu'à elle seule, elle rendrait le gouvernement impossible.

Les collectivités méditerranéennes présentent les mêmes conditions, avec toutefois une plus grande diversité de situations. Le cas des Sarakatsans est topique de notre idée générale. La parenté y est très valorisée, mais à l'intérieur de « nous » restreints, en forte compétition les uns avec les autres. Les relations de clientèle, qui sont voulues à l'image de la parenté, suppléent à cette désintégration avec d'autres relations plus conjonctives. À Alcalá, selon la formulation même de Pitt-Rivers, le patronage ajuste les liens étatiques aux liens communautaires — par ce qu'il conserve de parental et maintient de hiérarchique, avons-nous ajouté. Ce qui est une autre façon de dire que le patronage reprend une dimension parentale valorisée pour assurer une meilleure coordination de la société. Quant aux cas italiens qui nous ont servi d'illustration, ils montrent le plus souvent comment l'opération de patronage utilise des connexions entre parents ou amis pour atteindre ses fins.

En Amérique du Nord, deux faits au moins vont dans le même sens. D'abord, il n'est pas indifférent que le clientélisme ait proliféré dans des groupes d'immigrants fortement liés entre eux, mais qui manquaient d'appuis hors de leurs frontières ethniques. Comme pour les clients mandari, le patronage a permis aux immigrants d'utiliser une espèce de parenté fictive pour s'intégrer à la société. Ensuite, dans l'île d'Orléans, au Québec, nous avons vu que de forts liens de parenté dans une paroisse (celle de Saint-Pierre) avaient produit non pas tant l'inutilité du patronage — car dans nos sociétés il est impossible que la parenté assure à elle seule la coordination sociétale, au-delà de la coordination locale — mais plutôt un patronage quasi universel.

Ce cas indique que les conditions parentales du patronage politique sont permanentes dans nos sociétés modernes. Pour qu'elles ne soient plus, il faudrait ou bien que les liens de parenté perdent à peu près toute leur valeur, ce qui n'est guère concevable, ou bien, au contraire, qu'ils assurent à eux seuls la coordination de la société, ce qui n'est plus possible. D'ailleurs, il n'y a pas d'auteurs à notre connaissance, parmi ceux qui ont reconnu les liens de parenté comme fondement social des liens de patronage, qui ont envisagé que ce fondement pourrait venir à manquer. Si l'on peut parler ici de transmutation du patronage, il s'agirait d'une transmutation faite une fois pour toutes, dont on ne peut guère espérer qu'elle se défasse : soit de sociétés où les liens de parenté suffisaient à la coordination

sociétale, à des sociétés où ils ne suffisent plus. Le témoigna-
ge de Bloch a montré que là où cette transmutation ne s'était
pas produite, la féodo-vassalité n'avait pas eu lieu. Nous
avons observé dès le début du chapitre sur l'Afrique de l'Est
que le patronage politique semblait absent des sociétés sans
gouvernement, coordonnées par les liens de parenté.

Par contre, la transmutation des conditions sociales moins
fondamentales, celles qui ont trait aux moyens recherchés par
les clients, a plus de chances de se produire, et nos auteurs
n'ont pas manqué de le noter. À commencer par les appuis,
il a été montré, par exemple, que l'intégration graduelle des
immigrants à la société américaine avait entraîné une diminution
de la pratique du patronage auprès d'eux (par exemple, Sorauf,
1960). Comme le note Sorauf, la formation d'associations volontaires ou d'autres groupes d'intérêt qui permettent de surmonter
l'isolement de clients entre eux, ou en face du gouvernement,
peut être considérée comme une autre transmutation dans les
appuis, qui enlève son utilité aux relations de clientèle.

La transmutation de la quantité et de la distribution des
biens a retenu davantage l'attention des observateurs et ana-
lystes du patronage. Plusieurs auteurs américains, dont là
encore Sorauf (1956, 1960), ont noté que l'enrichissement des
classes les plus pauvres avait enlevé beaucoup d'attraits aux
postes inférieurs de la fonction publique ou à d'autres postes
relativement mal payés, habituellement alloués dans des relations de clientèle. Des spécialistes du bassin européen de la
Méditerranée font des observations semblables, dont Silverman
qui note qu'avec le développement du *welfare state* (dont nous
avons déjà montré qu'il changeait les conditions administratives
du patronage) les clients potentiels parce que plus à l'aise sont
moins nombreux à devenir des clients réels (1965, p. 184).

Il ne faut pas trop compter, à notre avis, sur la transmutation des prestiges. Peu d'auteurs en traitent, si ce n'est pour
indiquer comme Merton (1953) ou Pitt-Rivers (1958) que les
clients sont plus sensibles qu'on pense à la façon dont l'aide
est fournie, à l'honneur qu'ils retirent de leur association avec
un patron. Cette motivation profondément humaine a peu de
chances de s'atténuer. Le jeu politique offre peu de substituts
au prestige acquis dans des relations de clientèle, et cette condition demeure pour cela fort stable, à moins qu'une campagne

contre le patronage, comme il s'en est produit une au Québec, au début des années 60, vienne convaincre les clients qu'il est déshonorant de profiter du patronage. L'évolution récente indique toutefois que cette campagne a eu peu d'effets (Lemieux et Hudon, 1975), ce qui nous confirme dans notre jugement voulant que ces conditions du patronage soient peu sujettes à des transmutations importantes.

Enfin, il faut noter que même si les clients recherchent peu à mieux s'informer par leurs relations avec des patrons politiques, de meilleures connaissances de leur part, en particulier sur ce qui peut être transduit vers eux par les appareils administratifs, peuvent entraîner une diminution de la pratique du patronage. Nous avons déjà noté cela à propos du Québec et d'autres auteurs, dont Silverman (1965), font la même observation à propos d'autres sociétés.

Les conditions culturelles

On peut caractériser le culturel par rapport au social comme étant fait de représentations dont les expressions ont un contenu qui motive les pratiques sociales. Les conditions culturelles du patronage politique consistent donc dans les représentations qui motivent de quelque façon les pratiques des relations patron-client et patron-rival, constitutives de l'opération de patronage politique, étant bien entendu que ces pratiques alimentent à leur tour les représentations.

De ce point de vue, au moins trois types de représentations, qui ont d'ailleurs été signalées par nos auteurs, nous semblent dignes de mention. En plus de représentations *parentales,* liées aux conditions sociales de même type[3], on peut

---

[3]   À propos des représentations parentales, rappelons qu'on emploie souvent, pour désigner le patron et le client, les termes de père et de fils, de frère et de frère. Ces appellations indiquent qu'un peu partout, les relations de clientèle sont représentées selon le modèle des relations de parenté. Cette seule relation métaphorique mériterait de faire l'objet de tout un ouvrage, où seraient examinés systématiquement les rapports entre réseau de parenté et réseau de patronage. Nous nous contenterons de répéter ici que ces conditions, à la fois sociales et culturelles du patronage, sont permanentes dans les sociétés humaines. Elles peuvent subir des variations de degré, mais non de nature. Si, par exemple, la représentation culturelle des relations sociales de parenté perd de sa force métaphorique pour exprimer et enjoindre un peu toutes les autres relations sociales, on pour-

distinguer des représentations *religieuses* et des représentations *partisanes*.

Les conditions *religieuses* du patronage ont surtout été discutées par les spécialistes du bassin européen de la Méditerranée. L'opération de patronage, et plus particulièrement l'utilisation de relayeurs, trouve dans les pratiques religieuses de ces sociétés un puissant modèle. Ou plutôt, disons mieux, après Lévi-Strauss (1962, p. 140), que les deux types de pratiques, comme d'ailleurs les pratiques de parenté et celles de patronage, sont les métaphores l'une de l'autre. Aux réseaux de sources, de patrons, d'intermédiaires, d'instruments et de clients dans les pratiques politiques correspondent les réseaux de Dieu, de saints patrons, d'autres saints ou d'intercesseurs, et de fidèles dans les pratiques religieuses, qui relient, croit-on, les fidèles à Dieu. Ce rapprochement métaphorique, par voie culturelle, a été noté aussi bien en Grèce qu'en Espagne et qu'en Italie du Midi et des Îles.

Campbell (1964, pp. 342-349) écrit, au terme de son étude sur les bergers sarakatsans, que ceux-ci, sachant bien que les patrons de la terre cherchent à avoir le plus de clients possible, croient que les saints du ciel s'intéressent également au nombre de leurs protégés et au nombre de vœux qui leur sont faits. Il ajoute que les relations entre les fidèles et les saints ressemblent à celles qui s'établissent entre les clients et les patrons. Non seulement elles sont gouvernées par le principe de réciprocité *(do ut des),* mais on voit dans le saint — comme dans certains patrons — un intercesseur auprès de la source suprême d'autorité :

> On peut toujours s'adresser directement à Dieu mais, à cet égard, il faut avoir à l'esprit que Dieu est le père de tous les hommes ou tout au

---

ra dire que les conditions culturelles, de type parental, du patronage, s'affaiblissent. On remarque actuellement, au Québec, de façon concomitante à une certaine dévalorisation des liens de parenté, un emploi moindre des termes « père » ou « bon papa » pour désigner le patron. Mais cette transmutation ne peut sans doute jamais empêcher tout à fait que le client ou le patron se pensent selon le modèle inéluctable de relations de parenté, qu'ils ont tous deux vécues ou qu'ils vivent encore intensément. Ce n'est pas verser dans le psychologisme que d'affirmer la permanence de ce fondement socio-culturel du patronage, dans son aspect des relations de clientèle.

moins de tous les Grecs et que même si ses jugements semblent parfois capricieux et difficiles à comprendre, il demeure juste et impartial, en principe. C'est pourquoi il est préférable d'établir une relation avec une puissance spirituelle de degré inférieur, qu'on peut approcher plus facilement. Cette puissance intercédera auprès de Dieu, ou encore utilisera le pouvoir qui lui a été délégué, dans l'intérêt du fidèle. Ces intercesseurs sont la Mère de Dieu et les Saints. (Campbell, 1964, p. 342.)

Dans un article sur le patronage en Espagne, Kenny (1960) a signalé lui aussi ce rapprochement métaphorique entre les deux types de pratiques. Dieu est le patron suprême, la source ultime de tout patronage; la Vierge Marie et les saints sont conçus comme des intercesseurs auprès de lui. Viennent ensuite les autorités ecclésiastiques et les patrons de la terre (p. 17).

Enfin, Boissevain, dans son article sur le patronage en Sicile, écrit :

Il y a un autre facteur qui, selon moi, contribue à la persistance du patronage en Sicile. Il s'agit de l'importance durable de la religion catholique. En dépit d'un anticléricalisme rampant, la religion catholique demeure profondément inscrite dans la vie et les coutumes du peuple. Les nombreuses fêtes et processions religieuses en l'honneur des saints patrons continuent de compter parmi les événements les plus importants du pays. Je crois que, dans une telle société, on a une forte base idéologique pour un système politique fondé sur le patronage. La ressemblance est frappante entre le rôle d'intermédiaire entre Dieu et l'homme qui est joué par les saints, et celui du patron de la terre qui intercède auprès d'un personnage important en faveur de son client. En fait, un patron est parfois appelé un *santo* ou un saint et les gens citent parfois le proverbe *Senza santi nun si va'n paradisa* : sans l'aide des saints, on ne peut pas aller au paradis, pour illustrer l'importance du patron dans l'accomplissement de leurs désirs. (1966, p. 30.)

Ce rapprochement métaphorique, médiatisé par la culture, n'a pas fait l'objet d'étude spécifique au Québec, mais certains indices en attestent l'existence. Nous ne citerons que quelques extraits d'un article, évidemment polémique, qui montre comment les opérations de patronage, et plus particulièrement les relations de clientèle, se prêtent facilement à des interprétations « religieuses » :

Avec le nombre d'intercessions fructueuses à son crédit, il est surprenant qu'on n'ait pas encore organisé une campagne pour la béatification de X... Il intercède à qui mieux mieux et ça réussit, il a le bras long auprès de Dieu-le-père-qui-est-à-Québec. Les faveurs obtenues grâce

à X..., ça ne se compte plus. Le dernier exploit de X..., vous le con-
naissez ? [... Il] est intercesseur pour Y... qui est en train de vendre
au gouvernement, pour la jolie somme de 1/2 million, les microfilms des
actes de naissance des Québécois... L'affaire est pratiquement réglée.
C'est pas fort comme intercession, ça ? (*Main basse,* vol. 1, n° 5,
25 février 1974, p. 3.)

Le recours au saint et le recours au patron sont la métaphore l'un de l'autre. En ce sens-là, le culte des saints, dans
les pays catholiques, constituerait une condition culturelle du
patronage. C'est la conclusion de Boissevain à laquelle nous
souscrivons entièrement :

> Il est frappant de constater que, dans les pays catholiques où existe
> un important culte des saints, ainsi l'aire méditerranéenne et l'Améri-
> que latine, on a aussi un système politique qui, s'il n'est pas fondé sur
> les relations patron-client, est pour le moins fortement influencé par ces
> relations. Ces pays diffèrent des pays catholiques, situés plus au nord de
> l'Europe, où le culte des saints est beaucoup moins pratiqué, et où les
> relations patron-client sont moins importantes. Je ne prétends pas qu'il y
> a un lien causal entre le culte des saints et un système de patronage
> politique, bien que ce puisse être le cas. Mais il est évident, je pense,
> que le patronage religieux et le patronage politique se renforcent l'un
> l'autre. Chacun sert de modèle à l'autre. (1966, pp. 30-31.)

Enfin, les conditions culturelles du patronage politique
peuvent être de type *partisan*. Nous entendons par là les représentations qui portent sur ce que doit être le jeu des partis, de
l'un à l'autre, mais aussi dans leurs relations avec les électeurs.
L'exposé de ces conditions laisse plutôt insatisfait, mais signalons au moins que des auteurs américains ont montré comment
des transmutations dans la culture partisane pouvaient entraîner
une diminution dans les pratiques du patronage. Banfield et
Wilson, qui partagent ce point de vue avec d'autres auteurs,
écrivent, à propos des machines politiques américaines et de
leur patronage :

> L'assimilation des gens des classes inférieures à la classe moyenne
> suppose leur conversion à l'éthique politique de l'élite anglo-saxonne
> protestante, dont l'idée centrale est que la politique doit être fondée
> sur des motivations publiques plutôt que privées, et qu'elle doit in-
> sister sur les vertus d'honnêteté, d'impartialité et d'efficacité.
> Là où la classe moyenne domine, cette éthique prévaut et caractérise
> le système politique. Si, comme c'est probable, la classe moyenne ar-
> rive, en longue période, à assimiler entièrement les classes inférieures,

il est à peu près sûr que les machines finiront par disparaître. (1963,
p. 123.)

D'autres auteurs, sans nier l'importance de ces conditions
éthiques, ont plutôt vu la transmutation de la culture partisane
comme fondée sur des transmutations technologiques, qui ont
à leur tour modifié les relations avec les publics, aidées en cela
par les spécialistes des relations publiques (les *P. R. men*).

Ces auteurs renvoient, bien sûr, au développement extra-
ordinaire des moyens de communication, et en particulier de la
télévision. Comme l'écrit Sorauf (1959), les partis se servent
des moyens de communication de masse pour créer des loyautés à la personne de leurs candidats. Les télé-relations ainsi
formées remplissent certaines des fonctions des relations de
clientèle. En particulier, l'électeur peut retirer de son identification au candidat un sentiment de prestige un peu compa-
rable à celui qui lui vient de sa qualité de client. Sorauf note
aussi une tendance chez les partis américains à devenir plus
« programmatiques » depuis les années 30. Là encore, on peut
estimer que les nouveaux moyens de communication les entraînent à cela. Cette tendance, comme l'autre, est évidemment
contraire au renforcement du patronage.

Toutefois, Wilson a montré, dans son étude des « démo-
crates amateurs », qu'un parti programmatique, qui se privait de
la discipline du patronage pour maintenir une certaine ligne
idéologique à l'intérieur de lui-même, s'exposait à de grandes
difficultés :

> Un parti qui est démocratique à l'intérieur de lui-même et qui manque
> des ressources telles que celles du patronage n'est pas muni des sanc-
> tions nécessaires à l'accomplissement de son mandat — c'est-à-dire son
> programme — auprès de ses élus. Un programme veut dire de la disci-
> pline, mais la discipline, comme le montre l'histoire des partis socialistes
> de l'Europe de l'Ouest, est l'ennemie de la démocratie interne au
> parti [...]
> L'accord sur le programme peut être obtenu sans modifier celui-ci, si les
> dirigeants du parti disposent de ressources non programmatiques avec
> lesquelles ils peuvent négocier. Ces ressources consistent principalement
> dans les deux suivantes : le pouvoir quant au choix des candidats et le
> pouvoir sur les ressources de patronage dont dispose le gouvernement.
> (1966, pp. 349-350.)

Les conclusions de Wilson, fondées sur une expérience à
laquelle il a participé et qui l'a déçu, sont peut-être trop pessi-

mistes. Mais il faut bien avouer qu'en Amérique du Nord tout au moins, rien n'est venu prouver qu'un parti qui se voulait « démocratique » pouvait se passer du patronage, une fois au gouvernement. On peut même ajouter, au sujet des candidats, que les loyautés fondées sur autre chose que le patronage leur sont utiles surtout au moment de leur première élection. Une fois en poste, même un candidat prestigieux et programmatique se trouve entraîné sur la pente du patronage, comme le prouve abondamment le cas du maire Lindsay de New York (à ce sujet, voir Tolchin et Tolchin, 1971, pp. 46-67).

Le caractère incertain des conditions culturelles de type partisan du patronage vient nous rappeler, si besoin est, que les conditions que nous avons distinguées pour les besoins de l'analyse doivent être tenues ensemble pour une explication complète du patronage. C'est ce que nous voudrions maintenant esquisser, au terme de ce chapitre.

Synthèse des conditions du patronage politique

Les conditions que nous venons de recenser, avec leurs transmutations, ne sont pas toutes sur le même plan. C'est d'ailleurs pourquoi nous les avons divisées en quatre grandes catégories. Les conditions politiques fondent la deuxième transformation de l'opération de patronage politique, tandis que les autres conditions fondent plutôt la première transformation et la disjonctivité des relations de clientèle qui est étroitement liée à cette transformation.

Il n'est pas impossible que, dans une société donnée, à peu près toutes les conditions soient remplies, et que la pratique du patronage politique soit pour cela très extensive. Le cas du Rwanda, avant la colonisation, nous semble significatif à cet égard. On se souvient que, selon les ethnologues qui ont étudié cette société, tous les individus y étaient clients de quelque patron politique. Or, justement, les conditions du patronage politique sont à peu près toutes présentes au Rwanda. La compétition politique est intense entre les multiples chefs chargés chacun d'un secteur du gouvernement. Du même coup, l'administration est très perméable, même si elle est plus fonctionnelle qu'ailleurs, et son caractère spécialisé invite à la disjonctivité. Dans cette société où les différences ethniques et les différences de rang sont accusées, un individu donné manque toujours d'appuis, de biens ou de prestiges, quand il se compare à d'autres mieux munis que lui. Les liens de parenté commandent plusieurs aspects de la vie sociale. Enfin, comme nous l'avons signalé avec Maquet, certaines représentations culturelles dans cette société ne manquent pas de renforcer, en la justifiant, la pratique du patronage politique.

Il en va de même dans des collectivités plus modernes. Qu'il s'agisse de certains villages méditerranéens, de milieux d'immigrants aux États-Unis dans la première moitié du XXᵉ siècle, ou de paroisses rurales du Québec avant les années 60, la pratique du patronage politique est d'autant plus extensive, semble-t-il, que quelques partis politiques s'affrontent; que la fonction publique est à la fois peu fonctionnelle, perméable et susceptible de disjonctivité; que des ressources valorisées, appuis, biens ou prestiges, manquent, les liens de parenté étant eux aussi valorisés; et qu'enfin des représentations culturelles appropriées, parentales, religieuses ou partisanes, justifient en quelque sorte la pratique du patronage politique.

Nous ne pouvons pas faire la démonstration inverse, par la négative, des conditions du patronage. Il aurait fallu, pour cela, étudier un certain nombre de sociétés où le patronage politique est absent ou presque, et montrer que cette absence s'explique par l'absence des conditions politiques, administratives, sociales et culturelles. Nous avons quand même pu indiquer, dans l'étude des transmutations des conditions du patronage, comment l'absence de certaines conditions entraînait l'absence de la pratique du patronage politique. Le cas le plus éloquent demeure sans doute celui de l'Afrique noire pendant la colonisation, où la suppression des conditions politiques et administratives est concomitante à la disparition de la pratique du patronage politique.

Ce cas montre d'ailleurs qu'il y a une certaine hiérarchie des conditions du patronage politique, ce qui était sous-entendu quand nous disions que les conditions ne se trouvaient pas toutes sur le même plan. Étant donné notre notion du patronage politique, où le patron est défini comme l'opérateur d'une double transformation, les conditions politiques sont pour nous les plus fondamentales. Comme van Kleveren (1970) l'a bien vu, le patronage politique semble impossible là où règne le despotisme total ou la démocratie complète, parce que le patron n'a aucun avantage politique à tirer des relations de clientèle. S'il a alors des clients, c'est uniquement pour leur accorder sa protection. Ou si l'on préfère, son patronage est non politique.

Comme le despotisme total ou la démocratie complète sont extrêmement rares, les conditions politiques du patronage sont très larges. Les conditions sociales seraient les deuxièmes en ordre d'importance. Car si la non-suprapuissance du patron doit être présente au départ, il faut que l'infrapuissance du client le soit également — ce qui est possible, notons-le, un peu partout où il y a absence de démocratie complète. Que les conditions sociales soient subordonnées aux conditions politiques nous est d'ailleurs montré par l'Afrique noire durant la colonisation. Malgré la présence des conditions sociales, le patronage politique ne s'y est pas produit.

Les sociétés modernes montrent, quant à elles, que les conditions sociales priment sur les conditions administratives, pourvu que les conditions politiques soient d'abord remplies. Les réformes de l'administration, pour la rendre plus fonctionnelle, plus imperméable et plus conjonctive, ne parviennent jamais à faire disparaître tout à fait le patronage politique.

Car si les gouvernants ont avantage à cette opération, et s'ils dominent les fonctionnaires, ils peuvent toujours trouver les moyens, dans le système officiel ou hors de lui, de faire servir les fonctionnaires à l'opération de patronage politique. À condition, bien sûr, qu'ils se trouvent des clients — ce qui ne risque pas de manquer dans des sociétés complexes où certains acteurs, comparés à d'autres, sont à court de moyens et, par là, réduits à des impuissances dans leurs relations politiques.

Enfin, les conditions culturelles sont les dernières dans notre perspective, qui est sociologique plutôt que « culturologique » en ce qu'elle porte sur la pratique du patronage politique bien plus que sur ses représentations. La culture n'est alors qu'un fait second, métaphorique par rapport à la pratique qu'elle permet d'interpréter en la reliant à d'autres champs d'action. Du même coup, elle enjoint cette pratique, et par là peut être considérée comme une condition renforçant les autres conditions du patronage politique, plus fondamentales de notre point de vue.

CHAPITRE 8

PATRONAGE POLITIQUE ET COORDINATION SOCIÉTALE

Si le patronage politique a des conditions, il a aussi des conséquences. Celles-ci ont été étudiées, dans cet ouvrage, d'un point de vue structural. Pour chacune des sociétés que nous avons retenues, il a été montré comment les opérations de patronage politique affectaient la connexité et la cohésion, c'est-à-dire la coordination sociétale.

Il est inutile de recenser sans plus les conclusions atteintes à cet égard. Nous suivrons une voie plus directrice, esquissée au deuxième chapitre, pour arriver à nos conclusions finales. Elle tiendra compte de l'ensemble politique où se situe l'opération de patronage, en le réduisant à l'affrontement, auquel il donne lieu, de logiques politiques opposées, ainsi que d'opérations différentes, dont celle du patronage politique.

Les conséquences du patronage sur la connexité et la cohésion politiques

Le patronage, disait Pitt-Rivers, médiatise l'action de l'État et celle de la communauté. Nous avons posé, dès le début, que ces actions étaient mues par des logiques opposées. Celle de l'État, ou du gouvernement, tend à l'autorité centrée, la seule à commander des choix publics qui s'appliquent à tous les acteurs pris deux à deux, soit la situation suivante :

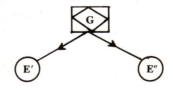

La logique de la communauté, ou plutôt les logiques de la communauté tendent plutôt à l'autorité semi-centrée ou à l'autorité acentrée. Pour les acteurs puissants (**E′**), la situation idéale est ceci :

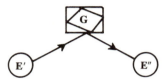

ou tout au moins ceci :

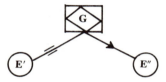

Dans ces deux situations, il y a autorité semi-acentrée puisque d'un acteur donné à un autre, il y a domination dans un sens seulement. Les acteurs moins puissants (**E″**) tendent plutôt à une situation d'autorité centrée qui est, par exemple, réalisée dans le graphique suivant :

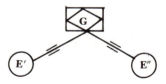

Le patronage politique peut alors être expliqué dans sa nature propre, par rapport à ces logiques opposées. Dans sa première transformation, le patronage va nécessairement dans le sens des logiques de la communauté, puisqu'il donne à des acteurs de celle-ci une possibilité de copuissance, absente sans son opération. À l'intérieur du sous-ensemble fait du patron et de ses clients, l'autorité acentrée est possible dans le processus. Mais elle n'est jamais qu'incertaine à un double titre ; le patron peut toujours imposer sa suprapuissance et, même quand la liaison est de copuissance, il n'est pas sûr, à cause de la disjonctivité des relations de clientèle, que d'un client à l'autre le même choix personnel prévaudra.

Parce que l'opération de patronage sert finalement à la suprapuissance du patron, c'est plus généralement l'autorité centrée qui est établie ou maintenue, dans le système ou tout au moins dans le processus. Ce sens structural de l'opération de patronage politique est illustré par les deux situations suivantes, tout aussi élémentaires que celles que nous avons utilisées depuis le début de ce chapitre :

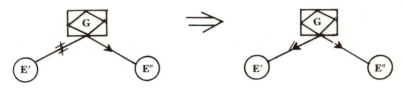

Ajoutons que, dans les ensembles politiques complexes, cette tendance à l'autorité centrée est d'autant plus évidente que le patron gouvernant seul, par sa commande de l'appareil administratif, est assuré que ses choix auront une autorité certaine. Nous avons souvent noté ce fait dans les analyses précédentes.

Nous avions prévu, au deuxième chapitre, que les conséquences du patronage politique sur la cohésion seraient plus ambivalentes. Il est maintenant possible de préciser les raisons de cette ambivalence. Elles ne tiennent pas à l'opération de patronage politique elle-même, mais à ce qu'elle laisse subsister parmi les autres relations sociétales. Le patronage a pour condition politique, on l'a vu au chapitre précédent, la compétition politique entre des rivaux. Par les liens coopératifs qu'il établit avec les clients, il tend à former deux blocs ou plus, cette situation étant généralement plus cohésive que la précédente. On le voit dans les deux derniers graphiques élémentaires par lesquels nous avons illustré la double transformation opérée par le patronage politique. D'un graphique à l'autre, le degré de cohésion augmente, puisqu'on passe de trois blocs à deux. Plus généralement, une société qui ne serait construite que par voie de patronage politique serait fortement cohésive, comme l'indiquait la situation, très poussée sur cette voie, que nous avons observée dans une des six paroisses de l'île d'Orléans.

Mais le patronage politique laisse toujours subsister des relations autres qui peuvent empêcher que se réalise la cohésion forte à laquelle il tend. Autrement dit, parce qu'il ne réussit pas à atomiser la société de façon à éliminer toutes les relations non transductives, autres que de patronage, ou parce qu'il ne se substitue pas entièrement à la transduction, le patronage n'est pas le seul facteur de cohésion dans une société, qui peut sécréter par ailleurs des coalitions ou des non-coalitions qui, en se composant avec celles du patronage, produisent des défauts à la cohésion sociétale, qui peuvent même se traduire par une grande instabilité politique, comme c'était le cas au Burundi. Les effets cohésifs du patronage politique sont d'autant plus limités que les relations qui subsistent hors de lui sont conflictuelles. Si toutes les relations qui subsistent sont coopératives, le patronage ne peut être que cohésif dans le système.

En somme, une société construite uniquement par des opérations de patronage aboutirait à une coordination unipolaire et d'autorité centrée, possible au niveau du système. Ce serait, par exemple, la situation du graphique 17.

Graphique 17 : Schéma d'une société qui serait réduite à des relations de clientèle

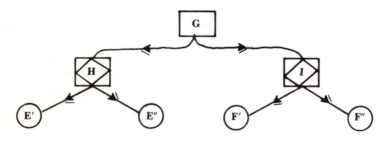

G : gouvernant supérieur
H, I : gouvernants inférieurs
E′, E″, F′, F″ : gouvernés

Notons que, dans une telle situation, le patronage politique se réduit au patronage tout court, ou à la protection, à moins que la deuxième transformation consiste à passer de la surpuissance dans le système des relations de clientèle à de la suprapuissance dans certains processus.

D'ailleurs, une raison plus fondamentale empêche que de telles situations limites soient atteintes. Dans ces cas, en effet, la cohésion unipolaire se ferait aux dépens de l'autorité centrée à laquelle tend le patron. Dans le graphique 17, l'autorité centrée n'est qu'incertaine, bien que le maintien d'un transducteur peut la rendre certaine.

Ces situations limites permettent néanmoins de comprendre à quelle coordination sociétale tend le patronage politique, ainsi que les contradictions qu'elle comporte. Nous allons maintenant revoir nos études de la connexité et de la cohésion dans chacune des sociétés de nos aires culturelles, pour montrer comment la lecture structurale dont nous venons de proposer le sens s'y applique ou non.

Revue des analyses structurales

La vassalité européenne nous présente d'emblée un cas où l'on est très proche de la situation limite que nous venons de dessiner (voir le graphique 2, p. 50). La deuxième transformation, nous l'avions noté à ce moment, se fait en partie à l'intérieur de la première, le client étant aussi un rival pour le patron, roi ou seigneur. Toutefois, les clients sont rivaux entre eux, ce qui est un facteur de non-cohésion. Ainsi, le roi, coalisé avec un premier vassal, est aussi coalisé avec un second vassal en conflit avec le premier. Si le patronage pouvait empêcher ces conflits, la cohésion serait possible. Mais, tant que les vassaux du roi sont aussi des seigneurs dont les relations de clientèle servent aux conflits entre eux, cette disparition est illusoire. Il faudrait, pour qu'on se retrouve dans notre situation limite, que la deuxième transformation ne soit opérée qu'à l'intérieur de la première.

Nous avons donc là un cas particulièrement net des tendances structurales du patronage politique et d'un obstacle qui empêche que la cohésion soit réalisée. Nous avons d'ailleurs vu, dans la levée de cet obstacle, un facteur de transmutation de l'organisation féodo-vassalique vers d'autres formes plus cohésives, et aussi plus connexes, d'organisation sociétale.

Chez les Mandari de l'Afrique de l'Est, le patronage politique du chef, abstraction faite de ses conséquences intersociétales, permet qu'en plus de l'autorité acentrée possible, l'autorité centrée se réalise dans certains processus, puisque le client spécial transduit vers les lignages des choix impératifs qui ne seraient pas applicables autrement. Si cette transduction par le client spécial éliminait les relations de copuissance entre le chef et ses têtes de lignage, une cohésion, bien que faible, se réaliserait. Mais ces liens de coopération subsistent qui font que le chef, coalisé avec le client, est aussi coalisé avec les têtes de lignage, soumis au client, donc en conflit avec lui (voir le graphique 3, p. 58). Ce cas illustre également de façon claire le sens structural du patronage politique et les obstacles qu'il trouve, hors de lui, à son accomplissement.

Le système politique soga, réduit à sa plus simple expression dans le graphique 4 (p. 65), montre que là aussi l'autorité centrée au profit du roi se réalise grâce à ses clients, ce qui n'exclut pas la possibilité d'une autorité semi-acentrée, au profit de ceux-ci et du roi. Des blocs sont formés, celui du roi et de ses chefs-clients, et ceux des princes. Les relations qui subsistent hors du patronage politique ne viennent pas ici gêner la cohésion parce que le roi soga, contrairement au chef mandari, n'est pas coalisé avec les « gouverneurs » qui se trouvent sous lui.

Au Bunyankole, nous avons relevé trois « fonctions » de l'opération de patronage politique. Une première fonction est intersociétale et ne relève pas, en tant que telle, de la coordination sociétale. La deuxième fonction, par contre, en est une de connexité sociétale. Sans le patronage du roi, les relations de celui-ci avec les chefs risqueraient d'être de coimpuissance, ce qui réduirait la société à une absence d'autorité. L'opération de patronage, tout en permettant l'autorité acentrée, possible entre le roi et ses chefs-clients, produit plus généralement une possibilité d'autorité centrée, au profit du roi. Les relations de clientèle créent un bloc (fait du roi et des chefs-clients) face aux rivaux de l'extérieur, réalisant une unipolarité fortement cohésive. Enfin, en empêchant les Bahima, qui ne sont pas chefs-clients, de dominer les Bairou, le roi sauvegarde son autorité centrée, en apaisant les Bairou qui, autrement, risqueraient de se révolter. La disjonctivité du patronage permet ainsi de maintenir les situations de connexité que nous avons définies comme conséquentes, tendanciellement tout au moins, à l'opération de patronage politique.

Au Burundi et au Rwanda, l'autorité centrée est établie dans le système « avant » les opérations de patronage politique. Un appareil administratif relativement développé sert à cela. Dans ces sociétés inégalitaires, le patronage, par ses relations de clientèle, semble obéir d'abord à une logique de la communauté qui tend à une autorité au moins semi-acentrée. Mais, comme Maquet en particulier l'a bien montré, la suprématie du roi et des chefs est du même coup rendue plus supportable. Autrement dit, le patronage sauvegarde la possibilité d'autorité centrée, tout en allant dans le sens d'une autorité un peu plus répandue.

Ces opérations de patronage laissent subsister, en partie au Burundi et dans sa totalité au Rwanda, l'appareil administratif. Elles laissent aussi subsister des relations inégalitaires, à caractère ethnique. Il n'est pas étonnant alors que, tout en créant des cohésions locales, elles ne parviennent pas à rendre la société tout à fait cohésive.

Chez les Sarakatsans également, l'autorité centrée est organisée « avant » que les patrons et les clients entrent dans le jeu. Mais elle est limitée, des limitations mêmes de l'appareil administratif. Le patronage ouvre d'autres voies possibles à cette autorité centrée qui, renforçant de façon bien incertaine la connexité de la société, vont dans le sens d'une logique de la communauté qu'on pourrait qualifier de non inégalitaire. Une famille de bergers cherche à tout prix à ne pas être dominée par une autre, mais ce n'est pas pour autant en vue de coopérer avec elle. L'appui d'un patron est recherché pour sa valeur de cohésion, plus que pour sa valeur de connexité. Les familles apprécient de former ainsi une coalition, opposée à une autre famille non cliente du patron, sans trop espérer arriver, grâce au patron, à dominer cette autre famille. Comme le patronage laisse subsister des relations qui sont conflictuelles (voir le graphique 8, p. 100), il est cohésif à condition d'être disjonctif. Si un patron se fait des clients de deux familles adverses, il crée une situation de non-cohésion, comme le note d'ailleurs Campbell.

Le patronage politique, dans la petite ville espagnole d'Alcalá, a lui aussi pour conséquence d'établir des liens avec le gouvernement central, dont l'appareil administratif rejoint imparfaitement la communauté locale. Il sert ainsi l'autorité centrée, en faisant en sorte que d'officiellement certaine, elle devienne pratiquement possible. À l'intérieur du village, la situation est différente de celle observée chez les Sarakatsans. Les groupes coopèrent plutôt que d'être en conflit. Le patronage politique, tout en assurant la suprématie des dirigeants, prend chez les gouvernés une valeur de connexité tout autant, sinon plus, que de cohésion. Parce qu'il médiatise en quelque sorte les valeurs politiques de la communauté et celles du gouvernement, son élément de copuissance compte non seulement par sa valeur coagulante, mais par la prise qu'il donne sur les décisions des dirigeants. L'épisode qui met en scène Fernando, Curro et Juanito le montre bien. Fernando a les juges pour lui quand Curro refuse la copuissance avec lui, mais il a les juges contre lui quand, à son tour, il renie la copuissance avec Juanito pour imposer sa suprapuissance. Enregistrons enfin que, dans cette collectivité où les relations de coopération prédominent, les effets des relations de clientèle sont plus cohésifs que chez les Sarakatsans.

Notre traitement du patronage politique dans l'Italie du Midi et des Îles ne se prête pas à l'étude de ce qu'il change dans la coordination sociétale, puisque le contexte sociétal a été ignoré à l'exception d'un poste de transducteur. Il montre cependant ce que serait une société réduite ou presque à ses relations de patronage, dans leur composante clientéliste. Comme nous l'avons posé dans le graphique 17 (p. 212), il y aurait une forte cohésion (dans le système) : elle serait bipolaire quand la transduction demeure, et unipolaire quand elle est absente. De même, il y aurait toujours autorité, parfois acentrée dans le processus, presque toujours centrée dans le système. De façon générale, ces configurations vérifient les tendances structurales qui ont été posées au début de ce chapitre.

Aux États-Unis, le patronage politique des partis entraîne que, dans une société qui, autrement, n'aurait pas d'autorité, il y a cette autorité dans le système et une possibilité d'autorité semi-acentrée dans le processus (voir le graphique 13, p. 151). Le patronage obéit ainsi à la logique du gouvernement tout autant qu'à celle de la communauté. Très nettement, il tend aussi à la formation de blocs restreints qui augmentent la cohésion politique de la société. Cette dernière tendance est encore plus nette à l'intérieur des organisations partisanes, mais la cohésion unipolaire, et encore plus le refus de la transduction, empêchent l'autorité acentrée, à quoi tend pourtant le patronage politique. Ce cas illustre bien les contradictions que nous posions plus haut entre la cohésion unipolaire, donc forte, et l'autorité centrée. Le patronage politique ne peut réaliser les deux à la fois, sans se nier lui-même.

De ce point de vue, la pratique du patronage politique dans certaines localités très solidaires du Québec apparaît significative. Tout se passe comme si la cohésion forte y était davantage valorisée qu'un système d'autorité centrée, justement parce que la solidarité appelle plutôt l'autorité acentrée, contre les entreprises des politiciens toujours tentés d'instaurer à leur profit un système ou des processus d'autorité centrée. Le patronage politique des partis au Québec aurait tendance à relâcher l'autorité centrée, en la rendant aléatoire dans le système, mais en renforçant du même coup la cohésion.

Le sens du patronage politique

En somme, le patronage politique renforce toujours la connexité d'une société. Dans le sous-ensemble du patron et des clients tout au moins, il est même facteur d'autorité acentrée, possible dans le processus. Cela dit, les sociétés que nous avons étudiées se partagent en deux grands groupes selon que le patronage politique permet d'établir l'autorité centrée, typique de la logique du gouvernement, ou de la relâcher quelque peu pour mieux la sauvegarder. La féodalité européenne, la société mandari, le Busoga, l'Ankole et les États-Unis appartiennent au premier groupe : les opérations de patronage politique y sont plutôt constructives de l'autorité centrée. À l'intérieur de ce groupe, le patronage pose des problèmes de cohésion, dans les deux premières sociétés (l'Europe féodale et les Mandari) ; ailleurs, il tend à augmenter la cohésion. Un deuxième groupe de sociétés comprend le Burundi et le Rwanda, les sociétés méditerranéennes et le Québec. L'autorité centrée y est donnée, officiellement tout au moins, « avant » le patronage politique, qui la relâche mais pour mieux l'assurer au profit des patrons et des sélecteurs qui leur sont associés. Dans toutes ces sociétés, le patronage tend également à renforcer la cohésion, sans toujours permettre la formation de quelques blocs qui éliminent les réseaux non cohésifs.

On peut donc conclure que le patronage politique agit généralement comme un facteur de coordination sociétale, mais
que des contradictions internes à son opération de double transformation empêchent que, même dans les meilleures conditions,
il puisse achever à lui seul une coordination parfaite. Abstraction faite de la cohésion, le patronage politique veut obéir dans
l'ordre de la connexité à une double logique, celle de la communauté qui a la forme idéale de l'autorité acentrée, où tout
acteur social peut conformer les choix publics à ses choix personnels, et celle du gouvernement, qui a la forme idéale de
l'autorité centrée, où seul un « parti » de sélecteurs peut conformer les choix publics à ses choix personnels. Or, ces deux
logiques sont contradictoires. Les opérations de patronage politique peuvent être finalement comprises et expliquées comme
des tentatives plus ou moins réussies de concilier l'inconcilia-
ble, la complexité des sociétés humaines et les défauts à la prise
de conscience des acteurs sociaux permettant de faire un certain bout de chemin sur la voie supposément réconciliatrice,
mais sans que soit jamais atteint le paradis, où le gouvernement
et la communauté auraient achevé ensemble un état de société
conforme aux lois politiques qui sous-tendent leur action respec-
tive.

BIBLIOGRAPHIE DES AUTEURS CITÉS

ASHBY, W. R. :
  1958 — *Introduction à la cybernétique*, Paris, Dunod.
BALANDIER, G. *et al.* :
  1969 — *Les Relations de dépendance personnelle en Afrique noire* (numéro spécial des *Cahiers d'études africaines*, volume IX, 3e cahier).
BANFIELD, E. C. :
  1961 — *Political Influence*, The Free Press of Glencoe.
BANFIELD, E. C. et J. Q. WILSON :
  1963 — *City Politics*, Cambridge, Mass., M.I.T. Press.
BEATTIE, J. :
  1959 — « The Nyoro », dans A. T. RICHARDS, édit., *East African Chiefs*, Londres, Faber and Faber, pp. 98-126.
  1960 — *Bunyoro. An African Kingdom*, New York, Holt, Rinehart and Winston.
  1964 — « Bunyoro : an African Feudality », *Journal of African History*, pp. 24-36.
BLANCHÉ, R. :
  1957 — *Introduction à la logique contemporaine*, Paris, A. Colin.
BLOCH, M. :
  1939 — *La Société féodale. La formation des liens de dépendance*, Paris, A. Michel.
  1940 — *La Société féodale. Les classes et le gouvernement des hommes*, Paris, A. Michel.
BOISSEVAIN, J. :
  1966 — « Patronage in Sicily », *Man*, pp. 18-33.

BROGAN, D. W. :
1960 — *Politics in America,* Garden City, Anchor Books.

BUXTON, J. C. :
1958 — « The Mandari of the Southern Sudan », dans J. MIDDLETON et D. TAIT, édit., *Tribes Without Rulers,* Londres, Routledge and Kegan Paul, pp. 67-96.

1963 — *Chiefs and Strangers : a Study of Political Assimilation Among the Mandari,* Oxford, Clarendon Press.

1967 — « Clientship Among the Mandari of the Southern Sudan », dans R. COHEN et J. MIDDLETON, édit., *Comparative Political Systems,* Garden City, The Natural History Press, pp. 229-245.

CAMPBELL, J. K. :
1964 — *Honour, Family and Patronage,* Londres, Oxford University Press.

COLEMAN, J. S. et C. G. ROSBERG, édit. :
1964 — *Political Parties and National Integration in Tropical Africa,* Berkeley and Los Angeles, University of California Press.

COULBORN, R., édit. :
1956 — *Feudalism in History,* Princeton, Princeton University Press.

DAVID, A. :
1965 — *La Cybernétique et l'Humain,* Paris, Gallimard.

DUMONT, L. :
1966 — *Homo hierarchicus. Essai sur le système des castes,* Paris, Gallimard.

ELDERSVELD, S. J. :
1964 — *Political Parties. A Behavioral Analysis,* Chicago, Rand McNally.

FALLERS, L. A. :
1965 — *Bantu Bureaucracy,* Chicago, The University of Chicago Press.

FALLERS, M. C. :
1960 — *The Eastern Lacustrine Bantu,* Londres, International African Institute.

FIRTH, R. :
1965 — « A Note on Mediators », *Ethnology,* pp. 386-388.

FLAMENT, C. :
1965 — *Théorie des graphes et structures sociales,* Paris, Gauthier-Villars.

FORTES, M. et E. E. EVANS-PRITCHARD :
1964 — *Systèmes politiques africains,* Paris, Presses universitaires de France.

FOSTER, G. M. :
1963 — « The Dyadic Contract in Tzintzuntzan. Patron-client Relationship », *American Anthropologist,* pp. 1280-1294.

GANSHOF, F. L. :
1968 — *Qu'est-ce que la féodalité ?* Bruxelles, Presses universitaires de Bruxelles.

GOODY, J. :
1963 — « Feudalism in Africa », *Journal of African History,* pp. 1-18.

GOSNELL, H. F. :
1924 — *Boss Platt and his New York Machine,* Chicago, University of Chicago Press.

GOTTFRIED, A. :
1968 — « Political Machines », *International Encyclopaedia of the Social Sciences,* vol. 12, pp. 248-252.

GREENSTEIN, F. I. :
1963 — *The American Party System and the American People,* Englewood Cliffs, Prentice-Hall.

HAHN, H. :
1966 — « President Taft and the Discipline of Patronage », *Journal of Politics,* pp. 368-390.

HARARY, F. *et al.* :
1965 — *Structural Models,* New York, Wiley.

HEIDENHEIMER, A. J., édit. :
1970 — *Political Corruption : Readings in Comparative Analysis,* New York, Holt, Rinehart and Winston.

HERRING, P. :
1965 — *The Politics of Democracy,* New York, Norton.

HERTEFELT. M. D, *et al.* :
1962 — *Les Anciens Royaumes de la zone interlacustre*

méridionale, *Rwanda, Burundi, Buha*, Tervuren, Musée royal de l'Afrique centrale.

HEUSCH, L. DE :

1966 — *Le Rwanda et la civilisation interlacustre*, Bruxelles, Éditions de l'Institut de sociologie.

HJELMSLEV, L. :

1971 — *Prolégomènes à une théorie du langage*, Paris, Éditions de Minuit.

JAKOBSON, R. :

1963 — *Essais de linguistique générale*, Paris, Éditions de Minuit.

JOUVENEL, B. DE :

1963 — *De la politique pure*, Paris, Calmann-Lévy.

1972a — *Du pouvoir. Histoire naturelle de sa croissance*, Paris, Hachette.

1972b — *Du principat et autres réflexions politiques*, Paris, Hachette.

KENNY, M. :

1960 — « Patterns of Patronage in Spain », *Anthropological Quarterly*, pp. 14-23.

KEY, V.O. jr. :

1964 — *Politics, Parties and Pressure Groups*, New York, Crowell.

LA PALOMBARA, J. :

1964 — *Interest Groups in Italian Politics*, Princeton, Princeton University Press.

LEMARCHAND, R. :

1966 — « Power and Stratification in Rwanda. A Reconsideration », *Cahiers d'études africaines*, pp. 592-610.

LEMIEUX, V. :

1962 — « Le Législateur et le Médiateur. Analyse d'une campagne électorale », *Recherches sociographiques*, pp. 331-345.

1967a — « La Dimension politique de l'action rationnelle », *Revue canadienne d'économique et de science politique*, pp. 190-204.

1967b — « L'Anthropologie politique et l'étude des relations de pouvoir », *l'Homme,* pp. 25-49.

1970 — « Le Patronage politique dans l'île d'Orléans », *l'Homme*, pp. 22-44.

1971 — *Parenté et politique. L'organisation sociale dans l'île d'Orléans*, Québec, Presses de l'université Laval.

1972 — *Une polito-logique des organisations*, cahier n° 4 de la Société canadienne de science politique.

LEMIEUX, V. et Y. LECLERC :
1965 — *L'Administration provinciale dans le territoire-pilote*, Bureau d'aménagement de l'Est du Québec.

LEMIEUX, V. et F. RENAUD :
1970 — *Les Partis dans la région de Québec* (ronéotypé).

LEMIEUX, V. et R. HUDON :
1975 — *Patronage et politique au Québec (1944-1972)*, Sillery, Éditions du Boréal Express.

LÉVI-STRAUSS, C. :
1958 — *Anthropologie structurale*, Paris, Plòn.

1962 — *La Pensée sauvage*, Paris, Plon.

LLOYD, P. :
1965 — « The Political Structure of African Kingdom : an Exploratory Model », dans M. BANTON, édit., *Political Systems and the Distribution of Power*, Londres, Tavistock, pp. 63-112.

LOWI, T. J. :
1964 — « American Business, Public Policy, Case-studies and Political Science », *World Politics*, pp. 677-715.

MAIR, L. P. :
1961 — « Clientship in East Africa », *Cahiers d'études africaines*, pp. 315-325.

1962 — *Primitive Government*, Londres, Penguin Books.

MANSFIELD, H. :
1965 — « Political Parties, Patronage, and the Federal Government Service », dans W. S., SAYRE, édit., *The Federal Government Service*, Englewood Cliffs, Prentice-Hall, pp. 114-162.

MAQUET, J. :
1954 — *Le Système des relations sociales dans le Rwanda ancien*, Tervuren, Musée royal du Congo belge.

1961 — « Une hypothèse pour l'étude des féodalités africaines », *Cahiers d'études africaines*, pp. 292-314.

1970 — *Pouvoir et société en Afrique*, Paris, Hachette.

MARASPINI, A. L. :

1968 — *The Study of an Italian Village*, Paris, Mouton.

MAYER, A. C. :

1967 — « Patrons and Brokers. Rural Leadership in Four Overseas Indian Communities », dans M. FREEDMAN, édit., *Social Organization : Essays Presented to Raymond Firth*, Chicago, Aldine, pp. 167-188.

MEHL, L. :

1960 — « Éléments d'une théorie cybernétique de l'administration », *Actes du deuxième congrès international de cybernétique*, pp. 635-672.

1966 — « Pour une théorie cybernétique de l'action administrative », dans J. M. AUBY *et al.*, *Traité de science administrative*, Paris, Mouton, pp. 782-833.

MERRIAM, C. E. et H. F. GOSNELL :

1949 — *The American Party System*, New York, Macmillan.

MERTON, R. K. :

1953 — *Éléments de méthode sociologique*, Paris, Plon.

MEYNAUD, J. :

1964 — *Rapport sur la classe dirigeante italienne*, Genève, H. Meynaud.

MIDDLETON, J. :

1965 — *The Lugbara of Uganda*, New York, Holt, Rinehart and Winston.

MIDDLETON, J. et D. TAIT, édit. :

1958 — *Tribes Without Rulers*, Londres, Routledge and Kegan Paul.

OBERG, K. :

1964 — « Le Royaume des Ankole d'Ouganda », dans M. FORTES et E. E. EVANS-PRITCHARD, édit., *Systèmes politiques africains*, Paris, Presses universitaires de France, pp. 107-140.

OGG, F. A. et P. O. RAY :

1958 — *Le Gouvernement des États-Unis d'Amérique*, Paris, Presses universitaires de France.

OLSON, M. jr. :
1965 — *The Logic of Collective Action*, Cambridge, Mass., Harvard University Press.

PAINE, R., édit. :
1971 — *Patrons and Brokers in the East Artic*, Toronto, University of Toronto Press.

PITT-RIVERS, J. A. :
1958 — « Honor », *International Encyclopaedia of the Social Sciences*, vol. 6, pp. 503-511.

1961 — *The People of the Sierra*, Chicago, The University of Chicago Press.

PIZZORNO, A. :
1966 — « Amoral Familism and Historical Marginality », *International Review of Community Development*, pp. 56-66.

POWELL, J. D. :
1970 — « Peasant Society and Clientelist Politics », *American Political Science Review*, pp. 411-425.

QUINN, H. F. :
1963 — *The Union Nationale. A Study in Quebec Nationalism*, Toronto, The University of Toronto Press.

RIBEILL, G. :
1973 — « Modèles et sciences humaines », *Metra*, pp. 271-303.

SAIT, E. M. :
1933 — « Machine, Political », *Encyclopaedia of the Social Sciences*, vol. 9, New York, Macmillan, pp. 657-661.

SCHATTSCHNEIDER, E. E. :
1942 — *Party Government*, New York, Holt, Rinehart and Winston.

SCHNEIDER, J. C. T. :
1965 — *Patrons and Clients in the Italian Political System*, Ann Arbor, The University Microfilms.

SCOTT, J. C. :
1969 — « Corruption, Machine Politics and Political Change », *The American Political Science Review*, pp. 1142-1158.

1972 — « Patron-client Politics and Political Change in Southeast Asia », *The American Political Science Review*, pp. 91-113.

SHÉRER, J. U. :
1962 — « Le Buha », dans M. D'HERTEFELT *et al., les Anciens Royaumes de la zone interlacustre méridionale, Rwanda, Burundi, Buha*, Tervuren, Musée royal de l'Afrique centrale.

SILVERMAN, S. F. :
1965 — « Patronage and Community-nation Relationship in Central Italy », *Ethnology*, pp. 172-189.

SMITH, M. G. :
1960 — *Government in Zazzau*, Londres, Oxford University Press.

SORAUF, F. J. :
1956 — « State Patronage in a Rural County », *The American Political Science Review*, pp. 1046-1056.

1959 — « Patronage and Party », *Midwest Journal of Political Science*, pp. 115-126.

1960 — « The Silent Revolution in Patronage », *Public Administration Review*, pp. 28-34.

1964 — *Political Parties in the American System*, Boston and Toronto, Little Brown.

SOUTHWOLD, M. :
1960 — *Bureaucracy and Chiefship in Buganda*, Kampala, East African Institute of Social Research.

SPICER, E. H. :
1970 — « Patrons of the Poor », *Human Organization*, pp. 12-19.

STEINHARDT, E. I. :
1967 — « Vassal and Fiefs in Three Lacustrine Kingdoms », *Cahiers d'études africaines*, pp. 606-623.

STRAYER, J. R. :
1956 — « Feudalism in Western Europe », dans R. COULBORN, édit., *Feudalism in History*, Princeton, Princeton University Press, pp. 15-25.

TARROW, S. :
1967 — *Peasant Communism in Southern Italy*, New Haven, Yale University Press.

TOLCHIN, M. et S. :
  1971 — *To the Victor... Political Patronage from the Clubhouse to the White House*, New York, Random House.
TROUWBORST, A. A. :
  1961 — « L'Organisation politique en tant que système d'échange au Burundi », *Anthropologica*, pp. 65-81.
  1962a — « Le Burundi », dans M. D'HERTEFELT *et al.*, *les Anciens Royaumes de la zone interlacustre méridionale, Rwanda, Burundi, Buha*, Tervuren, Musée royal de l'Afrique centrale.
  1962b — « L'Organisation politique et l'accord de clientèle au Burundi », *Anthropologica*, pp. 9-43.
VAN KLEVEREN, J. :
  1970 — « Corruption as an Historical Phenomenon », dans A. J. HEIDENHEIMER, édit., *Political Corruption* [...], New York, Holt, Rinehart and Winston, pp. 67-75.
WEINER, M. :
  1948 — *Cybernetics or Control and Communication in the Animal and the Machine*, Paris, Hermann.
WEINGROD, A. :
  1968 — « Patrons, Patronage and Political Parties », *Comparative Studies in Society and History*, pp. 377-400.
WILSON, J. Q. :
  1961 — « The Economy of Patronage », *The Journal of Political Economy*, pp. 369-380.
  1966 — *The Amateur Democrat*, Chicago, The University of Chicago Press.
WOLF, E. R. :
  1966 — « Kinship, Friendship and Patron-client Relations in Complex Societies », dans M. BANTON, édit., *The Social Anthropology of Complex Societies*, Londres, Tavistock, pp. 1-22.

LISTE DES GRAPHIQUES ET TABLEAUX

TABLE DES MATIÈRES

Troisième partie : *Vers une théorie du patronage politique*

Achevé d'imprimer par les travailleurs
des ateliers Marquis Ltée de Montmagny
en août 1977